JN252012

史料纂集

勘仲記 第五

八木書店

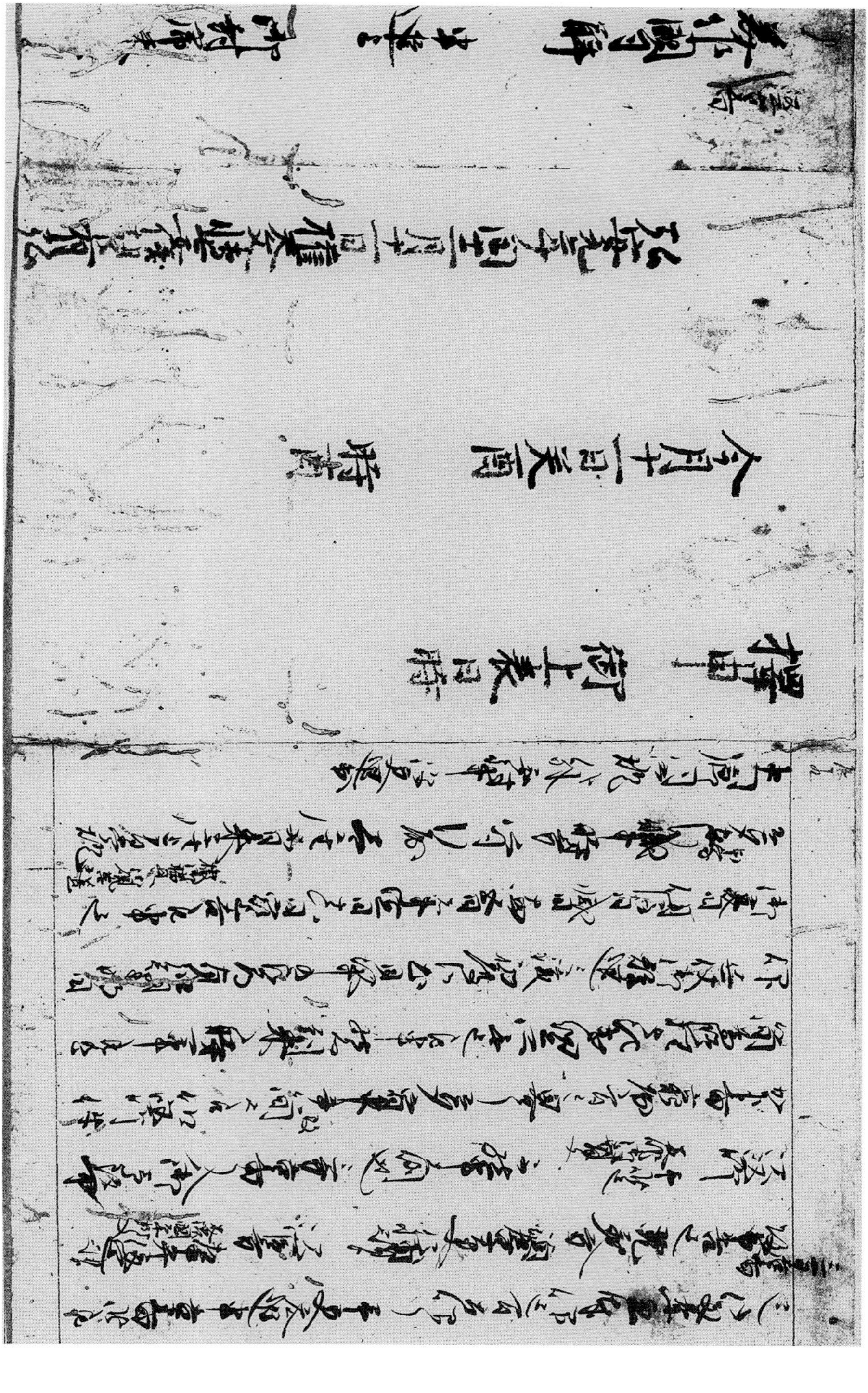

勘仲記　弘安九年閏十二月十一日條

國立歴史民俗博物館所藏

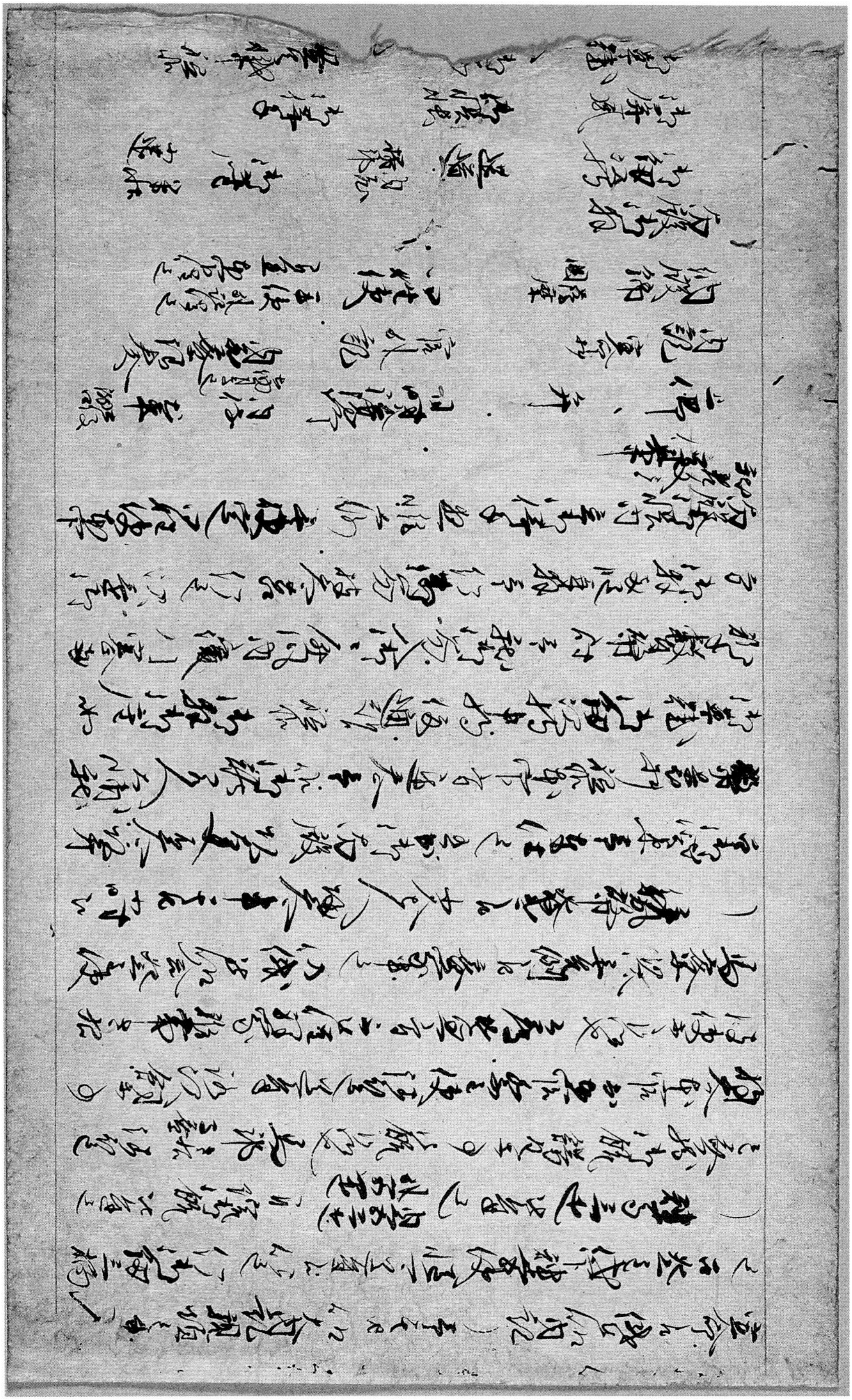

勘仲記　弘安十年二月二十四日條

國立歷史民俗博物館所藏

凡例

一、史料纂集は、史學・文學をはじめ日本文化研究上必須のものでありながら、今日まで未刊に屬するところの古記錄・古文書の類を中核とし、更に既刊の重要史料中、現段階において全面的改定が學術的見地より要請されるものをこれに加へ、集成公刊するものである。

一、本書は從二位權中納言藤原兼仲（寛元二年〈一二四四〉生、延慶元年〈一三〇八〉薨）の日記であり、原本は國立歷史民俗博物館などに藏されてゐる。

一、本書には、「勘仲記」の他に、「兼仲卿記」などの別名があるが、本叢書では最も通行の「勘仲記」の稱を用ゐた。

一、本書には文永十一年（一二七四）正月から正安三年（一三〇一）十一月までの記事が現存するが、本冊は『勘仲記』第五として、弘安九年（一二八六）十月から弘安十年（一二八七）十月までの記事と、弘安十一年（正應元、一二八八）一年分の暦記を收める。

一、本冊の底本には、國立歷史民俗博物館所藏の自筆本「兼仲卿記」弘安九年十月から弘安十年十月までの九卷と、同「兼仲卿暦記」弘安十一年一卷、同「兼仲卿記斷簡」弘安十年二月二十四日條一枚を用ゐた。

一、本書校訂上の體例基準は、凡そ左の通りである。

1　翻刻に當つては、つとめて原本の體裁・用字を尊重したが、適宜改めた部分がある。

2　解讀の便宜上、文中に讀點（、）と竝列點（・）を加へた。

3　原本に缺損文字のある場合は、その字數に應じて□・［　　］などで示した。

4　原本に抹消訂正文字のある場合は、その左傍に抹消符（〻）を附して右傍に訂正文字を細書し、塗抹により判讀不能の場合は▨で示した。

5　插入符の附された文字・文章は、插入符（ᓂ）を示して同樣の箇所に翻字した。

6　原本の右側（ないし左側）に訂正されている文字は、同樣の箇所に翻字した。

7　校訂註は、原本の文字に置き換へるべきものには〔　〕をもつて表記した。

8　參考又は說明のために附した人名・地名等の傍註には（　）を附して區別し、概ね月毎の初出に附した。但し、異なる呼稱が用ゐられた場合は、便宜傍註を加へた。

9　書式等に關して說明を要する場合には、本文中に（○　　）でもつて表記した。

10　上欄に、本文中の主要な事項その他を標出した。

11　朱書きは『　』で示した。

12　外題・奥書・異筆等は「　」で示した。

13　原本の紙繼ぎ目には」を附し、新紙面に當たる部分の行頭に張數を（張）と表示した。

14　原本に用ゐられた古體・異體・略體等の文字は、原則として正體若しくは現時通用の字體に改め、一部統一を圖つたが、字體の甚だしく異なるもの、或は頻出するものなど、混用が認められる場合も含めて原字の字體を存した。その主なものは次の通りである。

与（與）・无（無）・万（萬）・弁（辨）・閇（閉）・哥（歌）・条（條）・秡（祓）・弥（彌）・
珎（珍）・忩（悤）・号（號）・躰（體）・余（餘）・予（豫）・峯（峰）・帋（紙）・薗（園）・
釼（劔）・个（ケ）・円（圓）・礼（禮）・尓（爾）・祢（禰）・柒（漆）

一、本書の公刊に當つて、國立歴史民俗博物館は種々格別の便宜を與へられた。特に記して深甚の謝意を表する。

一、本書の校訂は、毎月一回開催している「勘仲記講讀會」の成果を踏まへ、高橋秀樹・櫻井　彦・遠藤珠紀が擔當した。

平成二十九年三月

目次

勘仲記　第五

「(題簽)
『◎〽』兼仲卿記『濟』(朱筆、下同ジ)　完　自弘安九年十月一日至廿五日終一日日次不明　自筆本　壹巻
『綴合もとのまゝ』」

(1張)
「(端裏書)
弘安九年十月愚記　□□□□□□(藏人治部少輔)」

兼仲本年四十三歳、正五位下治部少輔、

弘安九年

十月大

更衣

一日、甲午、雨降、參內、(後宇多天皇)着白重、御更衣事藏人大進賴藤(藤原)奉行、而依湯治、當日事頭卿(平信輔)奉行、

平座、上卿三条新中納言(藤原公貫)、參議右大弁(藤原爲方)、弁冬季(藤原)朝臣・仲兼(平)、少納言氏家(藤原)、今夕被行小除目、頭卿奉行、上卿・參議同前、弁仲兼、所々成功等被任之、堅固雜任云々、參殿下(藤原兼平)申条々事、頭卿任人御點持參進入、御書写之程也、參内大臣殿(藤原家基)、季御讀經御奉行事所伺申也、御故障之由有仰、次歸參殿下、於三位中將殿(藤原冬平)御方、有御連句、爲御練筆、連々可有御結構之由、太相國(藤原基忠)有御定、及晚退出、

平座小除目

藤原冬平方連句

父藤原基忠の命により練書のために催さる

二日、乙未、雨降、不出仕、

三日、丙申、晴、參殿下、於左大將殿(藤原兼忠)御方、有尚書御讀合、師冬(中原)參入、予讀合之、第七卷也、入夜退出、

藤原兼忠方尚書讀書

四日、丁酉、晴、參内、上丁御會、予所初參也、先於孔子影御前有論義、經世讀發題、問者藤原親雄、講師經世、爲一問一答、次有御談義、尚書旅獒篇、經雄(藤原)讀申本經、通俊(藤原)讀正義、公卿左大將殿・近衞前宰相中將、公敦(藤原)卿、殿上人俊定(藤原)朝臣・冬季朝臣・實香(藤原)朝臣・經繼(藤原)朝臣・仲兼・予・雅藤(藤原)等祗候、面々出不審談義(儀、)人々談義、予隨身本經・正義所披見也、予依初參不出義、其上愚昧之至也、一篇了有詩披講、々師通俊、讀師」左大將殿、予・經雄被召講頌座講之、序者仲兼勤之、序、一反、殿上人詩、一反、公卿、二反、御製、七(五)反、不及

上丁御會

尚書談義

詩披講

（2張）

兼仲絶句を詠ず

頌聲、只讀上之許也、正義不所持之間、自去一日(手自)書写之、拜趨雖無寸隙、文道事不可有疎簡之間、所馳筆也、人々褒美、事了參春宮(煕仁親王)、勤陪膳、予詩云、絶句・四韻任意云々、

初冬聽講古文尚書、同賦所寶惟賢、

應　製(制)一首

藏人正五位下行治部少輔臣藤原朝臣兼仲上

四方輻輳明王道、遠近

共必協叡情、奇巧自元

非所寶、惟賢惟德

聖猷呈、

石清水八幡宮恒例一切經會

五日、戊戌、陰、時々微雨、早旦參八幡、恒例一切經會爲奉行也、分配院司俊光(藤原)依所勞辭申之間、去二日別被仰下之間申領狀了、於山上守清法印儲宿所送垸飯、是恒例勤也、未始着束帶參社頭、毎事遲々、催行之、主典代俊景(中原)、廳官紀尚(爲)尚參行、樂行事遲參之間、數刻相待、予始行之後所早出也、短晷歸宿所、改裝束所歸洛也、御導師房珎法印、予催促之、此外無殊口入者也、

維摩會不足米の事を宣下す

後宇多天皇宣旨

新陽明門院靡殿に御幸す

龜山上皇賀茂社より臨幸後に管絃講あり

還御

藤原兼平範譽來月の宇治橋供養の事を問答す

（3張）

六日、己亥、陰、參准后(藤原貞子)、謁女房退出、次參一上(藤原師忠)、奉宣下維摩會不足米文、申次無人之間、於御簾中直進之、寺解幷」副勘文、卷籠口宣所進入也、次參內、終日祇候、今日「兩貫首(行間補書)(平信輔・藤原宗親)更衣、」

弘安九年十月六日　宣旨、

興福寺言上、蒙處分、任例給宣旨於當國、運進當年維摩會不足米參佰肆拾伍斛伍舛事、副勘文、

仰、依請、

藏人治部少輔藤原兼仲奉

七日、庚子、陰、及晩參靡殿、新女院(新陽明門院藤原位子)御幸、被行管絃講、左大將殿有御沙汰、仍予所奉行也、深更上皇(龜山上皇)自賀茂有臨幸、其後被始行、箏粟田口一品(藤原良教)・左大將殿、笛二位侍從(藤原房教)・房通(藤原)朝臣・經忠(藤原)朝臣、琵琶殿三位(藤原冬平)中將殿・師重(源)朝臣、笙宗實(藤原)朝臣・親平(源)朝臣・資顯(源)朝臣、篳篥季俊(安倍)、大鼓守康、鞨鼓久世(多)、征鼓(鉦)景康、宗澄法印讀式、深更事了有還御、人々退出、

八日、辛丑、雨降、着束帶參殿下、被召平(範譽)等院執行、來月廿日比宇治橋供養事上人(叡尊)申之、其間条々有(直)御問答之最中參入、仰云、卽可承子細之由(云)々、(爲)今度上人之沙汰可供養、僧侶

維摩會文書を下さる

竪者聽衆交名

（4張）

二百口、可有舞樂云〻、櫻町僧衆會假屋可有沙汰之趣、被仰含畢、左少弁雅藤參入、被下維摩會文書、予於御前書宣旨、聽衆下書夾名所下賜也、一帋書進之進入、被插文書上被下之、大會可興行之由有仰、例式之仰也、予取副文書於笏、給雅藤、興行事所仰含也、」

當年竪者

重壽　範禪

宣旨聽衆

宗親　乘信

清憲有子細俄被止了、

已上專寺、(興福寺)

公曉

東大寺

弘安九年十月八日

其後參內、終日祗候、及晚退出、入夜又參內、宿侍、

九日、壬寅、晴、天曙之後、自內裏退出、依伊勢幣前齋不參內、所休息也、

七社奉幣使發遣

十日、癸卯、晴、今日被發遣七社奉幣、兼日事顯世(藤原)奉行、去比依霖雨事被行御卜、方角神等崇(成)之由卜申之間、被謝申、其後連々延引、今日被果遂、當日事頭卿奉行、上卿三条新中納言、公貫卿、弁冬季(仲兼)朝臣奉行、

伊勢四姓使如例、
賀茂右大弁宰相
稲荷(源)則任朝臣
日吉
祇園
丹生
貴布祢」
已上使外記相催之、

(5張)

伊勢幣御拜

伊勢幣有御拜如例、予依輕服不出仕、御釼將宗嗣(藤原)朝臣、子刻許有御拜云々、

土御門天皇國忌御八講結願免者を行ふ

十一日、甲辰、雨降、不出仕、依伊勢幣後齋也、今日土御門院御八講結願、被行免者、頼藤奉行、上卿三条新中納言奉行、

研學堅義長者宣を下す
後宇多天皇別殿に行幸す
後夜鐘以後還御
研學堅義長者宣

十二日、乙巳、雨降、參殿下、申執事方条〻事、今日被下研學堅義長者宣、依吉曜也、及晩參內、今夕有別殿行幸、頭卿奉行、頭內藏頭(藤原宗親)祗候、御釼次將中將資高朝臣(藤原)・業顯(源)・資顯等朝臣、六位候指燭、予候御後、後夜鐘以後有還御、「其後退出、」(行間補書)

傳燈法師位顯守・快舜等、宜令奉仕明年研學堅義者、長者宣如此、悉之、謹言、

弘安九年十月十二日　治部少輔兼仲奉

謹上　勅使弁殿

逐申、

寺分堅義可爲源濟、同可令下知給之由、被仰下候也、

後宇多天皇有馬の御湯を召す
龜山上皇賀茂社より還御す
神主氏久を三位に敍する勅定あり

（6張）

十三日、丙午、晴、參內、自今日被召有〻(馬)湯御湯、雖無先規、爲准后御沙汰被召之、頭卿內〻申沙汰、神寶・神馬等事、(始)可爲藏人方沙汰之由、有其沙汰之處、稱無先例、俄爲院廳沙汰、密儀(御沐浴)、沙汰外也、今日上皇自賀茂還御、〻百度無爲無事令遂御、朝家之大慶也、神主氏久(賀茂)可被敍三品之由有勅定、直被召仰云〻、當社神主上階無先例、「先度」雖有其沙汰、無勅許之處、今度俄被仰云〻、而不及宣下歟、

十四日、丁未、晴、參院、有出御、傳奏人〻前源大納言(雅言)已下多祗候、職事・弁官大略參入、

奏事繁多之間、指急事等可申之由、有勅定、予春季御讀經日次事・月蝕御讀經散狀・賑給定日次等三个条所奏聞也、事了參春宮、勤陪膳、次參內、及晩退出、

十五日、戊申、晴、朝間參廣隆寺、及晩參內、月蝕御讀經奉行、虧初卯刻、加時卯刻、複〔復〕末辰刻云〻、仍自今夕御祈事被行之、宿曜・陰陽兩道御祈本奉行人顯世申沙汰、御讀經事予所奉行也、上卿吉田中納言（藤原經長）參陣、奥、予仰云、月蝕御讀經僧名令定申ヨ、上卿微唯、予退、次上卿移端座、令敷軾、召外記仰例文・硯事、次弁俊定朝臣參着、書僧名、書了奉上卿、〻〻以弁奏聞被返下、上卿次第下知了參着殿上、僧一口之外不參、數刻雖相待不見、綱所威從等祗候、以鎰取男雖相尋、不知宿所云〻、自山上直令參之故也、雖及半更不參、上卿又被忩、予仰合綱所之處、無口〔四〕口者□〔難カ〕被始行、但雖爲非儀、以一口漸可讀御經歟之由計申、上卿尤可然之由被命、以予被奏事由、歸出仰聞食之由、被仰鐘事、予所下知出納也、出居昇、少將資顯朝臣、上卿着御前座、次僧昇、不及散花法用之間、堂童子不入、上卿已下退出、」一口僧轉讀藥師經、今夕事非言語之所及、不可爲後例、蝕現否實檢、陰陽師權天文博士有弘（安倍）朝臣申領狀之間、令与奪奉行藏人親雄、予所早出也、御所裏事、任例致沙汰畢、僧名定於御前被行之、近例也、於陣被定又有例、依御湯無出御之間、於陣

月蝕御讀經を奉行す

僧名定

僧一人の他參ぜず

散花法用を行はざるにより堂童子入らず

僧一人藥師經を轉讀す

（7張）

御所裏の事沙汰す

後宇多天皇出御なきにより僧名定を陣に於て行ふ

宇治橋供養叡尊導師を勤むるにより兼平を願主となす

供養の日次につき安倍有弘と問答す

賑給定內文請印を奉行す

（８張）

所被行也、僧衆自座主宮(尊助法親王)被請、定進住山者云々、奉行職事兼觸申者也、

十六日、己酉、雨降、参院、有出御、奏条々事、明日賑給定□□□(散状所カ)奏聞也、其外雜訴等少々奏、內大臣殿御参、於評定所□御對面、少時入御、次参內、去夕御讀經衆不参事、今日奏聞、所申座主宮也、爲向後傍輩、殊可有誡御沙汰之由所申也、

十七□□□(日庚戌)晴、参殿下申条々事、被仰下云、宇治橋供養事、□(上)人爲願主可致被沙汰之由、日來令申之間、有御存知之處、上人申云、可勤導師者、爲願主之条不叶道理、可爲長者(藤原兼平)御沙汰之由申之間、欲有御沙汰、其間事可奉行之由被仰下、日次事內々有御問答有弘朝臣キ、十八日・廿日事宜之由申之、廿七日雖爲上吉日、件日日吉神馬發遣日也、不可叶、廿日可宜歟之由思食、舞樂事可仰合久資(多)、召具可参之由有仰、□□承之後参內、賑給定・內文請印等所奉」行也、少時上卿吉田中納言参陣、参議右大弁、同着座、弁仲兼在床子座、以官人招予、出陣、奥座、上卿奏云、賑給定候ァ、予参御所奏之、歸出、仰聞食之由退、次移端座、次第□□□(辛)相右筆、以弁奏聞、內覽兼被免了、次被返下□返給外記、次上卿召予、出陣、端座、被奏云、內文請印候ァ、予参御所方奏聞、歸出、仰聞食之由退入、少納言氏家□□□□請印文一通鹿嶋使官符、入筥進弓場奏聞、予□之、取筥、参御所奏聞、其

後返上卿、〻〻給笏傳給□〔外〕記之後取笏、予仰云、令請印ヨ、上卿歸着陣行請印、其［
］其後退出、來月三日爲御方違可有行幸、［　］行之由、頭卿被示之、予輕服之由申之處、然者□□事可奉行之由云〻、仍申領狀了、上皇今日不幸西郊□□〔禪〕林寺殿云〻、

仙洞評定

宇治橋供養願文作者を菅原在嗣に命ず

〔十八日辛亥〕□□□□晴、仙洞評定、殿下御出仕、予不參院御所、參□□〔殿下カ〕宇治橋供養事条〻所申定也、日次可擇申之由可仰□□朝臣之由被仰下、卽仰遣了、御願文可仰式部大輔茂範〔藤原〕卿、［　］願文事、作者先〻爲各別、文章博士當其［　］仰在嗣〔菅原〕朝臣之由有仰、及晩退出、

（9張）〔十九日壬〕□□□□子、晴、□〔參〕院奏事、參內退出、次向万里小路第、［　］了、

御服藥

〔廿日癸丑〕□□□□晴、參殿下、申定宇治橋供養条〻事、自今日被始御服藥、不及出御、奏事等付傳奏可令申云〻、

（○修補の際、斷片の貼り間違ひあり）

〔廿一日甲寅〕□□□□晴、向万里小路蓬屋、入夜謁申殿法印〔聖忠カ〕御房、

〔廿二日乙卯〕□□□□晴、參院、以□□〔按察〕〔藤原賴親〕卿奏聞行幸散狀等、次參［　］次向万里小路蓬屋、今夕所宿侍也、明日事等爲致［　］

基忠同室方違のために兼仲亭に入る

(廿三日丙辰)□□□□□晴、入夜太政大臣殿(藤原基忠)并女房御方入御蝸舎、御產[　　]方違、所有御宿侍也、
儲小供御、
(廿四日丁巳)□□□□□晴、今曉還御、予自万里小路歸畢、

二皇子に親王宣旨下る

(廿五日戊午)□□□□□晴、今日今上一宮(邦治)并(龜山上皇)新院若宮(兼良)被下親王宣旨、
「(親王宣下)」□□□(頭卿信カ)輔朝臣奉行、公卿左大臣殿(藤原師忠)・大炊御門大納言(藤原信嗣)・左幕下(源具守)・□□□□□(春宮權大夫カ)花山院中納言(藤原家教)・

名字を定む

吉田中納言・冷泉宰相(藤原經賴)・右大弁宰相、□□□□□(春宮權大夫カ)着軾下申御名字勘文、一帋書之、今上宮邦治、式部大輔擇申之、

勅別當を任命す

新院宮□□(兼良カ)[　　]爲親王、次上卿一上召右大弁宰相、先是冷泉相公起座、[　　]腋床子召大夫史□□□(爲邦治)
秀氏(小槻)宿祢下之、次大丞渡[　]又□軾仰勅別當事、其詞云、春宮權大夫源朝臣、□□(親王カ)別當、權中納言藤原朝臣、花山納言、爲兼良親王別當[　　]□(被カ)仰之、大丞如前出腋
床子仰秀氏宿祢、次上卿」被告兩人、次上卿起座退出、依灸治內々被申子細、不令立親族拜給、大炊御門大納言

(10張)

勅別當慶申

已下依別仰皆悉列之、列立弓場代、北上西面、頭卿奏事由、次公卿舞踏、次公卿自下﨟退出、
相率參向仙洞、權大夫并花山納言兩卿留立、奏勅別當慶、頭卿奏事由如前、次兩卿令參

龜山上皇勅別當に家司職事交名を下す

仙洞畢、今上宮本所事賴藤奉行、年預家司俊光所勞之間、當日事許令奉行者也、上皇出
御寢殿、以賴藤召勅別當人、權大夫、被下家司・職事夾名、勅別當拜、申次院御方冬季朝臣、

宮御方同人、家司已下拝、申次院御方俊隆(藤原)、宮御方同人、次新宮〻(院)宮本所事、爲俊(藤原)朝臣奉
行、勅別當拝、申次院御方宗親朝臣、宮御方實永(藤原)朝臣、家司已下、申次院御方宗親朝臣、
宮御方、實永朝臣、

邦治親王家家司職事交名

今上宮

家司

權右中弁冬季朝臣　左少弁雅藤

勘解由次官仲親(平)　藏人皇后宮大進頼藤

勘解由次官信經(藤原)　年預 右衞門權佐俊光

職事

左中將有房(源)朝臣　左兵衞佐俊隆

左少將具俊(源)

(11張)

藏人　藤原親雄 内裏極﨟、

侍者　平遠繁

御監　源光繼

兼良親王家家
司職事交名

□□□〔新院宮〕
□□〔家司〕
□〔頭〕內藏頭宗親朝臣　　年預右中弁爲俊朝臣
□〔右〕少弁仲兼　　藏人兵部大輔顯世
左衞門佐（藤原）經守　　（藤原）賴任
□〔職〕事
□〔皇〕后宮權亮實永朝臣　　左少將（藤原）家雅
□〔兵〕部少輔（藤原）時經
□□〔藏人〕　菅原在光
□□〔侍者〕　藤原忠名
□□〔御監〕　平繁久

□□□□□〔廿六日己未雨〕降、參院、以冷泉宰相条々事奏聞、依御服藥［　　］參內、次參殿下、今

僧事

日被行僧事、頭內藏頭［　　］納言、弁仲兼參陣、

（〇四行空白有り）

（奥書）
「正和元年四月廿二日抄出了、
（藤原光業）
右衞門權佐（花押）」

「（題簽）
『◎丶』兼『濟』（朱筆、下同ジ）仲卿記　自弘安九年十二月一日至閏十二月十八日　自筆本

完　壹卷

『綴合もとのまゝ』」

（1張）「（端裏書）□記」

弘安九年

十二月大

「德政評定」
一日、癸巳、晴、晝間不出仕、入夜參內（後宇多天皇）、宿侍、頭卿（平信輔）番所勤仕也、曉天退出、傳聞、今日德政評定、殿（藤原兼平）・三公（藤原師忠・藤原忠教・藤原家基）・大納言等參仕云々、

二日、甲午、晴、入夜參院（龜山上皇）、弘御所當番也、近日如此番嚴密有御沙汰、晝夜奔走、窮屈爲之如何、

雑訴評定

度會貞尚大中臣隆逸所領をめぐり相論す

貞應關東狀謀作の實否は公家沙汰に非ず

伊良胡御廚內神田京都領知分は貞尚參洛し辨じ申すべし

今後は訴論人を召し一箇條のみ沙汰せんとす

仰詞目錄奏聞す

「雑訴評定」
三日、乙未、晴、早旦參院、雑訴評定也、大臣・大納言德政御沙汰毎月一日・十一日・廿一日、可被參仕云々、於雑訴者中納言已下可參仕云々、早旦有出御、中御門前中納言(藤原實冬)・按察(藤原賴親)・吉田中納言(藤原經長)・右大弁宰相(藤原)爲方朝臣等參仕、予隨身文書、祗候簀子、演說兩方子細、外宮一祢宜貞(度會)尚与前神祇權少副(大中臣)隆逸相論貞應關東狀令謀作哉否事也、參川國伊良胡御廚內武家被管(官)甲乙人知行地、關東令沒收、去進神宮畢、而貞尚蒙聖斷領知之處、隆逸依非器濫妨彼分之處、於貞尚者、作(爲)謀作之仁之由申出之間、訴陳及二問二答了、仍今日逢評定、人々議奏之趣、謀作事於關東及訴陳之上、不及公家御沙汰、伊良胡御廚內神田事、於關東避進之分者、貞尚可領知之趣、以前聖斷不可有相違、其外誇彼去狀、京都之輩領知分不可致妨、兼又隆逸猶可申所存之由載訴狀之上、早企參洛、可弁申旨、可被仰定(祭)世(主)定世(大中臣)朝臣云々、

(2張)

評定之間御不審事等、貞世(尚)代官權祢宜(度會)文能祗候之間、以予所有御問答」也、今日勅定云、向後一个条可有御沙汰、被召兩方訴論人、可有御問答子細殊可被琢麻之由思食云々、事已嚴密也、訴論人定開愁眉歟、此(後)条予奏聞条々事、仰詞目六付大外記(中原)師顯奏聞、爲向後無相違也、次入御、有出御弘御所、人々祗候、予參內、頭卿勤陪膳、予隨役送、朝夕四種御盤取之、撤却之時臺盤舁之、少時退出、

法成寺御八講結願
南京竪義を行はる

四日、丙申、晴、參殿下、於左大將殿(藤原兼忠)御方、有尙書御沙汰、入夜退出、「(行間補書)御堂御八講結願、長者殿(藤原兼平)有御出、結願之後、被行南京竪義、第二日可被」

(裏書)「四日下

行之處、東大寺・興福寺等問者・精(證)義等、依有子細不上洛、種々有御沙汰、今日被行結願巻筵之後、竪義雖不叶其理、近例有之由、寺家依注申被行了、予夕郎之間不奉行、令与奪家司定雄(藤原)了、」

上丁御會
尙書談義

「上丁御會」
五日、丁酉、晴、參院、不及奏事、次參內、上丁御會所祗候也、公卿左大將殿・春宮權大夫(源具守)・右大弁宰相、殿上人宗嗣(藤原)朝臣・冬季(藤原)朝臣已下濟々、「尙書御談義」先有尙書御談義、酒誥篇、經雄(藤原)讀申本經、經繼(藤原)朝臣讀申正義、就此篇人々面々吐才學、事及委細之間、今日不被終一篇、

詩披講

次有詩御披講、於孔子御影前俊經(藤原)朝臣讀發題、次論義、藏人親雄(藤原)問者、俊經朝臣講師、講論畢、人々詩奉行人通俊(藤原)取聚、持參御前置文臺、左幕下令勤讀師給、次被召予、勤講師、先讀申序、宗嗣朝臣爲序者、經雄・親顯(藤原)等講頌之、事畢入御、人々退出、于時及黃昏之程

兼仲猶子時兼小舍人饗應

也、「時兼小舍人饗應」入夜又參內、頭卿番所勤仕也、曉天退出、非職時兼(源)小舍人饗應也、密々沙汰遣代物、告使一人也、「(行間補書)小舍人分三百疋、仕人百五十疋沙汰送了、今日依爲吉曜也、」

六日、戊戌、晴、不出仕、

多武峯寺僧愁訴を含み藤原兼平亭に列參す

七日、己亥、雨降、早旦參院、直奏、神宮条々事等也、目六經叡覽如例、次參內、次參殿下、
多武峯寺僧含条々愁訴列參、予尋聞欲申入之處、依御風氣無出御、國中惡徒」幷造興福
(3張)
寺段米事兩条伺申、左大將殿御方內々有御披露此兩条、承御左右所返答也、仍寺僧退出、
今日帥卿(藤原經任)參入、德政条々事、先日被伺申、含勅答參入、有御對面、依御風氣不及出御、
々坐簾中、少時都督被退出、予又退出、

仙洞雜訴評定

八日、庚子、晴、寒氣太、予今日不出仕、仙洞雜訴評定云々、
九日、辛丑、晴、早旦參院、直奏、神宮条々事等也、目六經叡覽了、次參內、謁在嗣(菅原)朝臣、
談義史記事、入夜退華(歸)、

芸閣讀書

十日、壬寅、晴、今日芸閣讀書欲參之處、依所勞(故障)事不參、今日孔子・外戚・陳勝等世家三
个卷讀申、不審条々面々申之云々、入夜參万里小路殿、太相國(藤原基忠)御坐、深更退出、

神宮の怪異につき去月二十七日に軒廊御卜あり

(行間補書)「神宮怪異御占、御物忌日々可申沙汰之由、遣藏人親雄許了、廿七(去)月廿七日被行」
(裏書)「十日下
被行軒廊御卜、西寶殿千木折損事也、官・寮無神事、不淨不信之上、公家可令愼御藥

藤原家基室の御產の事奉行を領狀す

德政評定

家基近習奉公を許さる

御著帶等の日次風記二通に載せ持參す

御產沙汰の條々

(4張)

事給云〻、仍御物忌事如此被行畢」

「近衛殿女房御吉事可奉行事」

十一日、癸卯、晴、早旦自近衛殿(藤原家基)宗成朝臣(高階)奉書到來、可被仰事有之、忩可參、只今欲有御

出、其以前可參之由被仰下、即馳參、被仰下云、女房(亀山上皇皇女)御吉事可奉行之由有仰、予申領狀了、今日吉曜之間、可被沙汰始、還御之程可歸參之由、重有仰、申領狀之条神妙之由有

御感、御院參、依德政評定也、予參殿下、已欲有御出、御乘車之間、予褰御車簾〇出御、其後於左大將殿御方、西宮抄事有御沙汰、其後退出、以御教書仰有弘朝臣(安倍)、女房御吉事〻可有沙汰、可參之由仰之、申領狀了、着束帶、持笏、歸參近衛殿、只今還御之程也、陰陽師

有〔權〕天文博士有弘朝臣束帶、參入、祗候北面、予以宗成朝臣申參入之由、可參御出居之由有仰、今日被免近習了、所自愛也、仰云、御着帶日次事有御尋、予於北面仰之、載風記進

之、予取副笏持」參、有御覽被召置、呪咀・泰山府君御祭等日次同載風記候、可進之由

申之、早可進覽之由有仰、歸出仰此由、又持參經御覽、於兩祭者廿二日可宜歟之由有仰、兩通風記有御所持、入御目出之由有仰、今日沙汰条〻、

「御產条〻沙汰」

奉行職事、成朝(高階)、予以詞仰之、可存知之由也、

所司、行泰(惟宗)子息行雄(惟宗)、今日依此事被仰所司、職事召仰之、

御帯加持人、岡屋法印（慈静）御房、以御教書可有御存知之由觸申了、
御験者事、自靡殿（藤原仁子）被申常住院僧正（行昭）御房、其仁未定、
醫師事、（丹波）季康朝臣、可持参仙沼子之由、以御教書仰了、
陰陽師事、有弘朝臣、
御祈事、薬師供、加持人可勤、不動供、御験者可勤仕、

風記
御着帯日
　今月十七日己酉
可被始行御祈日、
　神事
　　同日己酉
　佛
　　同日己酉
　　十二月十一日　権天文博士安倍有弘

可被行泰山府君御祭日、

今月十七日己酉

廿二日甲寅

廿三日乙卯

可被行呪咀御祭日、

同日等

（5張）

十二月十一日　、、、、、、

不審の事を高階宗成に尋ね文書を借る

奉行職事成朝父宗成朝臣度々御産事奉行、不審条々等所問答也、借送文書等所擊衆蒙也、予承奉行之条、自愛不少、所祝着也、及晩退出、月次神今食頭内藏頭(藤原宗親)奉行、

月次神今食

龜山上皇奏事目錄叡覽す

十二日、甲辰、雨降、早旦參院、直奏、評定衆雖一人不參、予最前奏事目六經叡覽如例、次參内大臣殿(藤原家基)、申御吉事条々事、目六在別帋、次參殿下、内覽神宮条々事等、御産条々以御教書仰遣了、

雜訴評定

十三日、乙巳、晴、時々雪紛々、今日雜訴評定也、不出仕、

邦治親王行啓始

「(行間補書)予番頭卿勤仕之、今日今上親王(邦治)行啓始、(藤原)俊光奉行、在裏、」

神宮條々の事を奏す

藤原師忠亭に參り政道沙汰の雜談に及ぶ

家基室御產の事を宗成と相談す

兼平神宮の事を內覽す
小槻秀氏同顯衡法光寺の事につき罪科に問はる
仙舜關東狀僞作に兩人加擔す

（6張）

（〇紙背に當該の裏書は見えず）

十四日、丙午、晴、日出程參院、出御遲〻之間及數刻、兩貫首(平信輔・藤原宗親)・職事等皆參、予奏神宮条〻事、以師卿被仰下云、諸社神領、云乃貢云神事勤足、悉可注進之由被仰下、面〻奉行職事等、神宮事先日直承勅定之間、仰祭主畢、且神宮司〔使〕行道申攝社伊雑神戸日食米事、不顧承元免除證文、造宮所譴責之由、頻欝訴、勅答云、先停止當時之譴責、忩可召進陳狀之由、被仰下了、条〻事〻、目六付師顯經奏聞了、次參一上(藤原師忠)、直御對面、申季御讀經御奉行事、尤雖可存知、所勞之間被申子細、次有〔政〕道沙汰之間、条〻有御雜談、少時退出、參內大臣殿、於御出居入見參、御吉事条〻与宗成朝臣所有〔令〕談話也、御帶加持可相催實峯之由」有仰、卽遣御教書了、藥師・不動兩供支度到來之間、付宗成朝臣了、雜掌事申沙汰之故也、次參殿下、內覽神宮事、頭治部卿(平信輔)爲御使參入、各〔被〕申合秀氏(小槻)宿祢〔・顯衡(小槻)〕等罪科等云〻、於左〔兩〕大〔大〕史者可被解官云〻、順任(小槻)〔算博士〕令拜任史可官務云〻、依法光寺事、關東擬〔稱〕狀、〔仙舜律師法光寺別當、構出、依之〕兩人加連署奏聞、而自關東無其儀之由、〔返答妙法院僧正(尊教)之間、僧正頻欝訴、武家相尋仙舜處、稱所勞不出對、終以夭亡、譴責遺跡之間、擬作狀令進覽武家、〕奏聞之間、此儀出來云〻、可謂珎事歟、官務兩人之家表瑕瑾、不便〻〻、入夜〔參太相國、次〕參院、弘御所番之間見參、名謁之後、參內宿侍、曉更退出、

亡父月忌

十五日、丁未、雨降、不及出仕、季御讀經御教書等數十通書之、先考(藤原經光)月忌、修小善、潔齋念佛・轉經如例、

家基の仰せにより御著帶の時刻を申時と決す

仁王講僧三人の領狀を申入る

兼平攘災のため關白を辭せんとす

後宇多天皇の慰留を受け康平の例により兵仗を辭申さんとす

十六日、戊申、或晴、或雨下、參近衞殿、明日吉時巳時・未時・申時之由、有弘朝臣申之、伺定、巳刻者難被催整歟、未於吉事不好用之由令申者、申時可宜歟之由有仰、仁王講僧三口、經玄・源章僧都・俊譽申領狀之間、所申入也、神妙之由被仰下、少時退出、參殿下、執事方条〻事所申入也、密被仰下云、明年殊御愼之由、宿曜道勘申、依之雖何事攘災分尤可被行之由、御心中思食、執柄事自仙洞有被仰下之旨之間、自去年度〻可爲聖斷之由、被申了、依之雖被仰關東、〻〻申(未)申分明之左右歟、政道事殊御興行之始、爲宿老爭可

(7張)

有御籠居哉、殊可申沙汰之由有勅定、康平宇治殿(藤原頼通)爲被」謝攘災之分、有兵仗御辭退、彼往事思食出之間、今年中可被謝之由思食、一日且有便宜之間、辭申兵仗、如朝覲行幸をとなしやかにて可供奉仕之由被申之間、壽考及多年之上者、尤可宜之由、御氣色快然之間、思食定、康平条〻一帋被注出、委可了見之由有仰、日來不及被仰出、且披露以前殊可存濕掛之儀由、有慇懃之嚴命、於日次者、來月雖閏月、何事有乎之由思食云〻、及昏黑退出、

家基亭に参る
春日大原野吉田三社奉幣
家基室著帯
御祓
護身
河臨御祓
仁王講

「近衞殿女房御着帶奉行」

十七日、己酉、晴、早旦着束帶參近衞殿、女房御吉事、御着帶事奉行、春日・大原野・吉田三社有御奉幣、予書御教書付社司、御願平安可祈精〔請〕之趣也、御幣帋・軾布等御倉沙汰也、爲政所沙汰奉送、刻限御帶自靡殿被調進、裹薄樣居衣箱、兼以打裹〻之、主人(藤原家基)冠直衣、・女房渡御西面小寢殿、以予被問可被出御帶吉方於陰陽師、權天文博〔士脫カ〕有弘朝臣、庚方之由申之、卽其由申入、少時自西面妻戸當吉方、被出御帶、使前侍從實峯朝臣、束帶、給之授下家司、束帶、〻〻〻置案上、先例長櫃納之、但殿下御計納無蓋物之由、先年被計申之間、度〻已如此被用案了、出納幷舍人等相隨、參岡屋法印御房、御加持了無程歸參、如元付女房進入、予伺御氣色、問吉時幷吉方等於有弘朝臣、吉時申時、吉方乙方、之由申之、予申入、先例或載勘文申之、近例又以詞申之、次予可持參仙沼子之由仰季康朝臣、兼相儲便宜所、八旬老翁持參之、於便宜所進女房、次主人令奉着給、御帶練始日

（8張）

有御尋、十九日最吉之由申之、次有御秡、於西面庭上被行之、陪膳實峯朝臣、役送成朝、陰陽師有弘朝臣修之、次有護身、御驗者權大僧都實讃自常住院僧正被召進、御加持了退出、於西面妻戸內被行之、予召之、

「河臨御秡」

次被行河臨御秡、使左衞門尉行(惟宗)邦勤之、有弘朝臣行之、次被始行仁王講、以公卿座三个間爲道場、小文一帖・紫一帖東西行寄端敷之、副中間障子、立佛臺御本尊、五大力、此佛具等福勝院御塔具等被借渡之、兼日仰執行了、僧三口經玄・源章・(俊譽)丶丶參勤、京極殿供僧被催渡之、自今日三个日可被行云〻、

「仁王講」

「藥師供」

御櫛御撫物使侍左衞門尉康(源)世勤之、御櫛二、裹帋付一二、入折櫃、有弘朝臣付之、自今日被始行藥師供、阿闍梨岡屋

藥師供不動供御產當日まで行はる

法印御房被行之、於本房被行、兼召支度、雜掌頭大夫〔卿〕信輔朝臣沙汰、政所書送文送〔奉送〕進之、政所送文召之、經上覽了、不動供同被行之、實讃僧都勤之、雜掌行(惟宗)清沙汰也、予書御教書、送遣雜具畢、兩供自今日至御產當日可被行云々、奉行家司予、職事成朝、所司行雄等也、一事無相違、平安之先瑞、珎重々々、細々事一向成朝申沙汰、父宗成朝臣相替申沙汰之間、旁神妙也、及晚退出、補飢之後參內、今夕內侍所御神樂也、頭內藏頭宗親朝臣奉行、

「內侍所御神樂」

松尾假殿遷宮日時定

造春日社事始已下日時定

內侍所御神樂

（9張）

先之被行松尾假殿遷宮幷春日社造營事始已下日時定、上卿三条中納言(藤原)實重卿、參陣、着外座、「松尾社假殿遷宮日時定、奉行」予下吉書、輕服之後未着陣、先可着陣、可奏下吉書之由所被示也也〔故〕也、吉書被下、左少弁(藤原)雅藤結申如例、次予就軾仰云、松尾社假殿遷宮日時令勘申ヨ、上卿召弁仰之、次奏聞、內覽有御免、事了又就軾仰云、造春日社事已〔始〕已下日時定〔令勘〕申ヨ、次第下知如初、次奏聞、事了上卿・弁退出、官外記兼日相觸了、御神樂、行幸內侍所、頭卿候御裾、頭內藏頭獻御草鞋、殿上人數輩取脂燭參行、予已下職事在後陣、入御內侍所、頭卿候御簾、頭內藏頭獻御笏、御拜之後移着御神宴座、所作人等本末相分着座、先一獻、(平信輔・藤原宗親)兩貫首、瓶子六位藏人、二獻、(源)資顯朝臣、三獻、(藤原)公遠朝臣・(藤原)親氏朝臣、韓神勸盃、五位藏人予・(藤原)顯世、所作人、笛家(藤原)相、初度所作、篳篥、藏人左衞門(源)季邦、初度所作、和琴、(藤原)賴成、拍子、本(藤原)宗冬朝臣、末(藤原)資高朝臣、無能召人、(藤原)有通朝臣、事了給〔頭內藏頭〕仰星、事了給

祿、宗經（藤原）朝臣・親氏朝臣・公遠朝臣・予〈自前給之〉、等取之、少時還御、鶏鳴程退出、

仙洞評定

十八日、庚戌、晴、時雪紛〻、參院、出御如例、有評定、人〻不達奏事、次評定、畢有除目沙汰、出御弘御所、先有御身固、

西宮記披講

「於院被講西宮記」今日西宮記被披講、左衛門督（藤原公衡）奉行、諸卿着座、殿下・儀同三司（源基具）・右大將（源通基）・大炊御門（藤原信嗣）大納言・春宮大夫（藤原實兼）・帥・左大將・權大納言（藤原公守）・民部卿（藤原資宣）・中御門前中納言・花山院（藤原家教）中納言・按察・三条中納言・左衛門督・吉田中納言・大藏卿（藤原經業）・冷泉（藤原經頼）宰相・右大弁宰相、奥端相分、賴藤（藤原）〈五位藏人〉、持參文臺、〈西宮記置之〉、置御前退、右大弁宰相隨召參着御前円座〈件座出御以前諸大夫置之敷之、上北面〉、讀申之、不審条〻人〻申議、冷泉宰相執筆、注付不審篇目、後

不審篇目を注付し勘文の提出を命ず

日可進勘文云〻、今日小〔四〕朝〔方〕拜并朝拜等、端少〻有沙汰云〻、「四方拜朝拜等事有沙汰云〻、」事〻嚴重不能左右者也、予雖龍耳惣以不聞、爲之如何、仍參內、依晝番也、入夜參內、〈宿侍〉、

（10張）

小除目

「小除目」今夕被行小除目、頭卿奉行、上卿三条中納言、清書右大弁宰相、左京兆（平信輔）貫首、礼部浴朝恩者也、其外近衛司一人被任之、

仁王講昨日の如し

御產御祈仁王講如昨日被行之、

十九日、辛亥、雪紛〻、參殿下、自今朝依御坐猪隈殿爲御留守、空廻轅、參近衛殿、有出御、申御產御祈等事〔放〕光佛供養并千度御祓等事、仰云、來月者爲閏月、正月者可當四个月、

仍自二月可被始行云々、仁王講結願、御布施取諸大夫良國（高階）・兼胤（源）等勤仕之、今朝早旦被結願了、

仁王講結願

廿日、壬子、晴、參猪隈殿、內覽神宮条々事、又申殿中事等、兵仗御上表事伺申、追可被仰之由有御定、少時退出、

廿一日、癸丑、晴、參院、殿下・右大臣殿（藤原忠教）・內大臣殿御參、德政条々事有評定、去年制符固可守之由有沙汰云々、今日不達奏事、評定以後、出御之由（弘御）所如例、予參內、退出之後、參太相國、予蓬屋勘解由小路所有御坐也、被〇（點）召女房御方御產所也、今明可有還御云々、少時退出、

德政評定

廿二日、甲寅、晴、參院、直奏、神宮条々事也、次參殿下、多武峯別當法印公什幷十禪師等四五輩參仕、條々訴詔事尋聞所申入也、御問答之後退出、

御產御祈被行呪咀幷泰山府君御祭、陰陽師有弘朝臣勤仕、雜掌幷使等事、職事成朝之奉行也、」

御產御祈呪咀泰山府君祭を行はる

（11張）
「非藏人時兼拜賀」
廿三日、乙卯、晴、今夕非藏人左兵衞少尉時兼、予猶子也、青女連枝、（源親時女）擧達仙籍之後、申拜賀付簡、秉燭之程參內予予（殿下、）伴參、所令扶持也、二拜、申次諸大夫宗雄、（藤原）次參內、於殿上口舞踏申次藏人秀才親雄、所語儲也、如例、

時兼院昇殿を許さるるの後所々に拜賀す

拝舞了昇殿、先付簡、次行湯漬、藏人親雄對揚、毎事如例、無程退出、無爲無事、珎重〻〻、

車新調亂文、袖松鶴龜、棟上霞、物見下巖少篠、物見後鶴飛行、中彩色如例、

裝束位袍、闕腋、細大刀、丸緒、付弦袋、

如木雜色一人予召仕奴也、

侍一人　　童一人

時兼を伴ひ參內す

廿四日、丙辰、晴、參內、相伴時兼、候横敷、兩貫首候小板敷、時兼候小縁、數刻雜談、以

「制符中從類可奉行事」

頭大夫被仰下云、去年制符內從類事、可奉行之由被仰下、面〻公卿已下職事等被相分、

制符奉行の人々

制符奉行事、

一、衣裳事、

帥　　冷泉宰相　　宗親朝臣

文殿衆　　康衡朝臣(三善)　　師淳(中原)　　章長(中原)

一、資財雜具事、

民部卿　　修理大夫(高階邦經)　　信輔朝臣

文殿　師顕　章澄（中原）　職隆（中原）

一、従類事、

按察　吉田中納言　兼仲

文殿　師宗（中原）　明盛（中原）　章継（中原）

一、乗物事、

中御門前中納言　大蔵卿　顕世

文殿　師冬（中原）　章保（中原）　明綱（中原）

（12張）

一、舎屋事、

前源大納言（雅言）　右大弁宰相　頼藤

文殿　師種（中原）　章名（中原）　中原章顕

違犯の者の科の次第

於令違犯者、可有其科次第、

一、月卿雲客犯之者、召怠状可止出仕事、

一、地下諸大夫以下犯之者、可止官位事、

一、凡下輩犯之者、可召出使廳事、

評定衆等起請を召さるる三箇條

近日評定衆・傳奏・職事・弁官・文殿衆等被召起請、且被注下三个条篇目、一、不論尊卑觸耳訴詔、急速可奏聞事、二、不依權勢不肖、不存偏頗矯餝、可申所存事、三、不可耽獻芹賄賂事、已上三个条可書載之旨趣也、近日徳政興行無先規歟、一・十一・廿一日等徳政沙汰、大臣・大納言等評義、三日八日勤日此外毎月六个日雑訴沙汰、中納言・參議等祗候、於件雑訴御沙汰日者、被召訴論人於文殿、被尋子細、於裁許之院宣者、當座可被書下云〻、嚴密沙汰、衆庶之大慶乎、

一日十一日二十一日徳政沙汰を行ふ
毎月六箇日雑訴沙汰を行ふ

時兼御前召

「非藏人時兼御前召」
廿五日、丁巳、晴、參內、時兼所相具也、今日御前召、以鳥箒栖掃〔洒〕朝餉御緣、号御前召是也、令聽裝束、藏人左衞門季邦參會申沙汰、少時退出、時兼直向粟田口淨雅法印房、予召寄別車、參近衞殿、次參殿下、伺申兵仗御上表等條〻事等、

藤原基忠若君御著袴

(13張)
「若君御着袴」
廿六日、戊午、晴、參殿下、太政國〔相〕若君六歳、有御着袴事、密〻儀也、御裝束幷御前物、予所調進也、若君入御、予參御車後、所奉具也、御裝束色目、

御著袴装束の色目

小葵浮文御直衣、裏櫻色、　同文紫御奴袴、浮文、腹白組、
同文裏濃蘇芳御袙一領、　單文御單、破菱、濃、
平絹濃御下袴、　椙横目扇、彩畫圖鳥〻〔蝶〕小鳥、以色〻糸結花付之、

御帯一筋、御直衣定、

御前物六本、調様々器定、

一本、四種、銀器、御箸臺、

一本、御飯、盛銀器、

一本、生物、

一本、干物、

一本、菓子、

一本、汁物、

(行間補書)「此外御酒盞、居平盤、御銚子等在之、」

父基忠腰紐を結ぶ

吉時午刻之由申之、刻限着御、後業行(藤原)朝臣奉仕之、太政大臣殿令奉結御腰給、其後供御前物、陪膳(藤原)公頼朝臣取打敷參進、展置御前退、御臺次第持參之、役送諸大夫二人(藤原)兼信・時宗、各衣冠、事了自內々被撤之、先例也、御前物被送予宿所、入夜還御、無爲無事、幸甚々々、

亡母月忌

廿七日、己未、晴、不出仕、先妣(藤原親實女)月忌也、佛經沙汰如例、芸閣讀書(行間補書)「云々、予不參、」

多武峯鳴動等の御卜行はる

「殿下藏人所御占」

廿八日、庚申、參殿下、多武峯鳴動并平等院阿弥陀堂御本尊汗令垂事、兩条被行御卜、陰

時兼主殿司を饗應す

陽師重親（安倍）朝臣・長親（安倍）・泰統（安倍）等參仕、任占文可祈謝之由、仰本所了、其後退出、

「非藏人時兼饗應主殿司事」

廿九日、辛酉、陰、今日時兼饗應主殿司、給盃飯、其後衣一領、人別給之、所自愛也、藏（藤

(14張)

人大輔原顯世）幷邦行（藤原）等不慮入來、接其座、所」入興也、女孺等具（相）伴來、聊饗應、謝遣了、

卅日、壬戌、晴、參院、直奏、次參內、

閏十二月小

德政評定

御產御祈三社奉幣

「德政評定」

一日、癸亥、晴、不出仕、今日德政評定、殿下（藤原兼平）幷三公（藤原師忠・藤原忠教・藤原家基）御參云〻、官員數有其沙汰云〻、御產御祈三社御奉幣如例、先十帖被進了、「予書（行間補書）御教書、付政所了、」

二日、甲子、晴、參院（龜山上皇）、直奏、次參內（後宇多天皇）、入夜參院、番、宿侍、

「起請文付頭大夫事」

三日、乙丑、晴、參內、次參院、參內大臣殿（藤原家基）、參殿下申条〻事、「予起請文（行間補書）今日付頭大夫（平信輔）了、」

龜山上皇神宮雜訴を記錄所に於て沙汰せんとす

四日、丙寅、晴、參院、直奏、其次被仰下云、神宮雜訴事繁多、先〻沙汰事等、職事得替之間、訴人申出事等多之、此事聖斷有煩、於記錄所委有沙汰、非據之方文書被加裏書可被

藤原家基三箇條の篇目を注下す

下之由思食、可申關（合）關白（藤原兼平）之由被（有）勅定、少時退出、先參内大臣殿有（入見）參、条〻事有御談義、三个条篇目被注下、可注進所存、十一日可有御沙汰云〻、

一、大・中納言、侍從、近衞司、檢非違使、員數事、

一、昇進可被登用道事、

一、僧官員數事、

御所存有御案之程也、有仰、數刻御談話、予申云、今月呪咀・泰山府君御祭日次事、護身可參日事伺申、護身參雖不及日次可參、兩祭日次相尋可申之由被仰下、其後退出、參殿下内覽条〻事、神宮雜訴於記錄所可有沙汰之趣令申入、少時退出、補飢、參内、今夕

小除目

「小除目」

被行小除目、頭大夫信輔朝臣奉行、

藏人方公事分配

「押分配」

今夜押職事分配、頭内藏頭（藤原宗親）不參、頭大夫、職事三人、六位藏人」季邦（源）・遠衡（三善）等祗候、所

(15張)

「押六位分配事」

令押之也、六位藏人分配同押之、近年雖不然、臨期与奪歟〻之間、任舊例押分配、頭大夫所相計也、深更退出、

上丁御會

「内裏上丁御會參仕」

五日、丁卯、晴、參院、直奏、次參内、上丁御會所參仕也、公卿粟田口一品（藤原良教）・土御門殿（左大將）（藤原兼忠）・土（源雅房）御門中納言・洞院宰相中將（藤原實泰）・冷泉宰相（藤原經賴）、殿上人教經（藤原）朝臣已下、先尚書御談義、召誥篇本

尚書談義

詩披講

經、經雄(藤原)讀之、正義實香(藤原)朝臣、論義問者敎定(藤原)、講師師信(藤原)朝臣、次被披講詩、序者敎經朝臣、講師通俊(藤原)、予・經雄等應召候講頌座、事畢眞影供物等所令含也、及晩退出、

延暦寺僧等の抑留により季御讀經延引す

今日季御讀經延引、公卿已下雖催整、延暦寺之外三个寺召僧等、依訴詔事抑留御願之間、俄延引畢、

元日擬侍從荷前定

荷前使發遣す

「荷前使發遣、奉行」
八日、庚午、晴、參院、直奏、申(今夕)入佛荷前使散狀也、少時退出、入夜參內、被發遣荷前使、予所奉行也、上卿春宮大夫實兼(藤原)、着陣、使々公卿三条權中納言(藤原公貫)・大炊御門中納言(藤原良宗)・冷泉(華山)院(藤原師藤)宰相中將・冷泉宰相等同着陣、源三位(資邦)不着之、上卿召(以)官人召予、々參進、奥座、被奏云、元日擬侍從并荷前定候、予微唯、參御所奏聞、歸出仰聞食之由、召外記被仰例文・硯事等、命參議師藤(藤原)令書之、以弁雅藤(藤原)奏聞、內覽了(被)免、次定畢之後着幄座、(上卿已下)兼居饌、上卿召弁問幣物具否、次上卿被兼行(山階)使、幣物次第昇立中門內、一方公卿、一方四位使并次官等昇之、如元昇出立中門外、次第發遣如例、興行之間、可參陵戶歟之由伺申之處、雖不然有何事哉之由有勅答、仍使々兼相觸了、事畢之後、被行復任除目、予奉行、上卿三条權中納言公貫卿、奉行、以予奏復任除目候之由、歸(出)仰聞食之由、以弁雅藤令書之、(清書上卿就弓場奏聞、予取之奏聞、返下上卿了、)冷泉宰相尤可書一事之處早出、不可然、仍弁令書」之、參議右兵衞督爲世(藤原)卿・中將爲雄(藤原)朝臣・左馬頭爲忠(藤原)

復任除目

「復任除目、奉行」

(16張)

芸閣讀書

當座勅題の詩會あり

季御讀經延引

造宇佐宮假殿遷宮日時定

藤原兼平兵仗を辭申す

等復任云々、其外事可尋注、

九日、辛未、晴、參院、奏事、參殿下、申多武峯条々訴詔事、

「芸閣讀書」

十日、壬申、晴、不出仕、明日季御讀經事終日沙汰入、今日芸閣讀書、世家下卷已被終功

「當座勅題」

了、傳聞、有當座詩、勅題、寒月只如雪、庭字、連句五十韻云々、儒士資宗（菅原）朝臣・在輔（菅原）朝臣・在兼（菅原）朝臣・在範（菅原）、衆仲範、非生〔成〕業宗嗣（藤原）朝臣・實香朝臣・賴藤（藤原）、奉行人、重詩云々、

「宇佐宮假殿日時定、奉行」

十一日、癸酉、晴、參內、造宇佐宮假殿遷宮日時定、予奉行、兼日下知官外記了、季御讀經俄又延引、南都申子細之間可延引歟之〔由脫カ〕、去夕深更被仰下了、三条權中納言御讀經申領狀之間俄點定此上卿、未刻參陣、弁雖相催、面々故障、史又遲參、然而早速大切之間、予申請上卿□□可始行之由相觸、即着陣、先敷軾、予仰云、造宇佐宮假殿日時令勘申ョ、上卿微唯、予退、次以官人召外記、六位有保（大江）參軾奉之、此間史康有（中原）參仕、日時勘文入筥史持參、上卿披覽之後置前、召予、々參軾、上卿被命可奏聞之由、內覽事御免之由申之、參御所奏聞、少時被返下、就軾奉上卿、々々被結申、仰云、依勘申レ、次退入、上卿召史下之、史結申如例、史康有申云、宣旨可申何弁乎之由申之、右少弁仲兼（平）申領狀之上者、可

「殿下兵仗御辭退、奉行」

觸彼之由仰含了、其後參殿下、今日被辭申兵仗、明年相當御謹愼之年、任康平之例、被

仙洞評定
藤原兼忠方に於て詩會あり
陰陽師上表日時勘文を兼平に進む
文章博士上表の草を進む
清書
清書の祿
內裏儀
隨身を召し近衞府への歸參を命ず

辭申、所奉行也、今日仙洞評定御參、其後御出猪隈殿、相待還御之程也、此間於大將殿御方、有詩」(17張)御會當座賦初、一兩句作進了、少時還御、相催人ゝ、先覽日時勘文、權天文博士安倍有弘朝臣持勘文參入、一人加署、召政所筥蓋入之進入覽申、日時留御所、被返下空筥之間、返政所了、少時入御公卿座、御硯在之、御脇息被撤却之、御隨身等布衣、候砌下擧松明、予正笏參進跪候御座次間、作者被仰作者可召之由、歸出告召由於文章博士在嗣朝臣(菅原)、御表草高檀帋書之、取副笏參進、於御前讀申退、予參進給御表、可清書之由有仰、於北面給石見前司定成(藤原)硯・續帋等兼自御所被下之、代ゝ定硯歟、令清書、依爲初度當座令書之、此間搢笏、予持參御表函幷檀帋・結緒等、置御前、拔笏退出、次持參清書御表、取副笏膝行進之、逆行候簀子、先之、左大將殿御直衣、御出座、御表以檀帋令加重ゝ礼帋給之後納函、以檀帋四枚令裹給、以緒緒諸絢令結給、帖檀帋爲緒、其後使可召之由有仰、予傳仰之、左中將宗實朝臣(藤原)帶釼笏、參進、給御表筥參內、此間清書人參進御前簀子、給祿、白褂一領、諸大夫兼信(藤原)取之、定成朝臣肩祿、降自切妻於地上二拜退出、作者無祿、依爲家司也、次入御、內裏儀、頭大夫信輔朝臣奉行、使立御表函於殿上切臺盤上、頭大夫取之、付內侍奏聞、無勅答、次使歸參、其由內ゝ申入、更出御、左大將殿令候座給、使參進、御表申留候之由、次予參進、於高欄下召御隨身上首左府生祐武(下毛野)、候令本府恪勤仕レ之由仰之、其後次

給祿
三方吉書
上表日時勘文
政所吉書

第退、次給祿、於小庭中給之、諸大夫自堂上給之、府生疋絹二疋、近衞各一疋給之、次

(18張)
召上﨟」二人、祐武・〻元(下毛野)等召之、於中門外切妻、仰云、雜色長ニ候へ之由仰之、此兩

「三方吉書」
条兼奉仰之間召仰了、予更參進、申吉書候之由、歸出告之、次(先)藏人方、頭左京大夫信輔朝臣、次官方、(藤原)左中弁俊定朝臣、美濃國年料文、次政所、予候之、美作御封解文、不結申者例也、三方吉書了入御、予雖可(可)加下書、窮屈之間令略了、今夕宿中書簡(改)歟之由仰政所、件簡爲修理、去比遣細工所、無之之由申、然者到來之時可申之由有仰、兵仗御辭退之後初度御出日次事有御尋、有弘朝臣明日御衰日、明後日滅日、十四五日者事宜日、十六日最上吉之由申之、今夕奉(本家)行職事時方、(高階)所司行房、(源)公卿座如日來〇撤御脇息、御硯筥被置之、座上有掌燈、中門廊同掌燈、此外無殊事、深更退出、」

(19張)
「擇申　御上表日時、

今月十一日癸酉、時酉、

弘安九年閏十二月十一日　權天文博士安倍朝臣有弘」

政所吉書

(20張)
「美作國司解　申進上　御封庸米□

合佰斛、

右、當年料且進上如件、

弘安九年閏十二月十一日

守從五位下源朝臣正致

内裏御煤拂

龜山上皇淨金剛院に於て按察二品の周忌八講を修す

本年の季御讀經を停め明年二箇度行はんとす

(21張)

「内裏御煤拂」

十二日、甲戌、晴、參內、御煤拂、非藏人時(源)兼伴參、予加扶持、朝餉・夜御殿・常御所等令洒掃、及夜景退出、今明兩日爲女房按察二品(藤原永子、龜山上皇乳母)周忌被修御八講、上皇御沙汰、於淨金剛院被行之、院司重經(高階)朝臣奉行、自昨日爲御所云々、

十三日、乙亥、晴、入夜參內、自今日當番、所祗候也也〔局〕、上皇自龜山殿還御、

「季御讀經節分以後被行例事」

十四日、丙子、晴、參院、奏事、季御讀經節分以後被行之例、相尋外記之處、所見不詳之由申之趣奏聞、勅答云、於今者可略歟、明年二个度春秋可被行之由被仰、今日人々奏事繁多上、今夕行幸供奉之間、早速退出之料、令略雜訴等了、

春秋二季々御讀經不被行例、

寛治七年　康和三年

同五年　長治二年

天永二年　弘安五年

(22張)

後宇多天皇方違のため鳥羽離宮に行幸す

供奉人交名

「鳥羽殿行幸、供奉」
入夜參內、相具馬、爲御方違行幸鳥羽離宮令供奉、職事藏人大輔顯世(藤原)奉行、公卿近衞將結番之後初度也、一番衆等供奉、召仰上卿三条權中納言公貫卿、奉行、少時出御、殿下無御參、兵仗御辭退之後未不御出仕之故也、頭大夫候御裾、內藏頭獻御草鞋、釼內侍予扶持之、璽內侍賴藤扶持之、反閇國高(安倍)朝臣、次第儀如例、鈴奏少納言親氏(藤原)朝臣、

公卿

皇后宮大夫公孝(藤原)、　三条中納言實重(藤原)、　三条權中納言公貫、
吉田中納言經長(藤原)、　花山院宰相中將師藤、　平宰相忠世、
右大弁宰相爲方(藤原)、　持明院三位基光(藤原)、　源三位資邦、
右京大夫親業(藤原)、

近衞次將

左

伊定(藤原)朝臣　範藤(藤原)朝臣　公尹(藤原)朝臣　具顯(源)ヽヽ
爲道(藤原)ヽヽ　實遠(藤原)ヽヽ　教經朝臣代 房通(藤原)ヽヽ　資藤(藤原)ヽヽ

非番
業顯《源》丶丶　康仲《源》丶丶　忠氏《藤原》宗氏朝臣代《藤原》
右
公永朝臣《藤原》　有通《藤原》丶丶　實永《藤原》丶丶　隆久《藤原》丶丶
基兼《藤原》丶丶　親家《藤原》丶丶　教顯《藤原》丶丶　隆重非番
外衞
左衞門
藏人
源季邦　廷尉
中原明澄　明澄就年﨟可爲上首之由訴之、季邦先々爲上々﨟之由申之、數刻相論、建長說名与《藤原》明盛《坂上》相論、說名已爲上﨟令供奉了、殿上勿論之由有沙汰、季邦令行上首畢、
右衞門
官人
中原章綱
職事
兩貫首（平信輔・藤原宗親）　予　顯世　賴藤　等供奉、」

幸路
龜山上皇見物す

（23張）
幸路、高倉北行、二条西行、東洞院南行、三条西行、大宮南行、六条西行、朱雀南行、迄于御所、上皇於姉小路東洞院御見物、下北面等立明、宛如白晝、儼然者也、入御之時爲

鈴奏、少將忠氏勤之、人〻或退出或祗候、予祗候御念誦堂傍、休息之外無他、今夕御乗船被摧池氷、非無其興者也、春宮大夫參會所祗候也、御所爲南殿、北殿破壞之間、不及入御云〻、

北殿破壞により南殿を御所となす

「鸞輿御逗留」
十五日、丁丑、晴、立春告朔、幸甚〻〻、依歸忌日有御逗留、春宮大夫進御劵、奉行職事取之進女房、早旦參御所、御乗船行幸北殿、所〻有叡覽、大夫候御共、少時還御、及晩

鳥羽離宮に御逗留

「當座詩哥御會」
又御乗船、於舟中有當座詩哥御會、人〻兼沉思、予不知此事、追參御舟之處、有此御會、題云、池上眺望、韻字面〻各〻隨所存可用之由有御沙汰云〻、和漢用同題、予雖遲參楚忽成篇畢、

舟中に於て當座の詩歌御會あり

文人

文人歌仙交名

俊定朝臣　冬季朝臣(藤原)　實香朝臣　經繼朝臣(藤原)

予　賴藤　親顯(藤原)

哥仙

春宮大夫　花山院宰相中將　伊定朝臣　實時朝臣(藤原)

各出來之後、於釣殿被披講、立御倚子爲座、御坐折松枝爲文臺、春宮大夫勤讀師、講師俊定朝

披講

臣、經繼朝臣・予・親顯豫參講頌座、月明風冷、景氣斷腸者也、予詩云、

兼仲律詩一篇

華船逸興叩舷處　百練(鍊)螢光池上凍
新月昇峯松影薄　斜陽落瀨浪聲忩
千秋湛水離宮際　万歳呼山勝地中
勝地之中多叡賞　今廻仙蹕感無窮」

後宇多天皇御製三首

(24張)

御製和哥三首被相加者也、明曉供奉人〻大略自今夕參集、今日不足和漢人〻、三条權中納言・兩貫首已下、多以自御船退出云〻、

還御

十六日、戊寅、晴、寅一點出御、公卿列立南列、皇后宮大夫・吉田・平宰相・右大弁之外皆參、鈴奏少納言親氏朝臣、左將渡、(職事仰之、)花山院宰相中將勤鈒璽役、出御之時、頭大夫候御簾、予獻御草鞋、於三条殿御所御棧敷御見物、幸路、三条東行、富小路北行、押小路西行、入御〻所、內侍進立御帳前之後、相公羽林役鈒璽、次下御、〻輿退、鈴奏少將(藤原)隆教勤之、兵〔近〕衞司上﨟伊定朝臣問公卿、次名謁、入御、鈒璽內侍扶持如前、云〻〔於〕額間長押下、予賜御草鞋、於小庭賜內豎了、今夕頭內藏頭不參之故也、卽退出宿所、終日窮屈之外無他、入夜參內、所祗候局也、依爲番中也、

幸路

後嵯峨天皇月忌

十七日、己卯、晴、早旦爲奏事參仙洞、依爲咫尺歩儀、神宮条〻事奏聞、勅定云、可仰合關白、武藏國榛谷御廚被裁許乙鶴丸之時、可進年貢於女房之由、雖約申、其儀無正躰之間、以此地被裁〔付〕祭主了、且彼分年貢可沙汰進之由被仰下了、然而神宮領被行德政之日、一向被付神宮之条、自迩〔及〕反遐之条、德化之所致歟之由思食、可爲如何樣乎之由有仰、今日御幸龜山殿、依御月忌也、歸參內裏祗候、今日御地〔白〕退出宿所、浴蘭湯之後歸參、

內裏に於て日中行事講あり

(25張)

「於內裏被披講日中行事」

十八日、庚辰、晴、參院、直奏、神宮条〻事也、歸參內裏、殿下御參、被行〔講〕日中行事、頭大夫・予・顯世・賴藤・藏人(藤原)親雄・季邦等祗候、賴藤讀申可被勘事幷可被興行条〻、予執筆注付之、」

(〇七行空白有り)

(奥書)「正和元年四月廿四日抄出了、

右衞門權佐(藤原光業)(花押)」

」

（題簽）「『◎〻』兼仲卿記『濟』（朱筆、下同ジ）　自弘安十年二月一日至廿九日　自筆本　壹卷

完〔ミ〕　（異筆）「間闕（廿四日条少闕）」

『綴合改めたる通り』」

（1張）（端裏書）「弘安□（十年二月）記」

兼仲本年四十四歳、正五位下治部少輔、

弘安十年

二月小　癸卯

月讀宮顚倒につき重ねて次第解到來す
德政評定
僧官減員の事を沙汰す
龜山上皇に次第解到來を申入る
召しにより陣定日次以下の事を直奏す

一日、壬戌、雪繽紛、自官依月讀宮事、重次第解到來、職掌人等參昇殿內、加實檢所申上也、今日德政評定、殿下（藤原兼平）・右大臣殿（藤原忠教）・內大臣殿（藤原家基）已下參入、僧官可被減少事有御沙汰、被召綱所、但今日不治定歟、次第解已下隨身祗候、先以帥卿（藤原經任）次第解到來之由申入、一身應召、直奏条〻、

仗議日次事、

仰、可爲八日、

同公卿人數事、

仰、被下御點、

諸道勘文事、

仰、可依人々議奏、

次第解重到來事、

仰、御覽了、

参內し御膳役送を勤む

条々承勅答之後參內、(後宇多天皇)勤仕朝夕御膳役送、今日可被召御酒并御湯漬云々、陪膳中將俊通(源)朝臣、勤仕職事等也、今日行夕臺盤、雅藤(藤原)已下着行、次於芸閣有史記讀書、殿上資宗(菅原)朝臣・在輔(菅原)朝臣・在兼(菅原)朝臣・予・親顯(藤原)、地下淳範(藤原)朝臣・在範(菅原)・尚範(藤原)・公業(菅原)等、奥端、相分着座、

芸閣讀書

後宇多天皇讀書を叡覽す

(後宇多天皇)宸儀渡御、以殿下御直廬々(爲)御叡覽所、予參進円座、讀申孔子弟子傳半分、退出、其後公業讀申奥卷、予早出、依有急事等也、其由相觸奉行人賴藤(藤原)者也、參院、(龜山上皇)參左相府、(藤原師忠)宣下申諸家領等口宣、直所申承也、口宣云、

諸家領等につき口宣を宣下す

「

後宇多天皇宣旨

（２張）

弘安十年正月卅日　宣旨、

諸家所領、僧家門跡・諸社諸〻家領等、或管領人、或執務仁、殊究理非之淵奥、可行成敗之道理、比者動忘廉潔之直、間有奸濫之企、因茲訴詔起自下、次第覃言上、万機之諮詢不遑、一揆之裁斷有煩、論之政途、豈可然乎、蓋知道者必達於理、達於理者必明於權之故也、悔非於既往、愼過於將來、自今以後猶有愆犯之聞、連綿而差積者、可有科罪、曾莫寛宥、兼又社務・寺務之輩者、宜立改官改職之制乎、

藏人治部少輔藤原兼仲奉

小除目

此口宣、去年閏十二月廿六日、以帥卿被仰下之間、廿八日書整付了、其後歳末年始御物忩之間、不及御沙汰、去月逢評定之後、可宣下之由、一昨日被仰下了、仍今日所宣下也、參春宮（煕仁親王）勤陪膳、依當番也、少時退出、入夜又參內宿侍、頭大夫（平信輔）當番所勤也、今夕被行小除目、頭弁（藤原）俊定朝臣奉行、大外記事、今日有評定、人〻退出之處、被召返有御沙汰、潔白之御沙汰旀重〻〻、聞書云、

今日の評定後大外記任人につき沙汰あり

除目聞書

大外記中原師宗兼、　左大史小槻秀氏　同顯衡

博士中原師冬兼、　助教清原隆宣

直講中原師富兼、　　兵庫頭中原師種兼、
辭退、
左大史小槻順任　　助教中原師宗

中原師宗同師冬大外記を競望す
師冬稽古の譽あるも位次に任せ師宗を任ず

（３張）

師宗与師冬此間確論、師宗者位次上﨟、師宗〔冬〕ハ下﨟、〔但〕有稽古之譽、近日當文學之紹隆、尤可被抽任之由論之、師宗於子孫可勵稽古之由、進〔召〕忩狀、被任了、順任浴不慮之恩、今又不慮謙退、如夢、

左大史小槻順任文書送文

（４張）

第二度解狀、騎用御馬足子細事、
進上、
祭主定世朝臣(大中臣)奏狀一通、
內宮月讀宮顚倒間事、
副次第解、
右、進上如件、
二月一日　　左大史小槻順任上
進上　藏人少輔殿

祭主大中臣定世解

（５張）

祭主正四位下行神祇權大副大中臣朝臣定世解申請天裁事、

言上、太神宮司言上、祢宜等注進、月讀宮內人（度會弘清）・物忌（宇羽西貞安）等申當宮御殿顛倒間有其恐由狀、

副進、

宮司解狀一通、

祢宜等注文一通、

右、被〔彼〕宮司今月廿七日解狀、今日戌刻到來偁、子細載于其狀也、仍相副言上如件、謹解、

弘安十年正月卅日　祭主正四位下行神祇權大副大中臣朝臣定世

伊勢大神宮司解

太神宮司解申進申文事、

言上、祢宜等注進、月讀宮內人・物忌等言上、當宮御殿顛倒間有其恐由狀、

副進、

祢宜等注進一通、

月讀伊佐奈岐兩宮假殿作料を下行す

右、得彼祢宜等今日注文偁、子細載于其狀也、抑件兩宮假殿料材已下用物等之事、工等之注文今曉寅刻到來之間、卽令下行作料、以夜繼日所奉營作也、仍相副言上如件、以解、

弘安十年正月廿七日　　権主典

主典

大司従五位下大中臣朝臣長藤

権大司従五位下大中臣朝臣（範國）

少司従五位下大中臣朝臣

大神宮禰宜等注進狀

太神宮神主「

注進、月讀宮內人・物忌等言上、當宮御殿顛倒間有其恐由事、

副進、

內人・物忌等注進狀、

（６張）

月讀伊佐奈岐兩宮一方に子細あらば兩方遷宮を例とす

右、件御殿顛倒事、子細先度所令注進言上也、而彼宮內人・物忌等參昇拜見次第載于申狀也、如其狀者、弥其恐不少歟、月讀・伊佐奈岐兩宮御假殿事、宮司既奉始土木、是則一方子細御坐之時、兩宮一同奉行假殿遷宮者例也、然則早經次第上奏、任先進申狀、忩造進兩宮小殿、造替顛倒本殿、被奉成遷宮矣、仍注進如件、

弘安十年正月廿七日　　大內人正六位上荒木田神主末行

祢宜正四位上荒木田神主尚良
祢宜――――泰氏
祢宜――――章延
祢宜――――氏棟
祢宜――――興氏
祢宜――――經有
祢宜――――氏成
祢宜――――成言

月讀宮内人物忌等注進狀

月讀宮内人・物忌等
言上、爲今月廿四日夜大風、當宮御殿顚倒間事、粗令拜見處、弥其恐無極子細狀、
右、以今月廿六日、重宮司・祢宜參拜之間、内人・物忌等正衣冠、取退顚倒之御戸、參昇拜見之處、御神寶少少令折碎給、御濱床傾御之上、御正躰兩所中、東方者不令相

月讀宮正體西方御騎用御馬の足損す

（7張）

違御坐、西方者御騎用御馬足子細御坐歟、仍疊敷覆御」被之裾、奉直御傾倚、是爲覆御被內御事之間、委所不奉拜見也、此等次第不可不言上、仍粗注進如件、

神宮の訴により月讀宮正殿造營の事を奏聞す

龜山上皇造營を負ふ大宮司重任の可否を藤原兼平に問ふ

兼平大宮司の重任を可とす

藤原家經亭に參り息實家の陣定參入を請ふ

兼平の返事を奏聞す

弘安十年正月廿七日　物忌宇羽西貞安在裏判

大内人度會弘清同」

（8張）二日、癸亥、晴、參院、直奏、神宮雜訴条々事也、月讀宮假(正)殿造營事、忩可有御沙汰之由、神宮使申之、仍奏聞之處、當大宮司長藤被仰重任可有沙汰、但忠光(大中臣)有訴申之旨者、被仰重任之後者、可爲難儀歟、可爲如何樣乎之由、可仰合執柄之由有勅答、其後參内、行朝臺盤、頭弁已下着行、次勤御膳役送、取盃盤(昇二御臺盤)所早出也、陪膳俊通朝臣、參内大臣殿申仗議御參事、有御領狀、次參殿下、内覽条々事、宮司重任間事申入勅定趣、仰云、被召上長藤有尋御沙汰、(忠光)所申無所據者、被仰重任於長藤、可被造營歟之由、可奏聞云々、次參一条殿(藤原家經)、申大納言殿(藤原實家)仗議御參事、以兼尚所申入也、未申拜賀之由有仰、其後退出、入夜參内宿侍、」

（9張）三日、甲子、晴、早旦參院、有評定、不及奏事、入御之後、以傳奏冷泉相公(藤原經賴)、長藤重任事、所奏聞殿下御返事也、自今日龜山殿爲(可)御所之間御物忩、其後參内、勤御膳役送、八日仗議重日之由、大夫史顯衡内々申之、仍申入殿下之處、可依先例、可仰(合)師顯(中原)之由、有御返事、即仰遣畢、」

上卿より覆奏文到來す
藤原信嗣覆奏文送文

（10張）
自上卿覆奏文到來、
獻上、
覆奏文、
官幷外記勘申月讀宮顚倒事、副本解、
右、爲覆奏、獻上如件、
二月三日　權大納言信嗣（藤原）
藏人少輔殿

文殿勘文
長暦四年豐受大神宮顚倒の例

（11張）
文殿
勘祭主神祇權大副大中臣定世朝臣言上太神宮祢宜等注進、去月廿四日夜大風間、別宮月讀宮御殿顚倒例事、
長暦四年七月廿六日、豐受太神宮正殿幷東西寶殿爲大風顚倒、依御躰露顯、翌日祭主（大中臣永輔）・宮司（大中臣兼任）・祢宜等相共、且奉遷御躰於御膳殿、且上奏子細、其奏狀云、奉修補本宮、既可皆作、又此間奉造假殿、与新宮造作指合、尤可有事煩也、正遷宮之期既近、彼間御坐御膳殿何事之有哉、敢不可准他所、但件御膳殿者最少殿也者、」

同年八月四日宣旨云、令宮司造進假殿、暫可奉遷者、
同月廿五日、奉遷御躰於假殿、
同年九月十五日、所奉遷新宮也、
同月廿七日、被立公卿勅使、
使參議藤原良頼卿、
同日、被仰下廢朝三箇日申由、

寛治六年皇大神宮豐受大神宮顚倒の例

（12張）

寛治六年八月五日、祭主神祇大副大中臣親定朝臣」言上云、今月四日二宮祢宜等書狀云、爲今朝大風、太神宮西寶殿顚倒、其角瑞垣同顚倒、自餘御門・殿舍等傾倚、四面玉垣・荒垣等幷損、又豐受宮外幣殿・瑞垣御門・四御門幷齋王御輿宿・廳舍等皆顚倒者、
同月十四日、親定朝臣重言上云、件破損顚倒殿舍・御門等之中、九月九日神事可用瑞垣御門、其以後同神嘗祭可供奉要所、同御門・四御門・齋王御輿宿・廳舍等、是豐受宮破損顚倒也、又太神宮破損內、齋王候殿・同御輿宿也、彼以前可被造立修補也者、
同月十五日、被行軒廊御卜、
神祇官卜云、依本所神事違例、可有天下病事之所致歟者、

陰陽寮占云、依神事違例所致之上、公家可愼御御藥事歟者、
同月十七日宣旨云、如解狀者、正殿傾危、寶殿顚倒、仍先造假殿、可奉渡御躰、自餘屋舍多以破損、此中九月神嘗祭、必可相備屋舍、任式條令太神宮司營造、此外殿舍・門垣等、宜仰祭主親定、尋注成功輩、早經言上者、
同月廿一日宣旨云、仰本宮令注申神事違例、兼又下知五畿七道諸國、奉幣神社、讀經」佛寺、令攘除疾疫者、

(13張)

同日、被立公卿勅使、
使權大納言源朝臣、雅實卿、
同日、被仰下廢朝三箇日由、
同月廿七日宣旨云、九月御祭可相備殿舍・門垣等、仰宮司可令修造之由下知先畢、但忽難致其勤之舍屋等、祭主・宮司相尋先例可計行、可用假屋若平張等歟者、

嘉保元年皇大神宮豊受大神宮諸別宮顚倒の例

嘉保元年八月十六日、伊勢太神宮司言上云、依今月十日大風、二宮幷諸別宮殿舍等破損顚倒者、
同二年八月十四日宣旨云、下知宮司、任長曆四年例、先奉渡御躰於御膳殿、一日之內

修造本殿、早可令奉還渡者、

右、引勘文簿之處、彼宮顚倒不詳、准據例所見如斯、仍勘申、

弘安十年二月二日　右史生紀職秀

紀尚俊

左史生紀尚幸

紀重有」

大外記中原師顯勘文

（14張）

仁壽三年月讀宮伊佐奈岐宮顚倒の例

外記例

勘申祭主神祇權大副大中臣定世朝臣言上、

伊勢太神宮祢宜注進、去月廿四日月讀宮御殿爲風力顚倒破損間例事、

仁壽三年八月廿八日、大風洪水、月夜見・伊佐奈岐兩宮正殿顚倒之間、御裝束・種々神寶皆悉流失給、何況重々御垣・御門・鳥居・雜舍、拂地皆悉流失已畢、仍宮司・本宮祢宜共急造假殿、奉鎭兩宮御體畢、但廿年一度造▒〔替〕遷宮及假殿遷宮之時、件兩宮御躰奉載〔戴〕之事、神主・私兩氏內人等供奉之例也、而件氏人依不參會、以大內人神主正見所令奉頂兩宮御躰也、仍彼神主・私氏內人等者蒙不忠之咎、永被停止職掌已畢、卽大神宮司以同年九月二日勘記、件兩宮正殿顚倒非常之由、兼又爲遁後厄、可被奉移件兩

宮於他所之由、同以言上、神祇官卽奏聞於公家之處、下遣官使、且被令奉實檢兩宮正殿顚倒之由、任申請狀、尋便宜地、應奉移之由、以同月八日被下宣旨、仍太神宮司以同廿七日、宇治鄉就地形之穩便、」進司解、厥後依同年十一月一日宣旨、宮司於四箇里坪條隔之辻、奉移建彼兩宮正殿、申下官使、覆勘既畢、至于御裝束・神寶等者、任式條被調進、依其成功宮司所重任也、

「宮司重任事」

(15張)

長曆四年豐受大神宮顚倒の例

長曆四年七月廿六日、大風洪水、外宮正殿・東西寶殿・瑞垣・御門等顚倒、仍以同廿七日、奉渡御躰於忌屋殿云云、

八月四日、內大臣(藤原教通)已下諸卿參仗座、被定申豐受宮正殿・東西寶殿顚倒事廢務有無之由等、上卿被仰云、尋先例可令申者、大外記賴隆(清原)眞人申云、神殿顚倒間事文簿無所見、但先年田邑山陵樹燒亡之間、有廢朝五箇日、風火雖異、危動宗廟其趣相同、依彼可被行歟、諸卿被定申云、始自被立奉幣使之日、可有三箇日廢務者、十日被行軒廊御卜、依豐受宮顚倒也、神祇・陰陽官寮占申云、天下可有疾疫・兵革事、怪日以後卅五日內、及來九月・明年五六月節中・甲乙日可被致其愼者、

十五日、內大臣參入、於殿上召祭主神祇大祐(佑)大中臣永輔、被仰以來廿五日戌刻可奉渡

豐受宮於假殿之由、顚倒之後猶御坐本殿、仍所奉渡也、
九月七日、豐受宮廿年一度遷宮、神寶奉遣、」
廿七日、被立伊勢奉幣使、參〔議脱カ〕藤原良頼卿爲使、依豐受宮寶殿等顚倒事也、始自今日廢
務三箇日、

寛治六年皇大神宮豐受大神宮顚倒の例

（16張）

寛治六年八月四日、大風、伊勢太神宮西寶殿顚倒幷殿舍・門垣等破損幷豐受宮殿舍・
門〔垣〕等同破損、
十五日、被行軒廊御卜、是太神宮寶殿爲大風被吹損事也、神祇官卜申云、神事違例之
上、天下疾病者、陰陽寮占申云、神事不信之上御藥事、可有御物忌、
十七日、左大臣（源俊房）・内大臣（藤原師通）以下諸卿參入、被申云、伊勢豐受宮爲大風顚倒間事、被下兩
度解狀、依正殿傾危奉移假殿可令修造事、西寶殿修造事、依長暦四年例、可被發遣公卿勅使事、依同年例可有廢務三个日事、
今日被勘可始金銀御幣日時、依長暦四年例、可被奉金銀幣之外、不可有他物、至御馬
者、退可仰一定云々、
今朝祭主重進奏狀、初奏狀中一所〔注〕落之事等追注申、其中内宮正殿傾危云々、
廿一日、被立伊勢臨時勅使、權大納言源雅實卿爲使、依豐受宮寶殿顚倒事也、自今日

三箇日、依長暦四年例可廢務之由被仰下、廿九日、左大臣・内大臣以下參入、被定伊勢内宮西寶殿可修造事、仰宮司被定可被」木作之由、

(17張)

十月五日、左大臣參入、被定申伊勢豐受宮假殿遷宮事、十七日、左大臣以下參入、被定申伊勢假殿遷宮間事、去十五日可有遷宮、而宮司等懈怠延引之故也、

廿七日、左大臣以下參入、重被定申伊勢豐受太神宮假殿遷宮事、

(行間補書)「去廿一日可行、而件日不遂行、次日行遷宮之事也、」

十一月十五日、伊勢外宮(皇大神宮カ)遷宮也、

久安五年離宮院豐受大神宮顛倒の例

久安五年十二月廿二日、被行軒廊御卜、是太神宮司(大中臣公宗)言上、去七月一日離宮院修理預言上、去六月廿三日・廿七日大風大雨之間、殿門・鳥居・築垣等顛倒破損之事、幷豐受太神宮祢宜等言上、去六月廿三日夜大風事、當宮内外院殿舍・御門・御垣幷別宮御垣等顛倒破損事等也、

壽永元年豐受大神宮顛倒の例

壽永元年七月四日、被行軒廊御卜、是豐受太神宮離宮内院御殿一宇、去二月廿五日爲大風顛倒事也、

文治三年皇大神宮荒祭月讀兩宮顚倒の例

文治三年九月十五日、被行軒廊御卜、太神宮去七月廿日注文偁、今月十三日大風、當宮殿舎・御垣、別宮荒祭・月讀宮垣(瑞)垣板等、或破損、或破壞顚倒、或傾倚破損事也、

建久六年皇大神宮顚倒の例

建久六年九月卅日、被行軒廊御卜、是太神宮殿舎・鳥居等、依大風顚倒事也、

右、月讀別宮爲風力顚倒之間事、粗案准(據)處之例、依輕重被行之次第、文簿所注如件、仍勘申、

弘安十年二月二日　　彈正少弼兼大外記大隅守中原朝臣師顯(勘申)申

(18張)

口宣送狀

御卜事、宣下上卿了、

進上、

宣旨、

官外記勘申、祭主定世朝臣言上、月讀宮御殿爲風力顚倒破損事、副次第解、

仰、令官寮卜申、

右、宣旨、早可令下知給之狀如件、兼仲誠恐謹言、

二月三日　　治部少輔兼仲奉

進上　大炊御門大納言殿(藤原信嗣)

勘例・行御卜事、如怪異同時雖宣下、於神宮重事也、仍各別宣下之、官外記勘例次第
解等副下了、
入夜參內宿侍、」

靈光振動の事
祭主大中臣定世副狀

(19張)

「(端裏書)祭主權祢宜上申狀案月讀宮靈光振動事
二月三日到來、」
靈光振動事、此狀付傳奏、仍自御所被下之、
內宮月讀宮顚倒之次第、委可實檢言上之由、去月廿九日被仰下之間、下知祢宜等候之
處、今月一日檢錄狀一通幷彼宮令光御坐之後在振動音之由解狀、及神宮使泰昌(荒木田)散狀、
只今申刻到來、謹進上候、子細載狀候、以此旨忩可有御披露候乎、定世恐惶謹言、

二月三日　神祇權大副大中臣在判狀

進上　油小路殿(藤原資宣)

皇大神宮一禰宜荒木田尙良請文

謹請、
當宮別宮月讀宮正殿顚倒、委加實檢可注申由事、
右、去正月廿九日、未刻、御下知偁、當宮別宮月讀宮正殿顚倒事、次第解到來之間、即
申入之處、殊所驚聞食也、顚倒之躰委加實檢可注申之由、所被仰下也、不廻時刻早可
令注進給、仍執達如件者、端書御下知偁、成宗(荒木田)・經員(荒木田)相共加實檢、可令注申給也者、

仍以飛脚相觸宮司、傍官祢宜并經員・成宗神主相共加實檢、相副檢錄文、所令言上候
也、誠恐謹言、

二月一日酉刻　　　　內宮一祢宜荒木田在判請文

皇大神宮禰宜等檢錄狀

（20張）

檢錄、

月讀宮顚倒の次第

言上、內宮別宮兩月讀宮正殿、去月廿四日爲大雨顚倒事、
件御殿指北顚倒、而間御板敷南面者、地板端僅依懸束柱三本、不落付地上給、北方者束柱皆顚倒間、御板」敷所令付地給也、彼方垂木尻同付地上、次御壁組板內南面御戶左右脇板十二枚內十枚碎損、同御戶顚倒、同佐良板二枚破損、同由岐二支破損、同御梃板一枚破損、東妻組板六枚內三枚破損、同西組板七枚皆損、同北組板七枚內六枚破損、千木東西四支內二支折損、次御棟木者雖有不審、難及拜見、次鰹木六支內三支落地上、抑御棟者雖令下傾給、被支北面垂木、不令落付地上、
次北面瑞垣板九枚外皆顚倒、
右去月廿九日未刻、祭主下知偁、當宮別宮月讀宮正殿顚倒事、次第解到來之間、卽申入之處、殊所驚聞食也、顚倒之躰委加實檢可注申之由、所被仰下也、不廻時刻早可令

殿內の神寳少々落つ

(21張)

注進給、仍執達如件、同端書偁、成宗・經員相共加實檢、可令注申給也者、仍加實檢之處、顚倒破損之躰如此、抑御壁板破損之間、自其隙御神寳少ゝ令見給之上、〇(自)北方御壁之隙、古御神寳內、金銅麻桶一口、御鏡筥蓋一、糸縿具足少ゝ所令落顚倒瑞垣板之上也、此外於殿內御事者、先日注進之上、尚以御假殿之次加拜見、有子細者、重可注進言上之由、彼宮內人・物忌等申之、仍檢錄言上如件、

弘安十年二月一日

權祢宜從四位下荒木田神主經員在裏判
權祢宜從四位上荒木田神主成宗同
祢宜正四位下同　成宗〔言〕同
祢宜―――――氏成同
祢宜―――――經有同
祢宜―――――興氏同
祢宜―――――氏棟同
祢宜―――――章延同
祢宜―――――泰氏同

祢宜――――――――尚良同

皇大神宮一禰宜荒木田尚良副狀

進上、

神宮使權祢宜荒木田神主泰昌注文一通、

本宮解狀一通、

右、去正月廿四日夜大風之時、月讀宮御方令光御坐之後、在振動音之由、令披露候間、云時刻、云實否、依不審、差使泰昌相尋候之處、注文到來、子細載狀申候、仍爲御奏聞、相副所令言上候也、誠恐謹言、

二月一日酉下刻、　　　　內宮一祢宜荒木田在判

進上　祭主殿政所

皇大神宮神主注進狀

太神宮神主、

注進、去月廿四日夜大風時、月讀宮御方令光御坐後、在振動音由事、

副進、

神宮使權祢宜荒木田神主泰昌注文一通、

右、件事等、時刻不審之間、差使尋糺可令注進之由、致沙汰之處、注文到來、子細載

狀也、此条不可不言上、仍注進如件、

弘安十年二月一日　　　大内人正六位上荒木田神主末行

祢宜正四位上荒木田神主尚良

祢宜――――泰氏

祢宜――――泰氏

祢――――章延

祢――――氏棟

祢――――興氏

祢――――經有

祢――――氏成

祢――――成言

」(22張)

神宮使荒木田泰昌注進狀

使權祢宜荒木田神主泰昌

言上、去廿四日夜大風時、月讀宮御方令光御坐後、在振動音由事、任廳宣旨致尋沙

汰子細狀、

右、昨日廿八日廳宣偁、去廿四日夜大風之時、月讀宮御方令光御坐之後、在振動音之

泰昌振動の子細を仕人に尋ね聞く

由、披露之輩有之云々、早彼振動時刻子細等尋糺可令注進也者、任其旨致尋沙汰之處、當鄉住人一法師太郎申云、廿四日夜乃大風仁、小屋依擬破、運越物於他所、重歸向小屋、罷融門槻木本之處、月讀宮御上在電、見之後、一段切許步行之時、大仁有頽落之〻(音)之間、如御鰹木令落給歟之由、令存之、件時者戌畢許乃事也、次朝月讀宮令倒給之由承及候起土申之、件男之小屋、當宮御鎮坐之東相隔貳町余、所令止住也、仍注進如件、

弘安十年正月廿九日　使權祢宜荒木田神主泰昌

」

陣定延引の可否を兼平に問ふ

大外記注進の先例により延引に及ばず

(23張)

四日、乙丑、陰、早旦自內裏退出、八日仗議重日之間、申入殿下、〻(相尋)也處〻(及)先例於大外記之處、〻(即)注進之間、重令內覽了、天仁・建久等例足准據歟、此上誠不可延引之沙汰歟之由有仰、」

大神宮の凶事につき重日に陣定を行ふ例

(24張)

康和四〻(三)年四月九日乙亥〔己〕、太神宮并宇佐宮申条々陣定、

天仁三年正月卅日己巳、伊勢太神宮心柱顛倒事、

長寬三年四月廿七日乙巳、祭主師親(大中臣)罪名事、

建久元年五月廿二日乙亥、太神宮心柱顛倒事、

祈年祭

今日祈年祭、顯世(藤原)奉行、上卿大炊御門大納言、弁爲俊(藤原)朝臣奉行、

新中納言藤原實冬拜賀著陣

五日、丙寅、晴、晝間不出仕、及晩參內、藤中納言(藤原)實冬卿、拜賀、着陣也、進立弓場、予申次之、不持笏出逢、卽仰聞食之由退入、次舞踏、其後着陣、先奥、次移端、令敷軾、左少弁雅藤參軾、中大弁(源雅憲・藤原爲方)不候之由、次弁着床子見文、史定(紀)直持來、見了返給史、插文杖持參軾、雅藤着座、見了返給、弁退、次予下吉書、内藏寮臨時公用、先引裹帋加懸帋、持兩手下之、結申之時仰〻詞、宣旨ノ給へ、次退、招弁於軾下之、此後退出、抑殿下御祇候臺盤所、予申上云、仗議之時被定篇目可議奏歟、便宜可伺申、又申云、重次第解東方御馬足有子細之由載之、就此事若及諸道勘文、可有議歟、仰云、誠此一个条可有沙汰之事也、其由思食之由被仰下、卽御退出、予至御乘車所、參御共、卽所退(退)〻出也、

八日の陣定につき兼平と問答す
重次第解のみを議すべしとの仰せあり

大原野祭

月讀宮顚倒により軒廊御卜を行ふ

六日、丁卯、晴、今日大原野祭、予分配也、上卿藤中納言實冬卿、弁左少雅藤、內侍、侍従、藏人遠衡(三善)獻出車、公役瀧口面〻申子細不參、尤不便也、酉刻參內、月讀宮顚倒事被行軒(25張)廊御卜、重次第解經叡覽了、上卿大炊御門大納言」參陣、令敷軾、召權弁(藤原冬季)令下知官寮座事、予參軾、申上卿偁、重次第解、御馬足子細事、同可有占卜、然者可下申歟之由申之、尤可宜之由被命、仍自懷中取出下之、退出、次官寮着座、被下本解等、次第卜申、其間予睡眠小板敷及數刻、事了、以官人被召予、參軾、上卿卜形入筥蓋、本解加入、可奏聞之由有命、予持之參

釋奠
月讀宮の事により宴穩座なし

御所奏聞、少時被返下、筥蓋召外記返給了、本解・御卜形懐中所退出也、今夜釋奠、頼藤奉行、依月讀宮事被停止宴穩座、上卿大炊御門大納言、宰相、冷泉宰相、少納言、(平)兼有、弁俊定朝臣・(平)仲兼等參行云々、

神祇官卜文

神祇官
　卜怪異事、
問、伊勢太神宮祢宜等言上注文等偁、去月廿四日大風間、月讀宮正殿指北顛倒破損、神寶少々折碎、御正躰兩所中、東方者不令相違給、西方者御騎用御馬足有子細歟、兼又顛倒夜當御殿上有光耀事者、是依何咎祟所致哉、
　推之、依神事違例、不信不淨所致之上、有公家御愼及天下動搖病事歟、
　　弘安十年二月六日　正五位下行權少副大中臣朝臣爲頼
　　宮主兼皇后宮少進正五位下行權少副卜部宿祢兼顯
　　從四位上行權大副兼山城守卜部宿祢兼方

陰陽寮占文

陰陽寮
　占伊勢太神宮司言上怪異事、「

（26張）

去正月廿四日夜大風間、別宮月讀宮有光耀、神殿顚倒時、御騎用御馬足有子細、又神寶等令落給、

今日丁卯、時加戌、奉宣旨日時、太衝臨卯爲用、將天空、中神后、將玄武、終勝光、將六合、卦遇、伏吟・龍戰・三実・跅跪、推之、依神事神事〔違例、〕不信穢氣、所致之上、從巽・坤方奏口舌兵革事歟、期今日以後廿五日內、及來九月節中、竝壬・癸日也、何以言之、用爲太衝天空傳光神后玄武、是主違例不信穢氣、又日上帶朱雀、卦遇、龍戰・三実、是以主口舌兵革之故也、兼被祈謝、至期愼御、其咎自銷乎、

弘安十年二月六日

少允安倍朝臣良康
主稅助賀茂朝臣在有
曆博士賀茂朝臣在秀
內匠頭兼丹波權介賀茂朝臣在員
權天文博士安倍朝臣在〔有〕弘
雅樂頭兼權助尾張權介安倍朝臣範昌

兼平卜形陣定散状を内覧す

亀山殿に参り上皇に卜形陣定の事を直奏す

奏事目録

七日、戊辰、晴、早旦参殿下、御卜形并仗議散状所内覧也、其次申云、可被定條々、若可有篇目歟、人々不審之由申之、強不可然歟、且又便宜可伺定之由有御氣色、獻御卜、尤可有御物忌之由有仰、次参龜山殿、以左兵衛督(藤原宗親)先聞(伺)申事由、少時有出御、被召予、直聞食奏聞条々、

軒廊御卜官寮御卜形事、

仰、御覧了、御物忌事可申沙汰、

仗議公卿散状事、

仰、御覧了、散状留御所、

重日仗議例事、

仰、如心御柱有先例上者、不及子細歟、」(27張)

仗議条々篇目事、

仰、雖不被定下別篇目、就次第解等可定申歟、

定文當座可書上歟事、

仰、近例者爲後日歟、今度事無殊子細歟、當座可書上之由之由(歟)、可仰執柄(藤原兼平)、

兼平亀山上皇の意を受け陣定定文の當座執筆を提案す

参議藤原爲方難澀す遲引せば後日書き上ぐべき由を仰す

内侍所に行幸し壁穴より見んとす

目六傳兵（武）衞了、藏人大輔（藤原顯世）・頭大夫等參入同奏事、御懺法已欲始之程也、予退出、參准后（藤原貞子）、謁女房退出、

八日、己巳、晴、着楚〻束帶、參內府入見參、次參殿下、仰云、今夕定文無殊子細者、當座可書上之由、且被仰奉行職事了、臨期可相計之由、自龜山殿以御書被申、然者此趣內〻可仰合右大弁宰相（藤原爲方）歟之由有仰、次參內、仗議散狀所令奏聞也、定文事予以書狀內〻示合、返答云、臨期難計申歟、參仕之上者、可隨御定、但辛酉・甲子外、兼「後歟」日書上定事候、可被申合上卿歟之由申、此趣重申入殿下了、重被仰下云、依（爲）事之遲引、後日可書上、昨日勅定强非可書上之儀歟之由有仰、重其由示大丞了、秉燭之程人〻參入、殿下御參、有御尋人〻參否、一上（藤原師忠）幷右大弁宰相等參遲〻之由申之、忩可催促之由有仰、少時一上有御參、申皆參之由、主上有行幸內侍所、被懷（開）壁穴可被聞食云〻、關白殿御祗候、諸卿着仗座、左大臣端座上、・右大臣・內大臣、已上奧、大炊御門大納言信嗣、奧、・左大將殿（藤原兼忠）端、・春宮權大夫（源）具守、端、・藤中納言實冬、奧、・三条中納言（藤原）實重、奧、・中院中納言（源）通雄、奧、・土御門中納言（源）雅房、奧、・吉田中納言（藤原）經長、端、・大藏卿（藤原）經業、前官只一人也、・平宰相忠世、・冷泉宰相經賴、・右大弁宰相爲方、等也、弁、頭弁俊定朝臣、權弁冬季朝臣、

(28張)

候床子、上卿召官人被敷軾、次召大外記師顯、被問公卿參否、次予」懷中文書、次第解三通、官外記例二通、官寮御卜形

爲方定文の端作のみを書き懐中す
定文は後日書き上げんとす
定文未だ書き上がらず
龜山殿に參らんがため引替牛を法金剛院に儲く
爲方定文を持參す
藤原師忠定文を兼仲に下す
定文を兼平に內覽す
春日祭使參內し祿を給はる

二通、各巻加一懸帋、以帋捻結中之、片鉤結之、出軾奉下之、上卿置笏展帋捻、披懸帋、取一通被結申、予仰云、令定申ョ、次予申云、關白殿被申、定文當座可書上歟之由其沙汰候、可爲如何樣哉、隨事樣可有御計歟、仰云、早出之志候、隨事樣可存知云々、其後起軾退入、右廻、仗座左廻有便宜之由、人々稱之、次第自上﨟被見下文書、最末參議見了之後〔置之、〕上卿可定〔讀〕申之由有仰、大丞次第讀申、一々讀畢之後、上宣云、可定申、大丞退足定申、至上卿定申之後、上卿仰宰相令召硯、宰相右大弁、以官人召史、々々持參差出宰相前置之、次隨上宣摺墨卷帋、隨上宣書之、端作許書之懷中、後日可書上云々、人々於立蔀邊聽聞、面々議奏微音之間不觸耳、爲之如何、丑刻許事了、人々退出、

九日、庚午、晴、不出仕、所隨召一上也、及晩內々伺申一上之處、定文未書上之由有仰、

十日、辛未、晴、申斜雨濛々、巳刻許參一上、爲賜定文也、大丞未書上、數反予問答、然而及遲々、數刻所睡眠也、今日爲參龜山殿、如引替相儲法金剛院了、酉刻許大丞持參定文進入、少々有書直事等、弥以遲引、少時主人冠直衣、令出公卿座給、被召予被下定文、先日所被下之文書、帋捻上、被差加定文、參進賜之退、次參殿下所內覽也、有御書写、明旦可被返下之由有仰、其後退出、
(行間補書)「春日祭使今夕參內、給祿如例、」

定文を龜山上皇に奏す

明日京御所に於て評定を行ふとの勅定あり

(29張)

十一日、壬申、朝間日脚高懸、天顏快晴、巳斜有陰氣、暴風雨雪計會、參龜山殿、○奏聞定文、依無傳奏、直被召常御所御緣、聞食」奏事、定文委可有叡覽之由被仰下、被召置了、且明旦白地可有御幸京御所、評定忩可申沙汰之由、可仰帥卿之由有勅定、且月讀宮事、猶可有御沙汰云々、予其後所退出也、

春日祭

(行間補書)「春日祭、上卿藤中納言、弁冬季朝臣、內侍勾當、出車差次經(藤原)定獻之、敍位闕、新藏人未被仰之故也、」

列見

(裏書)「列見、頭大夫奉行、

上卿土御門中納言、參議、右大弁、少納言、兼有、弁、左少雅藤、右少仲兼、中弁不參云々、」

月讀宮顚倒の事につき仙洞評定あり

兼平兼仲を召し定文奉幣以下の事を命ず

龜山上皇內の御物忌につき兼仲に仰す

參內し定文及び御物忌の事を奏す

十二日、癸酉、晴、參院、月讀宮顚倒事有評定、殿下・右大臣殿・前源大納言(雅言)・帥(藤原公孝)・皇后宮大夫(藤原資宣)・民部卿・大藏卿・右大弁等參仕、事了殿下被召予、被仰下偁、定文可奏內裏、仍被返下、次以四姓使可被奉幣、(發遣)忩相尋日次可申、次御馬足有子細之由載解狀、件子細如何樣乎、若又奉拜見事、始終不容易歟、假殿遷宮之次有便宜歟、委可拜見之由可仰祭主云々、次有限幣帛外可被副獻神寶、相尋先例可申云々、其後殿下御退出、御物忌事雖非堅固、可爲尋常之定歟、但外宿人强不可近參歟之由有仰、次參內裏、奏覽定文、又申御

後嵯峨天皇御八講を始行す

亀山上皇に伊勢一社奉幣の條々を伺ふ

物忌事、其後御物忌事可申沙汰之由、下知極﨟親雄《(藤原)》了、兩貫首《(平信輔・藤原俊定)》着殿上臺盤、予着行、御膳有出御、陪膳頭弁俊定・宗嗣《(藤原)》朝臣・仲兼・予・俊隆《(藤原)》・六位親雄・季邦《(源)》等也、其後退出、

十三日、甲戌、晴、不出仕、自今日被始行後嵯峨院御八講、右中弁爲俊朝臣奉行、公卿土御門《(源定實)》大納言已下九人出仕云々、伊勢一社奉幣官外記例等今日所取整也、自今日內裏當番頭大夫勤仕、

十四日、乙亥、晴、早旦參龜山殿、以冷泉宰相條々所伺也、

伊勢一社奉幣条々、

日次事、

可爲廿四日、但重事上者、連日發遣何事有哉、然者又可爲廿一日歟、可申合執柄、

使事可爲四姓之由、評定之時雖有沙汰、猶可爲公卿之由思食、同可申合執柄云々、」(30張)

上卿・弁事、

可仰一上、弁俊定朝臣可爲奉行之由被仰下、

神寶事、

先例被副進分、官外記勘例經叡覽、勅答云、可被副進分可申合關白、今度可被副進

神馬之由思食、

廢務事、

此事自奉幣日可爲三个日之由思食、

月讀宮造營事、

忩召上大宮司長藤可有御問答、

祈年穀奉幣宣命辭別の事を伺ふ

祈年穀奉幣可爲廿日、載辭別可被謝申歟之由申之、仰、載辭別可申之由〔条〕可宜、

兼平猪隈殿に於て御懺法を修す

此等条々承勅答退出、次參殿下、（猪隈殿、）御懺法之間日已迫連石之間、窮屈之餘所早出也、

龜山上皇の仰せにより昨日の條々を兼平に問ふ

十五日、丙子、晴、早旦參殿下、內覽昨日条々事、

日次事、

可爲公卿勅使者、廿四日楚忽、如驛家雜事不可合期乎、

使事、

今度事爲別宮、仁壽例詳者、可被准行之處、無所見上者、就他准據可被計行、而先例或正殿、或又如鳥居・瑞籬也、仍可被准寬治六年例歟之由、自始申所存了、別宮例始也、与正殿無相違被行条、爲向後誠似無斟酌、然而末代〔敬神〕法頗超過先規、計

沙汰强强不可有巨難歟之由存之、被立公卿使之条可宜候乎、其上猶可爲公卿使歟之由、懸叡慮者歟、勿論候、依有其煩、聊猶豫之条者、諸人一同候歟、愚意同前候、然而可爲公卿使之由、被懸叡慮上者、」(31張)依煩一事被止之条、可爲何樣乎、可爲公卿使者、今月中難治歟、金銀御幣・神馬許也、勅使可略行粧、驛家雜事間事、委被尋可被省略、此趣可奏之由有仰、

神馬事、

寛治三疋被引進了、今度可爲其儀歟、

伊勢國證誠寺の事記錄所に於て尋究し注進すべき由を上卿に宣下す

此後殿中条々所申入也、參近衞殿、御湯治之間不及出御、次參内所宿侍也、伊勢國證誠寺事、於記錄所召出方々、尋究所存可注進是非之由、宣下上卿土御門大納言、(宣旨)畢書賜小舍人爲基畢、

龜山上皇に公卿勅使の條々を奏す

十六日、丁丑、晴、早旦參龜山殿、以冷泉宰相奏公卿勅使条々事、」

使事、

以四姓使先可被發遣、廿四日定可申沙汰、於公卿勅使者、如評定時沙汰、追可有沙汰之由被仰下、神寶今度不可及御沙汰、神馬者可被副進、

假殿遷宮遂行事、
宮司去夕上洛、申云、去月廿七日始土木造營、今月三日無爲遂行遷宮之由申之、同
奏聞、〻食之由有勅定、

園韓神祭

參猪隈殿、申入勅答条〻事、其後退出、入夜參內宿侍、
今日園韓神祭、顯世奉行、上卿大炊御門大〔中〕納言、(藤原)良宗、弁、雅藤、
(藤原公衡)大理於龜山殿明日免者囚勘文申御點傳予、〻懷中同所內覽也、大理申定与奪尤可然歟、

後嵯峨天皇御八講結願免者を行ふ

十七日、戊寅、晴、勤御膳役送、陪膳實香朝臣、今日後嵯峨院御八講結願也、被行免者、囚勘文予書合書輕犯囚五人、大理參入、着小板敷、着小」板敷予進出〔自〕上戶方、懷中勘文、於小板敷取出勘文

(32張)

上卿検非違使に勘文を下す
検非違使等勘文を披見し獄舎に向かふ
後宇多天皇叡覧す

傳大理、〻〻置笏取勘文、披見結申、予仰云、今日《ケフ》後《ノチノ》嵯峨院ノ聖忌ニ當ル、輕犯囚人合〔任〕點令厚免ヨ、大理稱唯、予參御所方、大理出無名門、立中門下、北扉下、召隨身召官人、〻〻(中原)五位尉章保已下十四人列居床子座立蔀前、西上北面、蒙許之後、上首章保參進、下勘文仰宣下詞退、官人等左右相分立四足門下、披勘文、次第与奪、次向獄舍、宸儀於中門有叡覽、儼然次第近代頗稀歟、大理參御所、有御對面、予歸局休息者也、官人五位尉章保・(中原)職隆・(源)重友、六位十一人參仕、

後鳥羽天皇御八講を始行す
龜山上皇還幸

祈年穀奉幣上卿辭退により藤原實家を催す

四位使觸穢により高階基政を催す

二十四日の兼平家尊勝陀羅尼供養延引す

分配により祈年穀奉幣を奉行す

當日定として日時使を定む

參議爲方日時勘文定文を書く

十八日、己卯、晴、勤御膳役送、今日後鳥羽院御八講始、右少弁仲兼奉行、上皇自龜山殿還幸、

十九日、庚辰、(晴、)未未明自內裏退出、早旦參院直奏、明日祈年穀奉幣上卿、一上俄被申所勞之由、右府同所勞、內府御湯治、面〻如此有子細之由奏聞、可相催一条大納言(藤原實家)之由有勅答、宣命辭別口宣之趣經叡覽、四位使日來領狀、親長(源)朝臣俄觸穢之由申之、同申入之處、面〻可相催之由有仰、乍祗候以狀催申、一条大納言殿被申領狀、四位使基政(高階)朝臣申領狀了、其後退出、參殿下申奉幣宣命趣、又廿四日尊勝陀羅尼供養、爲一社奉幣日、可被延引歟之由申之、忩相尋日次可申之由被仰下了、其後退出、

廿日、辛巳、晴、相具時兼(源)參院、爲令勤尊勝陀羅尼供養所役也、予奏聞奉幣散狀、次參內、今日祈年穀奉幣、予分配也、」(33張)當日定、上卿一条大納言實家、參陣、着奥座給、予出陣仰云、祈年穀奉幣日時・使令定申ョ、上卿稱唯、予退、移端座令置軾、次召弁被仰日時事、雅藤奉行弁、參軾承之、下知史、弁持參日時勘文、上卿披覽令置之給、次召外記、五位外記師顯參入承之、次六位外記利重(中原)持參例文・硯、例文進上卿、硯置參議座、次右大弁宰相着座、移着座上、引寄硯摺墨、試筆、次卷取懸帋置硯筥中、次取續帋、向座下卷返、取副笏、氣色上卿、披例

辨藤原雅藤日時勘文定文を兼平に内覽す

文令与奪給、次第書之、書畢、起座奉上卿、〻〻取之、取出例文・土代等、入日時勘文於〔井〕定文等於筥、以弁雅藤可内覽之由被仰歟、（殿下令候御所給、）持參御所、予此間出軾、下宣命辭別趣於上卿、（宿帋之〔書〕之、口宣也、）退入、弁歸出、返〔奉〕下日時等、上卿被召予、參軾、仰云、日時勘文・

日時勘文定文を後宇多天皇に奏聞す

定文可奏聞、予申云、弁内覽奏聞畢之由申候ヮ、上卿被許諾、仍退、而重召予仰云、定文承勅答可結申、而弁不仰之、猶只〔以〕可奏聞之由許可返下故、可結申之由有仰、予持筥參御所方、次返出於陣下申之、被結申、予仰云、御覽シッ、先之召内記被仰宣命趣、次上卿召外記被下定文等、次藏人遠衡下内藏寮請奏、（伊勢幣也、）上卿〔被〕結申歟、被召弁被下之結申、次神祇官請奏（諸社幣料、）覽申、被返下弁結申、抑内藏寮請奏上卿可奏聞之由被仰、奏下文重奏聞、不打任歟、然而依上宣奏之歟、次上卿進弓場奏宣命草、（入筥、）予出逢、奏〔内覽〕聞之由有仰、

宣命草を内覽す

兼平宣命草を奏聞す

（34張）

於臺盤所内覽之、殿下令奏聞給、少時被返下、於射場取直筥、｣獻上卿、仰云、令清書ヨ、次上卿被歸着陣、次被奏宣命清書、（弓場、）此次使王申御馬之由、上卿令奏、予奏之、仰云、御覽シッ、又仰云、使王申御馬事聞食ッ、次上卿被參本官、弁（雅藤、）同參令裹幣、内侍（勾當、）

皇大神宮に奉幣使を發遣す

參行、出車奉行藏人遠衡獻之、次差〔遣〕小舍人於神祇官、伊勢幣發遣之後可告申之由、仰含了、南殿御拜座・御路筵道等令敷之、少時御裝束、（藤原）永康卿父子所勞之間、頭弁幷（藤原）教賴等

紫宸殿の鋪設
龜山上皇尊勝陀羅尼供養
藤原家基室御產の千度祓
祈年穀奉幣使交名

朝臣奉仕之、小舎人歸參、發遣畢之由申之、予申入畢、卽出御、〻釼中將師信(藤原)朝臣候之、御草鞋頭弁獻之、頭大夫候御裾、藏人持御笏筥候御共、御拜了還御、
今日南殿御帳懸帷立御倚子、御拜并額等《間》令開之畢令上格子、其外所〻令下之、
今日仙洞尊勝陀羅尼供養也、重經(高階)朝臣奉行、伊勢幣發遣日聊雖有異議、內裏御經自行事所直可進、仙《女房》洞御經自里可進歟之由、執柄被計申云〻、參內府、御產御祈千度御祓也、予雖奉行事畢參入、公事○《計會》雖難治、○《爲》謝其恐所參也、以宗成(高階)朝臣御調度始日次所申入也、明日可宜之由有仰、可爲靡殿(藤原仁子)御沙汰云〻、

今日使〻、
石淸水
權中納言藤原朝臣良宗
賀茂
參議平朝臣忠世
松尾
正三位藤原朝臣盛家

(35張)

平野

従三位源朝臣資邦

春日

參議藤原朝臣爲方

後宇多天皇宣旨

弘安十年二月廿日　宣旨、

上陽之天下旬之候、依風力之災異、有月讀之顚倒、占卜之趣、官寮不輕、加之、勘其暦運、亦當御愼、術家所告、畏途多端、叡襟之底、恐懼無聊之由、別令載太神宮宣命辭別、抑蒙古異賊近年襲來、動有覬覦之疑、盍垂擁護之誓、永攘災孽於万里、可廣靜謐於四海之由、同令載宣命辭別、

藏人治部少輔藤原兼仲奉

家基室御產御調度始

廿一日、壬午、雨降、不出仕、今日御產御調度始、靡殿御沙汰也、

後鳥羽天皇御八講結願により免者を行ふ

廿二日、癸未、晴、參院、直奏、免者勘文申御點、五人被下之、博奕犯也、參殿下內覽勘文、書合書、次參內、土御門中納言參陣、免者所宣下也、弁不參、召裝束官人於軾被下之、如例、

後宇多天皇尙書御談義

廿三日、甲申、晴、參院、不達奏事、次參內、勤御膳役送、行夕臺盤、今日尙書御談義、

伊勢一社奉幣日時定を行ふ

内藏寮請奏
神祇官請奏

宣命草を奏聞す

廢朝

音奏警蹕を止む

宣命の清書を奏聞す

上卿神祇官に向かふ

多士篇也、土御門大納言（春宮權大夫・）左大將殿御參、本經宗嗣朝臣、正義仲親（平）讀申之、及晩退出、

（36張）廿四日、乙酉、晴、參院、奏聞今日伊勢一社奉幣散狀、次參內、」上卿大炊御門大納言（信嗣卿、）參陣、予於軾仰云、依月讀宮顚倒事可有奉幣太神宮日時令定申ョ、次召弁、（頭弁俊定朝臣、）被仰日時事、弁下知史、弁持參勘文、上卿披覽、召筥納之、以予內覽奏聞、執柄御坐臺盤所之間、卽有御奏聞、少時被返下、卽出陣返下上卿、結申之間、仰ゝ詞、（御覽シツ、）此間奉行藏人親雄下內藏寮請奏、（伊勢幣、）上卿結申、藏人仰云、申ノマ丶、今度不覽申神祇官請奏、奉行外記可結（覽）申之由申之、奉行史康有、（中原）諸社幣料之間不可覽申之由執之、如大夫史顯衡不可然之由稱申之間、終以不覽云ゝ、上卿召弁下請奏、弁結申、次上卿召內記、仰宣命事、上卿入草於筥、以內記內覽、少內記持參殿上之間、予取之所內覽也、少時被返下、給內記了、次上卿就弓場、奏聞草、予出逢取之奏聞、次返下、仰云、令清書ョ、次上卿歸着陣、此間予出陣、仰云、依月讀宮顚倒事、自今日三个日令廢朝ョ、上卿召外記師顯仰之、外記仰內豎、予參御所、仰藏人親雄令垂清涼殿御簾、又仰可停止音奏・警蹕之由、上卿參進弓場、奏聞宣命清書、此次使正親申御馬之由、令奏聞、清書付內侍奏之、少時被返下之間、返奉上卿、取直筥授之、仰云、御覽シツ、使正親申御馬事、聞食之由仰之、次上

龜山上皇月讀宮に御劍を奉納す

後宇多天皇御劍二腰を奉納す

卿參本官、差小舍人、伊勢幣發遣之後、告申之由仰之畢、抑今日殿下御參内之後、被申出月讀宮可被進御劔之由、先日有御沙汰、參仙洞可申驚歟之由有仰、卽馳參奏聞之、不及勅答、被下御劔之間、持參内裏進入之、自内裏又御劔二腰被進之、内・外宮也、内・外宮・月讀宮等可付簡之由有仰、予書銘付之、各被納袋等、此趣可載」

(朱筆)「此間闕」

(〇三十七張に正應二年四月二十一日條斷簡一紙混入す)

(〇以下一紙、兼仲卿記斷簡による)

院御厩より神馬三疋を調進す

急事たるにより驛家雜事を祭主使に命ず

南殿御拜あり

「宣命之由、俄被仰内記了、予其由仰大内記親顯、令書入之、召祭主代官神宮使、慥可送進之由仰之、給御劔三柄了、神馬三疋被進之、内宮二疋、外宮一疋、自院御厩被進之、令齋籠御厩、餝具等事、御厩沙汰也、馬部左右馬寮、請取之、引〔持〕參本官、於本官祭主使請取之送進、路次飼等事、彼使等之沙汰也、今度楚忽之間不被催驛家雜事、左右馬寮沙汰無先例之由、寮家申之、仍俄被仰含祭主使了、伊勢幣發遣之由、小舍人歸參申其由、少時被召御裝束、予奉仕之、有出御南殿、頭大夫不參、頭弁幣裹料祗候本官之間遲參、予候御裾、藏人大輔獻御草鞋、御劔次將中將俊通朝臣祗候、御拜御座如祈年穀奉幣之時、予獻御笏、入御ゝ

四姓使は神祇官の差文による

屏風内之間後、引塞兩方、御拜兩段再拜、予給御御笏持參笘給之、次還御、南殿御帳内立御倚子懸帷如例、無使定、四姓使本官「獻差文云〻、」(行間補書)

催し具す諸事

催具事、

上卿　弁　日時陰陽師　内侍　出車公役瀧口

四姓使のうち王氏は外記これを催す

内記宣命料　官外記　内藏寮請奏出納用意之、

納殿錦薩摩國　四姓使王使外記催之、自余本官催之、

南殿御拜

御釼次將　筵道内藏、掃部　御座御半帖、小筵

御屏風　御椇(几)帳　御倚子

御草鞋　御笏　貫首・職事祗候、」

(〇この間脱有るか)

左大史小槻秀氏進上狀

(38張)

今日祗候禁裏之間、官狀到來、月讀宮御馬足事也、卽經叡覽、其狀云、

月讀宮假殿遷宮幷御騎用御馬間事、定世朝臣請文副祢宜等解狀、隨到來令進上候、仍言上如件、

二月廿四日酉刻　左大史小槻秀氏上

進上　藏人少輔殿

大中臣定世請文

月讀宮御騎用御馬間事、就今月十二日院宣加下知候之處、去十八日祢宜等解狀一通、謹進上之、子細載狀候歟、於假殿勤行文者、下向之時去六日到來、鈴鹿山中(伊勢國)候之間、卽副奏狀、任例給宮司使候畢、未進上候乎、以此旨可令申上給候、恐惶謹言、

二月廿日辰時　　　　神祇權大副大中臣判　請文

大神宮禰宜等解狀

太神宮神主

依院宣注進、月讀宮顚倒時御騎用御馬有子細由事、

(39張)

右、今月十六日申刻祭主下知偁、同十二日酉刻大夫史仰偁、同十二日申刻院宣偁、月讀宮顚倒之時御騎用御馬有子細之由載重次第解、其子細何樣乎、委加實檢可申、若又始終不及奉拜見事歟、今無其儀者、假殿遷宮之時有便宜歟、忩加拜見可申之由、不廻時刻、可被下知定世朝臣之旨、被仰下之狀如件者、謹所請如件、抑月讀宮御殿顚倒之間、內人・物忌等參昇之刻、御躰兩所之中西方令傾倚給之間、自覆御被之表奉搜之處、御騎用御馬前左右御足自腕之程令折給、又後右御足自脛之程令折懸給、仍疊敷」御被裙奉直傾倚之由申之、先度注進之時、顧其恐雖存略、重被仰下之間、所及委注也、假

殿遷御之後尚遷坐小殿在于近、然而委拜見之条、更依無先規、只任內人・物忌等申狀、
所令言上也、仍注進如件、

弘安十年二月十八日　　大內人正六位上荒木田神主末行

祢宜正四位上荒木田神主尙良
祢宜正四位上荒木田神主泰氏
祢宜正四位上荒木田神主章延
祢宜正四位上荒木田神主氏棟
祢宜正四位上荒木田神主興氏
祢宜正四位上荒木田神主經有
祢宜正四位下荒木田神主氏成
祢宜正四位下荒木田神主成言」

後宇多天皇宣命　（40張）

天皇我詔旨度、掛畏支伊勢乃度會乃五十鈴乃河上乃下郡磐根尓、大宮柱廣敷立弖、高天乃原尓千木高知天、稱辭定奉留、天照坐皇太神乃廣前尓恐美恐美毛申給止波久申久、去正月廿四日夜乃大風尓、月讀宮乃正殿先□〔有カ〕光耀弖、卽知指比〔北〕天令顚倒免、神寶等或波落

(41張)

散利或波折碎計、御正躰両所乃中、東方者不令相違給、西方者御騎用乃御馬乃足有子
細歟之由、宮司奏言勢利、此事乎殊尓聞食驚弖、仰官寮天令卜問給布尓、神祇官者、神事
違例不信不淨乃所致之上仁、可有公家御愼及天下動搖病事歟度申志、陰陽寮者、神事
違例不信穢氣乃所致之上尓、從巽・坤方奏口舌兵革事歟度申勢利、龜筮乃所指呂何礼毛非
輕須、朕以眇眇之身受大統志与利、國乎軒具〔皇〕乃國乃如久尓志、民乎堯舜乃民乃如久尓志天、退邪計
歸正勢牟美事乃、叡念內尓雖深止毛、德行外尓難及志、誠知奴、當澆漓之代弖慕淳素之風波牟古止、
偏尓皇太神乃廣御助尓可在志止、寐毛寤毛憑仰給倍留尓、近來呂官者擇臣弖授計、政者在養
民利、是便感應乃既尓顯波礼純熟乃令然留奈利止思食志、悅給之處尓、如此乃怪異出來留古止何
奈留咎崇乃在礼者加止、且波疑比且波懼礼大坐須、解謝乃次第毛冥慮難測志、仍令諸卿議定
牟留尓、仁壽三年仁雖有顚倒之例止毛、頗留髣髴奈利、早久長曆・寬治等乃例尓准倍弖可被計行
幾加止」奏聞須、而尓長曆尓毛寬治尓毛公卿勅使乎發遣志弖被解謝申多礼止毛、國乃力弱久志弖還弖可遲
怠計礼者、先四姓乃使乎遣志弖、且津所被謝申奈利、縱可愼加良牟厄會乎毛無形尓消除志、縱可來
加良牟災孽乎毛未萠尓攘却弖、國尓無異國之聞久、朝尓無早朝之憚加良牟事者、無限支御惠
奈留倍志度所念行天奈利、故是以吉日良辰乎擇定弖、王官位名王・中臣官位姓名等乎差使弖、忌

龜山上皇に昨日到來の解狀を奏す

參內し御膳の役送を勤む

廢朝により出御なし

上皇兼平に月讀宮の御馬足の事を問ふ

兼平の仰せを承る

上皇に兼平の申す趣を奏す

來月一日評定の時沙汰あるべき事を勅定す

部官位姓名加弱肩尓太繦取懸天、礼代乃御幣乎持齋利、令捧持弖奉出給布中尓、内宮尓者御釼一柄・左右御馬各一疋、外宮尓者御釼一柄・右御馬一疋、月讀宮尓者御釼一柄乎相副天進給布、掛畏支皇太神、此狀乎平久安之〔久カ〕聞食弖、叡誠尓令謝申給布旨乎、速尓垂神鑑弖、無事久無故久擁護給天、天皇朝廷乎寳位無動久、常磐堅磐仁夜守日守尓護幸倍奉給天、四序克調利万民愷樂尓護恆給倍止、恐美恐美毛申賜波久止申、

弘安十年二月　日」

(42張)

廿五日、丙戌、晴、參院、昨日所到來月讀宮神躰御騎進御馬足〈令〉折損給〻事〈解〉狀、令奏聞、委及叡覽、勅答云、如何樣可有沙汰乎之由、〻〈申〉可參殿下之旨、有御氣色、次參內、勤御膳役送、依廢朝無出御、○次參殿下、御馬足申勅問之趣、仰云、如解狀者、〻〻〈委細〉最前注進、尤驚思食、以御衾之裙○〈疊〉歟、奉直傾倚之由申之、若可被調進御衾歟、修造新造事不容易、評定之次可有御沙汰歟之由、可奏聞云〻、少時退出、

廿六日、丁亥、晴、參院、御馬足事奏聞執柄令申給之趣、來月一日評定之時、可有沙汰、可相催人〻之由、前源大納言奉勅定、少時退出、

廿七日、戊子、晴、今日不出仕、廢朝至昨日三个日也、自今日上〻〈朝〉清涼殿御簾、奉行藏人親

今日より音奏警蹕あり

雄奉仕之、音奏・警蹕事「（行間補書）自今日有之、」

仙洞雑訴評定

廿八日、己丑、晴、參院、依雑訴評定、不達奏事、次參内、勤御膳役送、少時退出、大宮司職事、一日評定可有御沙汰、今日「（行間補書）可罷出之由被仰下、其由仰含了、」

兼平家尊勝陀羅尼供養

廿九日、庚寅、陰、參殿下、今日尊勝陀羅尼供養、予奉行也、公卿按察（藤原頼親）・右大弁宰相着座、御導師円顕僧正、題名僧六口、澄尋法印・良玄僧都・顕恵僧都・仲譽僧都、今二口御導師率參、職事時方（高階）・所司行房（源）、所奉行也、御經、家司・職事已下所〻進之、御布施取殿上人、宗實（藤原）朝臣・雅藤・予・顕世・顕相（藤原）等取之、公卿兩人早出、御導師被物、宗實朝臣〻奉（取）之、裹物顕相儲之、其後次第役之、及晩

伊勢大宮司職所望の輩に明日仙洞に參るべき旨を命ず

（43張）退出、大宮司職事、明日評定之次、」可有御沙汰、所望輩可參仙洞之由、仰含了、

（〇十八行空白有り）

「（奥書）抄出了、

正和二年正月十八日

右（左）衛門權佐（藤原光業）（花押）」

」

（表紙題簽）
「『◎丶』兼仲卿記（朱筆、下同ジ）『濟』　自弘安十年三月一日至四月卅日　自筆本　壹卷
完
『綴合改めたる通り』」

（端裏書）
（1張）「弘安十年三・四月愚記」

弘安十年

三月大

仙洞評定

一日、辛卯、雨降、沽洗告朔幸甚〻〻、參院（龜山上皇）、今日評定、關白殿（藤原兼平）・丼〔右〕大臣殿（藤原忠教）・春宮大夫（藤原實兼）・前源大納言（雅言）・帥（藤原經任）・民部卿（藤原）資宣、・藤中納言（藤原）實冬、・按察（藤原）賴親、・吉田中納言（藤原）經長、・大藏卿（藤原）經業、・近衞前宰相中將（藤原）公敎、・冷泉宰相（藤原）經賴、・右大弁宰相（藤原）爲方、等着座、予依召參候御前簀子、月

月讀宮神體折損につき沙汰あり

讀宮御躰〔神〕御騎用御馬足令損〔折〕損給事有沙汰、予依勅定讀申神宮解狀、讀了之後、次第自

諸道勘文を召すべし
大宮司職の事につき評定あり
訴人三人を召し所存を尋ぬ

下臈議奏人〻所存、可被召諸道勘文之由、大略一揆也、次大宮司職事、又有評定、訴人公行(大中臣)・忠光(大中臣)・當職長藤(大中臣)三人參入、相尋面〻所存可申之由有勅定、予召公行・忠光等、尋所存、公行申云、今度顚倒者、起自宮司之不法、葺萱違先例之間不法、依之風雨充滿殿內、御裝束濕損、仍顚倒、其上弘安五年歲內、可終修造功之由、乍進請文、修造又不終其功、今年秩滿上者、旁可被改替之由申之、忠光申云、今年當秩滿上、兩機殿造營違先例之間、不淨不信之間、及今珎事之由申之、以兩人申狀又召問長藤、条〻辨申之、尋聞方〻披陳申詞、於御前奏聞、重被仰下云、月讀宮造營事、何个日內可終功乎、面〻可尋聞所存之由有仰、仍次第召問之、公行者二个月、忠光三个月之由申之、長藤者、庭作・

月讀宮造營終功の期間を尋ぬ

（2張）

山《杣》作八十日、奉葺日五个日、此河下山出依人數多少、然而夏間可作《造》畢之由申之、」此等条〻御問答及再三了、其後予退出、有人〻議奏歟、評定了人〻退出○《之後、》於評定○《所》殿下被召予、条〻可尋之由被仰下、其篇目、

神宮に問ふ條々

可被問神宮条〻、

一、長藤修造分事、

一、葺萱事、

院宣により條々の事を下知す

勅定により藤原兼平諸道勘文を內覽す

藤原仁子の違例を訪ふ

宇治一切經會奉行のため下向す

上巳祓恆の如し

一切經會を遂行す

武士等六波羅に馳參るとの說あり

廢朝以後政始行はる

一、兩機殿造營事、

一、宮司器量仁事、忠光・康世(大中臣)・康隆(大中臣)・康雄(大中臣)、

次參內(後宇多天皇)、勤御膳役送、其後退出、条〻事書院宣所下知官也、案文見符案、

二日、壬辰、雨降、參院、神宮条〻所奏聞也、此次伺申云、諸道勘文昨日大略一揆歟、可伺申之由、執柄被申、如何樣可候乎、勅定云、早可宣下之由有勅答、次參殿下、內覽諸道勘文、次參靡殿(藤原仁子)、訪申御違例御事、內大臣殿(藤原家基)・宰相中將殿(藤原兼教)有御坐、入見參、少時退出、

三日、癸巳、雨降、時〻迎晴、依可奉行宇治一切經會、早旦所下向宇治也、宿顯惠僧都房、以雨隙雖(可)遂行之由再三雖問答寺家、瓦木寄人訴訟嗷〻上、雨又無隙、大略終日滂沱、仍(日)又沈連石之間、仍所一宿也、御燈賴藤(藤原)奉行、御拜如例、今日上巳秡如恆、

四日、甲午、晴、一切經會所遂行也、予勤開封、樂屋行事、諸大夫時家・邦泰(高階)等參行、每事無爲遂行之後上洛、於六条院暫令暮日、所〻巡礼、閭巷物忩、武士等捧干戈」馳走東西、(3張)不知何由緒、馳集武家之由有其說、秉燭之程歸宅、今日被行廢朝以後政始、予奉行、上卿吉田中納言、參議、右大弁、弁、冬季朝臣(藤原)・雅藤(藤原)、少納言、親氏朝臣(藤原)、兼日相催了、散狀又相觸官外記了、

五日、乙未、陰、依召參殿下、被仰下云、諸道勘文間事、一日評定之趣大略一揆歟、但此

事造替・修造兩樣難被行、輙不及拜見之由、本官令申上者、就先例誡被行者、尤可被召勘文、如當時者似無其要、還又後尓(聊)歟、以便宜可奏聞之由有仰、次參靡殿、御違例只同躰也、次參宰相中將殿、申入女房御方、退出了、

仁子の違例を訪ふ

六日、丙申、晴、參院、奏聞条〻事、諸道勘文事、殿下被申之趣同奏聞之、就重可有沙汰早可宣下之由、被仰下、其後參內、勤御膳役送、

上丁御會あり

石清水臨時祭定あり

藤原師忠諸道勘文につき文書を副へず口宣許を下す

七日、丁酉、晴、參院、不及奏事、次參內、上丁御會、先尚書御談義、無逸篇、本經俊通(源)朝臣、正義實香(藤原)朝臣讀申、詩講師通俊(藤原)勤之、石清水臨時祭定、於朝餉頭弁(藤原俊定)定申、御會以前參一上(藤原師忠)、宣下申諸道勘文、直所聞食也、不相副文書、只口宣許下申之、先例或副之、或不副之、口宣云、

後宇多天皇宣旨

弘安十年三月六日　宣旨、

皇太神宮別宮月讀宮顚倒幷神躰御騎用御馬足令折損間、如何樣可有沙汰乎之由、宜令紀傳・明經・明法等博士幷民部卿藤原」朝臣・大藏卿藤原朝臣・式部大輔藤原(茂範)朝臣勘申、

（4張）

藏人治部少輔藤原兼仲奉

記録所に於て評定を行ふ

今日於記録所被行評定、伊勢國證誠寺事等（也、）勾當弁冬季（俊定朝臣・）朝臣已下着座、

唯識會僧名定

八日、戊戌、晴、參殿下申条ゝ事、申行唯識會僧名定、依學道衆徒訴事、式日不可行之由、自檢校所被申、然而且（下）可被定之由被申之間、被定了、參內、自今日祇候、頭弁番（所）相勤仕也、祇候局、」

（5張）九日、己亥、晴、參院、直奏、神宮条ゝ事等也、參內、

祭主使者を送り御劍の事を尋ぬ

十日、庚子、晴、及晩雨降、自祭主定世朝臣（大中臣）許送使者、先日御所進御釼可奉納歟、將又祈請御願之趣上者、可拜領歟、且建久度祭主能隆卿（大中臣）依召參內裏、被仰下云、公家今年御愼之由、諸道勘申、殊可祈申、仍御釼二被進神宮、能隆申云、爲神寶被新調者、可奉納寶殿、若爲人用者、何樣可候乎、任先例可計沙汰云ゝ、仍十一日遂參宮、於寶前奉拜給了、注進此記之間、於禁裏令奏聞之處、可申合執柄之由被仰下之間、參殿下申此由、仰云、以前已奉拜了、重（凡）瀆用之上、重可奉納之由、被仰下之条不可然、有先例之由、令申上者、可拜領歟、其由可奏聞之由被仰下、少時退出宿所、卽又參內、申入殿下御返事之趣了、任關白被申（計）申之旨、可下知定世朝臣之由、有勅定、

兼平先例により拜領すべしと仰す

仙洞評定

（6張）十一日、辛丑、晴、參院、評定、神社造營幷撫民二个条事」有沙汰云ゝ、殿下御參給、內裏

大番武士北面祇候人の下人を搦取る

女房勅定と稱し武士を召さんとす

御書持參、仙洞出御之時、直所進入也、少時退出〔歸參、〕依召參院給、今朝御返事參內所進入也、此間行一（二階堂行忠）上洛之間、有種ゝ巷說等、然而無爲之由又謳哥、天下靜謐之条幸甚ゝゝ、入夜白地退下宿所、卽歸參、今夕祇候北面重兼（平）下人着腹卷、罷向女房侍從局、ゝ大番武士搦取之、而彼局以藏人親雄（藤原）問〔門〕答守護武士、然而一切不敍用、女房召當番小舍人秀任、稱御使差遣武士、正員佐ゝ木備中前司賴綱可先進之由示遣、頗稱勅定之由歟、此事達叡聞歟之〔間、〕由被召予有被仰下之子細等、所召仰大番武士也、召小舍人問答子細、驚思食之躰也、可愼ゝゝ、

昨日の狼藉の事を上皇に奏す

藏人藤原親雄北面平重兼等の出仕を止む

十二日、壬寅、晴、參院、奏事、以頭弁去夜狼藉人間事被訴申院御所、事之次第尤驚思食、北〔藏〕人親雄被止出仕、小舍人秀任被除月奏、北面重兼同被止出仕、頭弁所令下知也、奏事之後歸參內裏、今夕被勘松尾假殿日時、當日事予奉行、上卿土御門中納言（源雅房）、弁雅藤參陣、

松尾社假殿遷宮日時定

官外記事兼相觸了、予仰詞、松尾社假殿遷宮日時令勘申ョ、日時以弁奏聞內覽、兼申請了、來十九日可有遷宮云ゝ、爲和泉國役造營也、殿上番每朝注勤否、注入御所、不參輩相尋所存、同所注付也、孝・礼兩經論義事、末文等抄見、忘他事者也、」

長講堂御八講結願

（7張）十三日、癸卯、雨降、今日長講堂御八講結願、被行免者、予奉行、囚勘文大理（藤原公衡）直申御點、

後白河天皇聖忌により免者を行はる

昨日參會之時所傳也、御八講畢之後、大理參內、於小板敷承之、予下勘文、厚兗四三人、合書如例、今日當後《ノチノ》白川院聖忌、爲御菩提御點囚令厚兗ヨ、大理取副笏、於中門外、乍立召官人下之、上首五位尉章保(中原)給之、官人十餘輩參內、列居障子座前立蔀外、每事嚴重、少時所退出也、

十四日、甲辰、雨降、今日不出仕、

大中臣長藤大宮司重任の勅定あり

十五日、乙巳、晴、參院、神宮修理幷大宮司器量堪事等事、定世朝臣請文官執奏之、仍条〻所申入也、勅定云、宮司事長藤無殊雜怠上者、可仰重任、月讀宮忩可造營之由可仰云〻、小殿造畢之上者、忩可奉成遷御之由、同可仰之由、有勅定、顚倒事、遣官使可實檢言上之由、可宣下之由、同被仰下、諸道勘文月中可勘申之由云〻、次參內、勤御膳役送、參殿下、条〻事欲內覽之處、依御出不達、空退出、召寄長藤、仰含条〻勅定之趣畢、

石淸水臨時祭

十六日、丙午、晴、自未刻許有陰氣、酉斜雨降、早旦參內、石淸水臨時祭也、今夕月蝕之間、早速可被始行之由、有御沙汰、仍所早參也、頭弁奉行、使・舞人等遲參之間、再三相催之、未刻許有御禊、殿下令候御簾給、頭弁獻御笏、頭大夫(平信輔)勤陪膳、人形、予勤役送、散米、宮主獻大麻、頭大夫於長橋東頭取之持參、御吻、返給大麻、次頭退、次宮主着座、次使

御馬御覧

（８張）

入自」仙華門代着座、舞人三人、一五行事、引立御馬、案南頭、西上南面、御禊了宮主退、陪從發物聲、舞
人引出御馬、次撤御贖物、陪膳役送如初、使指笏取幣立、次御拜、兩段再拜、次頭弁給御笏、給

庭座を設く

六位季邦(源)、次入御、執柄令候御簾給、此間庭座御裝束、階間立御倚子、藏人親雄・季邦
等役之、使座已下如恆、此間候殿上公卿上首藤中納言、奏宣命、入筥、頭弁内覽奏聞、少時返下、
上卿召使給宣命、召内記返給筥如例、奉行職事已下所役人々佇立仙華門代邊、次出御、
鞠塵御袍、櫻御下襲、頭大夫獻御草鞋、執柄御祗候便宜所、頭大夫出殿上、告御出之由、上首公卿藤中
納言、土御門中納言・大炊御門中納言(藤原良宗)・堀川中納言(源基俊)・洞院宰相中將(藤原實泰)・冷泉宰相(藤原宗親)・左兵衞
督等起殿上、着壁下座、納言前、參議後、次頭大夫伺御目、降簀子、經公卿座中央、納言後、參議座前、徒跣於
瀧口戸召使・舞人等、經〻本〻(出仙)華門、着沓敷、次」使已下次第着座、

三獻の次第

（９張）

一獻、使、頭弁勸盃、　瓶子、所衆勤之、
陪從、五位藏人顯世(藤原)、　瓶子、同前、
二獻、使、藤中納言、　瓶子、定雄(藤原)、
陪從、顯綱朝臣(源)、　瓶子、所衆、
勸盃了藤中納言着垣下座、殿上五位經雄(藤原)・顯行(源)等居衡重、

次藏人親雄・季邦等立花臺、置螺坏・銅盞、（花東妻、南、盃在北、）
三獻、使、土御門中納言、　瓶子、經雄、
陪從、（藤原）公遠朝臣、　瓶子、所衆、

（10張）

」次敷重坏円座、（使前、第五舞人前、陪從前、）所衆并出納等役之、次重坏、使前俊雅（藤原）朝臣・宗經（藤原）朝臣、（瓶子所衆、）陪從五位藏人賴藤、（瓶子所衆、）其路經舞人・陪從座後、入自座末經前、至第一陪從前円座、勤之事了、來居插頭花下、長妻（橋）東妻、藤中納言起座、進寄花臺下、搢笏取藤花、（五位藏人傳之、）差使冠退、次第公卿起座、取櫻花差舞人、退出候殿上、插頭取之、兩貫首（平信輔・藤原俊定）并顯綱・俊雅等朝臣役之、哥人插頭、（款冬、）五位藏人拔取之、所授第一哥人也、次使・舞人已下起座、次入御、殿下令候御簾給、此間撤庭座、主殿官人掃除、公卿円座敷簀子、（殿下厚円座、參議・三位等長橋、）次入（出）御、着御倚子給、殿下着円座給、頭弁伺殿下御氣色、出殿上召公卿、次着座御前、參議洞院一人着長橋、頭弁并予・顯世・賴藤等着壁下座、頭弁參進昇簀子候氣色、經東庭至瀧口、召使經本路歸着本座、次使參入、陪從參進發物聲、舞人駿河舞了退入、袒裼又參入舞求子、次使已下退出、宸儀入御、主上於北陣御見物、貫首・職事・近習・雲客等祗候、

使

舞御覽

後宇多天皇北陣に於て見物す

勅使以下交名

左中將爲通(藤原)朝臣 童一人、隨身四人、雜色三人、引馬如例、

舞人

侍從具通(藤原)　侍從賴成(藤原)

侍從基澄(藤原)　侍從隆重(藤原)

右少將隆教(藤原)　左兵衞權佐教定(藤原)

左少將基繼(藤原)　侍從經教(藤原)

藏人左衞門少尉三善遠衡　左兵衞尉源仲資

(11張)

加陪從

經茂(高階)朝臣　繁高(平)朝臣

邦範(橘)　賴有(源)

仲經(源)　經蔭(高階)

盛兼(源)

所作陪從

親茂(藤原)　親兼(藤原)

經世　(源)經顯
藤親種
人長秦弘吉

月蝕あり

申斜事了雨漸降、今日勤御膳役送、陪膳公遠朝臣、今夜月蝕、顯世奉行、東寺四長者覺濟法印勤御祈、虧初酉四刻、加時戌五刻、復末亥五刻、殊陰氣之間、現否不見云々、法驗之至珎重々々、依御神事無御讀經、

十七日、丁未、雨降、參殿下中条々事、宮司長藤重任宣下事所內覽也、次謁式部大輔茂範卿、(藤原)(秀)光資茂才轉任事示合、(藤原經光)先人令轉秀才給之時、超越上﨟給料二人、(藤原)俊資、(藤原)範氏、佳躅之由令相語、承久四年云々、入夜向親雄獻策出立所、所見訪也、雖可向省門、參別殿行幸之間、卽參內、頭弁奉行、今日時兼向覺濟法印房、奉迎御衣、參內、傳聞、月蝕御祈効驗太之

別殿行幸

(12張)

間、不耐叡感、「可被任僧正歟之由、以職事被申合殿下云々、勅答何事有乎之由被計申云云、之由深更行幸、頭弁候御草鞋、職事予・(藤原顯世)藏人大輔、御釼(藤原)宗嗣朝臣、(源)業顯・(藤原)實遠朝臣、(平)兼有等候脂燭、御路掌燈・筵道如例、後夜鐘之後還御、其後所退出也、

十八日、戊申、雨降、謁民部卿、談古文孝經・論義等事、及晚歸家、

松尾社假殿遷宮

十九日、己酉、雨降、今日松尾假殿遷宮也、和泉國司造營之雜事用途官方沙汰、行事弁雅藤、自神祇官神寶御裝束「等發遣、弁參行本官申沙汰云々、」(行間補書)

止雨奉幣

廿日、庚戌、雨降、今日被行止雨奉幣、顯世奉行、自今日始服藥、不及出仕、

神宮雜訴四五箇條を記錄所上卿に宣下す

廿二日、壬子、晴、神宮雜訴文書四五个条、所宣下記錄所上卿也、月讀宮顚倒、遣官使可實檢言上之由、所宣下上卿藤中納言實冬卿也、

圓宗寺最勝會を始行す

廿四日、甲寅、晴、自今日被始行円宗寺最勝會、於陣〔先〕被定日時・僧名、予分配也、依服藥不出仕之間、所相語藏人大輔顯世也、上卿土御門中納言、宰相、經賴卿、弁仲兼、(平)參陣、官外記事兼相觸了、講師円伊已講勤仕、去月十九日欲被遂行之處、稱不合期、再三申子細了、嚴密有沙汰、今日所遂行也、

藤原家基室御產御調度御覽

廿五日、乙卯、晴陰不定、近衛殿(藤原家基)女房(龜山上皇皇女)御產御調度御覽、予不參、傳聞、於東小寢殿南面御覽、御几帳一本、押桶一口、御座一帖、諸大夫運置之、侍勤手長云々、」

(13張)廿六日、丙辰、晴、依洞〔仙〕孝・礼兩經論義被停止之由、冷泉宰相相觸、可爲御談義云々、今日蒜食了、

家基御產千度祓を行ふ

卅日、庚申、晴、參殿下申条々事、次參內大臣殿、御產御祈千度御祓、於東小御所南面被

行之、陰陽師十人、有弘朝臣(安倍)・重親朝臣(安倍)・淳房朝臣(安倍)・在重朝臣(賀茂)・良重(安倍)朝臣・長親(安倍)・泰統(安倍)・在冬(賀茂)・在彥(賀茂)、今一人夾名不審、〔八〕四足堂上立之、前〔毎〕前敷座、陪膳公頼朝臣・親平朝臣(源)・長基朝臣(藤原)・實峯朝臣、役送諸大夫良國(高階)・宗俊・兼胤(源)奉仕之、御幣役座ゝ侍十人盛光(惟宗)已下之〔勤〕之、事了於侍所給祿、諸大夫取之、事了退出、

四月大

仙洞評定

一日、辛酉、晴、仲呂之朔上壽多樂、幸甚〻〻、參院(龜山上皇)、〔白襲如例、〕依評定不達奏事、參内(後宇多天皇)、平座幷

平座
更衣

御更衣等予分配也、藏人遠衡(三善)、出納俊景(中原)、小舍人爲基奉行、諸國用途難濟之間、行事所稱不合期、晝〔夜〕御座御帳懸之、御殿未調出之、掃部・内藏寮等御座已下任例調進、平座公卿吉田中納言(藤原經長)・大炊御門中納言(藤原良宗)・冷泉宰相(藤原經賴)・右大弁宰相(藤原爲方)、弁官、頭弁(藤原俊定)・右中(藤原爲俊)・權弁(藤原冬季)・左少(藤原雅藤)、少納言親平朝(源)臣・親氏朝臣(藤原)・兼有(平)等着床子、土御門中納言(源雅房)、右少弁雖申領狀、先梅宮祭參行了、人ゝ

梅宮祭

皆參之後予出陣、奥座、就吉田黃門座下、仰云、不出給、跡ノマヽニ行ヘ、上卿微唯、予退、上卿召頭弁、仰宜陽殿裝束事歟、次人ゝ起座、次居物、▒〔立〕臺盤居物、了弁氣色事由於上卿、次第三獻〔歸〕着、三獻如例、上卿就弓場奏見參目六、插杖、予取之付内侍奏聞、返〔歸〕出返

播州灌佛用途國衙に隨はざる權門知行の鄕々切出すべし

龜山殿の評定所を孔子講堂となし夏中孝經談義を行ふ

臺代御所を評定所となす

奉上卿、文与杖所取合也、上卿着陣、下見參目六、事了人〻退出、參殿下、次參内府(藤原家基)、」今日梅宮祭頭大夫(平信輔)奉行、上卿土御門大〔中〕納言、弁仲兼(平)、内侍等參行、

(14張)

二日、壬戌、陰、參院、奏条〻事、爲御使參富小路殿、播州灌佛用途事被申之、權門知行鄕〻、不隨國衙所勘、此鄕〻可被切出之〔被〕由申之、少時退出、

三日、癸亥、雨降、參院、奏事、參内、勤御膳役送、夕御膳有出御、謁大炊御門大納言(藤原信嗣)、參内大臣殿、參殿下(藤原兼平)、内覽条〻事、

四日、甲子、雨降、不出仕、古文孝經沙汰之外無他事、

五日、乙丑、晴、參院、直奏、定世朝臣(大中臣)申上、機機〔兩〕殿職掌人可延怠神御衣祭之由張行、種〻雖加下知、不叙用之由申之、依違勅科解其職、武家召出了、然者無左右難是非、之〔於〕由神事者、祢宜相共可致沙汰之由、被仰下之間、其由仰遣祭主了、

六日、丙寅、晴、參院、直奏、以日來〔之〕以評定所爲孔子之講堂、先聖(孔子)・先師(顏回)御影已下被懸亘、廟器被仰細工所被造進之、自明後日夏中公卿幷殿上人・諸道輩等可讀書、以孝經一章每日可有御談義云〻、今日御沙汰無他事者也、此事冷泉宰相奉行、明經輩良季眞人(清原)・師冬(中原)等祗候、每事有御沙汰、予奏事以後退出、臺代御所自今日爲評定所、

藤原家基の若君誕生す

給祿

（15張）

七日、丁卯、晴、午刻許自近衛殿（藤原家基）成朝（高階）奉書到來、今間可參之由被仰下、戴竹皮馳參、參〔於〕御出居方〔入〕有見參、女房御方（龜山上皇皇女）聊御」氣分御之〔云々、〕由予以御教書遣召御驗者實讃僧都、少時馳參、陰陽師等參入、有御祓、陪膳公頼（藤原）朝臣・親平朝臣勤仕、又被始御〔護〕身、所々御誦經政所致沙汰、御衣使・神馬等不及其沙汰、人々馳參、有御占、未・申時之由、有弘（安倍）朝臣申之、酉刻御產平安、若君（藤原經平）御降誕誕生、仰政所令落轂、舍人奉仕之、令落南庭、御後物聊令遲引給之間、御祓猶不休、少時令下給、無爲無事如思食、上下喜悅之外無他、御祓了如八足令撤却、御加持人・御驗者祿事、漸可有沙汰之由、予申之、早可有沙汰之由被仰下、東面御〔小所〕小御車寄妻戸內岡屋法印（慈靜）御房御坐、件間令上御簾、宗成朝臣（高階）上之、公頼朝臣給御衣進之、自御所被下之、房官進寄給之退入、次被引御馬、侍盛光（惟宗）・長成（藤原）二人引之、引出御前、房官尤可請取之處、稱僧綱不請取之云々、仍侍引退、次令退出給、殿上人至庭中令奉送、予降地上蹲居、次予召御驗者、實讃僧都、參入簾中、先々於簀子給之、今度爲花族僧之間、別被召入簾中、少納言親氏〔平〕朝臣取御衣授之、次被引御馬、糟毛、侍二人引之如初、從僧請取之歟、次退出、次賜陰陽師等祿、諸大夫等取之、白褂一領、祿所〔遲〕々、仍隨所在下賜之、別祿事被仰下云、今度於庭上可賜、可存此旨之由、可仰有弘朝臣云々、予召仰其由之處、再三申子細、於別祿者先々於堂上給之、今度何可爲庭上哉、別祿者御感之餘

（16張）

也、必不可被守株、無斷」之由申之、申入之處、先例爲兩樣、今度以舊例被摸、確執之条、不可然之由雖被仰下、所詮不可下賜之由申之、其上勿論歟之由有御定、其由召仰了、

家基靡殿を七日間御所となす

今日可成御勘文之由申之、於侍所成上之、予召政所筥蓋納之入懸帋、持參、先進入女房御方、大臣殿御方可爲御各別之間、御出靡殿、七个日可爲彼御所云〻、申出御勘文退出、明旦可覽殿御方之故也、初度御産、不及遲引、早速之条、殿中之大慶何事如之哉、予又初度之奉行、自愛之外無他事、職事成朝、所司左衞門尉惟宗行雄奉行、陰陽師有弘朝臣、醫師前典藥頭（丹波）季康朝臣奉扶持之、今日醫師祿老耄之間行歩不輙、內〻於藥殿被下之云〻、深更所退出也、

兼仲產穢により七日間出仕すべからず

七个日不可出仕、其間神宮奉行可被仰他人之由、相觸頭大夫了、殿下御所密令憚申給、左大將（藤原兼忠）殿役夫工上卿御坐之間、旁有其憚者也、

祭除目

今日被行祭除目、職事賴藤（藤原）奉行、上卿土御門中納言、參議、右大弁宰相、弁、仲兼、

擬階奏

擬階奏上卿分配人觸穢云〻、仍土御門中納言參奉行、職事賴藤奉行、

誕生雜事日時勘文

（17張）

「擇申今日酉時御誕生若君雜事日時、」

御乳付幷奉切御臍緒日時、

今月七日丁卯、時酉、

造御湯殿具日時、
十三日癸酉、時卯、
御沐浴日時、
同日癸酉、時申、可被汲東方流水、
御胞〔藏〕胞衣日時、
十四日甲戌、時巳、可被置甲方、寅与卯間、
御剃髮日時、
同日甲戌、時巳、
御着衣日時、
十五日乙亥、時申、可着御青色御衣、
弘安十年四月七日　　　　權天文博士安倍朝臣有弘「弘」
「　」

不動供結願

（18張）八日、戊辰、晴、着束帶參內大臣殿、覽申御勘文、被召閑下有御對面、今度御產無爲無事、併奉行高名也、始終可奉〻行公私之佳例之由、▨〔有慇〕懃之御定、畏申退出、參近衞殿、（19張）御勘文付女房進入、暫祗候、於藥殿人〻雜談、不動供結願進」御卷數、結願御布施一重一

内裏灌佛會

裏被遣之、予書御教書相副者也、今日內裏灌佛予分配也、兼日事雖申沙汰、當日事顕世(藤原)
奉行、
公卿　中院中納言(源通雄)　別當(藤原公衡)　吉田中納言　大炊御門中納言
　　左兵衞督(藤原宗親)
出居　資高朝臣(藤原)　長基朝臣(藤原)　業顕朝臣(源)

藤原兼平灌佛装束山形用途千疋の任官功を定下す

御導師出納催之、內藏寮事(役)事寮頭沙汰也、(此形)用途事千疋任官功被下之、諸司助一人被宣下、
近日被停止任官功之處(際)一向以諸國用途被充其足之處、面〻難濟之間、職事等面〻奏聞散
状之處、今日殿下有御參、可有計御沙汰之由被仰下、治定分諸國無(外)之者、可爲任官功、
穀負尉千疋之由被定下、自今日讀書御談義有子細歟之間、俄延引云〻、

御產三夜儀

九日、己巳、雨降、御產三夜儀、密〻也、御前物陪膳公頼朝臣勤仕、諸大夫役送、侍勤手
長、不及家司之口入之間、予不參、行清(惟宗)調進御前物云〻、
十日、庚午、雨聊休、參近衞殿、終日祗候、於藥殿有補飢之事等、月讀宮御馬足事諸道勘
文、左大臣殿(藤原師忠)召頭大夫被奏聞、今日先內覽云〻、

御產五夜儀

十一日、辛未、雨降、御產五夜、御前物盛光調進、陪膳親平朝臣參勤、家司不及參仕、

平野祭
松尾祭
御湯始
亡父忌日佛事
若君御祈始
吉田祭

(20張)
十二日、壬申、晴、參近衞殿、次參殿下、於門前申入了、三个〔十〕日」堅可被憚之由有御沙汰、
左大將殿御方役夫工上卿御勤仕之故也、
今日平野祭頭大夫奉行、松尾祭弁雅藤（藤原）參行、
十三日、癸酉、雨降雷鳴、及晚屬晴、參近衞殿、今日若君御湯始也、職事成朝一向奉行也、
雜具前右馬助行泰（惟宗）調進、寬元行經（惟宗）調進例也、以小御所南面爲其所、刻限雜具渡進、職事
幷所司行雄等裝御湯殿具、刻限下家司相具釜殿、迎吉方水、東方、御湯諸大夫等役之、岡
屋法印御房御加持、其後有御浴、鳴絃〔弦〕役人、良國（高階）・成朝・藤原範昌〔業〕、朝夕兩度如此、事了供七夜御前物、
行雄調進、陪膳隆〔親〕教（源）朝臣勤仕、及夜景退出、
十四日、甲戌、晴、參院、御產觸穢以後也、次參內、勤御膳役送、其後退出、
十五日、乙亥、陰、依先考（藤原經光）御忌日不及出仕、供養佛經、円寬爲唱導、所催哀傷也、今日近
衞殿若君御祈始、河臨御祓、仁王講等也、京極殿供僧三口勤仕之、予所下知也、佛具等
所借渡福勝院也、予下知之、御祓使已下細〻事等成朝所奉行也、
十六日、丙子、雨降、參院、直奏、可被行仗議日次、可相尋之由被仰下、○月讀宮御馬足、官外例可召之由、執柄（藤原兼平）被申之間、同奏聞、可召之由被仰下、其外神宮雜訴等
也、次參內大臣殿、次參猪隈殿申條〻事、今日吉田祭顯世奉行、上卿左大將殿御參行、

止雨奉幣

(21張)

弁(藤原)冬季朝臣參仕、被行止雨奉幣、顯世奉行、上卿土御門中納言參陣、左」右馬寮神馬先々自陣引返歟、今度有嚴密之沙汰、慥被奉送本社、丹生社頭弁管領之間、件神馬引遣彼之由、奉行職事所相語也、

十七日、丁丑、晴、參院、依龜山殿御幸無出御、仍不及奏事、御身固出御之間、所構見參也、少時退出、

龜山上皇仗議の日次を來月八日と決す

十八日、戊寅、晴、參院、奏聞仗議日次、可爲來月八日之由被仰下、(藤原)永國申(藤原)爲賴同日位記事、可宣下之由被仰下、少時退出、

十九日、己卯、晴、晝間不出仕、大內記(藤原)親顯入來、文談、入夜參內、自今日依番宿侍、中旬予番顯世勤仕、仍彼番所祗候也、

芸閣讀書

廿日、庚辰、晴、入夜雨降、○早旦參院、条々奏聞、次歸參內裏、於芸閣有讀書、孟嘗君傳一卷、非藏人(藤原)光藤端讀之、中衆(藤原)周範讀之、奧・春申君傳予讀申、范睢・蔡澤傳、端親顯讀之、奧(菅原)在兼朝臣讀申、各讀畢不審事等面々注進、有談義、非成業人々祗候、相互談之、及晚人々退出、

荒木田尙良月讀宮神體の事を談ず

今朝自官送狀云、右大史(安倍)盛廣爲實檢下向勢州之時、內宮一祢宜(荒木田)尙良相談云、月讀宮神躰御騎用御馬先度物忌令奏聞、忩劇荒魂御躰御馬歟之由、覺候き、此趣史盛廣載狀付官、官

執奏之間、卽奏聞之處、希代珎事歟、忩尋究可申之由、可仰定世朝臣之旨、被仰下、下知官了、荒魂神躰御本像御乗馬次第可勘申之由、可仰兼方(卜部)之旨、被仰下了、

荒魂御體の次第勘申すべし

(22張)

廿一日、辛巳、朝間大雨如沃、暴風如叩、無程屬晴、所候禁裏」也、入夜參春宮(煕仁親王)勤陪膳、於殿上終夜有連句、五十韻、

杭全莊沙汰人春日社祠官と平野神供につき相論す

廿二日、壬午、晴、依召參猪隈殿、杭全庄(攝津國)沙汰人与春日正預祐家(中臣)相論平野神供事、政所對面兩方、有其謂煩之由歎申、召寄宿所相尋、可注進之由、所被仰下也、少時退出、早旦參院奏事、神宮雜務等也、及晩歸參內裏所宿侍也、

警固

廿三日、癸未、晴、勤御膳役送、警固上卿土御門中納言、近衞、左資高朝臣、右資顯朝臣(源)、(行間補書)「左衞門季邦(源)、藏人、左兵衞教定(藤原)、其外代官云〻、」

興福寺衆徒兼仲を訴ふ

廿四日、甲申、晴、及晩自內裏退出、謁雅藤、南都衆徒訴申予事之由告示之間、爲不審所謁也、入夜參殿下、委所申承也、朝間參院、奏聞条〻事、

賀茂祭

廿五日、乙酉、陰晴不定、參內、改白襲着染襲、今日賀茂祭也、職事賴藤奉行、午斜使參內立射場、賴藤勤召、其後次入仙花門代、着長橋、兼藏人敷円座、次藏人居衝重、二前、次勤勸盃、藏人盛宗瓶子如例、次陪從於明義門代內發物聲、舞人出舞求子、次頭左京大夫信輔朝臣取紅打御衣、自上戸

方進出給使、於年中行事障子邊六位傳之、使取御使（「衣歟」）、於庭上二拜退出、次御覽餝馬、引入瀧口、馬副・手振等相
從、次於北陣御覽使、此間近習雲客候門左右腋、予等祗候、奉行職事次第行事、」

行列の次第

(23張)

先車、
次舞人等、
次使、
次陪從、
次小舎人▨(童)四人、
次雜色八人、簦・取物等此内也、
次典侍車、左兵衞督息女、親子(藤原)、
遣向御前方、搔放牛令懸榻、
此間奉行藏人親雄(藤原)取祿懸轅、女官自北方進出、取祿退入、次懸牛令遣、出車五兩、
次第遣匝、童女車遣寄御前御覽、奉行職事進寄令撤扇、
次命婦、數刻遲參、
給祿如先、出納取之、女官取之如初、

次藏人車、遲參、不及御覽入御、出納給祿云々、

入御之後供御膳、頭大夫勤陪膳、予役送、退出之後參「殿下、(行間補書)衆徒訴申事書陳狀持參所

進入也、」

行列の人々

今日行列、

使

冬季朝臣

內藏寮使

(賀茂)在富

馬寮使

(藤原)賴淸

(24張)

山城介

(平)有直

檢非違使

(中原)章澄　關東盛忠(二階堂)　(中原)章繼

(源)康顯　(藤原)信氏　(源)重友
藤原重直　中原章藤　同明澄
藤原信康　中原章文　中原章綱
同章鑑　同章材　同明治
同章員
女使出車
(藤原實兼)春宮大夫　(藤原實重)三条中納言　(藤原家教)花山院中納言　吉田中納言
(源基俊)堀川中納言　(源資緒)伯三位　(藤原基光)持明院三位　(藤原盛家)六条三位
(資邦)源三位　(藤原公世)五辻侍從三位
春宮使
權大進(藤原)爲行
皇后宮使
權大進左衞門權佐(平)經親

解陣

廿六日、丙戌、晴、不出仕、(源)時兼參內、壺胡籙・細釼・丸緒、今日解陣也、上卿已下可尋記、

亡母御遠忌

廿七日、丁亥、晴、先妣(藤原親實女)御遠忌也、供養佛經如例、持齋、

廿八日、戊子、雨降、時兼参内、

東二條院春日社等に御幸す

(25張)廿九日、己丑、晴、不出仕、今日東二条院(藤原公子)御幸春日社・平等院、御儲「(行間補書)事自長者殿(藤原兼平)被儲之、予所奉行也、每事如例、」

芸閣讀書

卅日、庚寅、晴、参院、奏聞神宮條々事、参内、勤御膳役送、次参春宮、勤御膳陪膳、歸参内裏、芸閣讀書、在兼朝臣・親顯(藤原)(雄・經親)・尚範(藤原)・予等祇候、樂毅傳經雄、魯仲連尚範、呂不韋光藤讀申之、予早出、於万里小路謁申中西法印房、明日宇佐(治)御儲屯食已下事、所沙汰送寺家也、

(〇九行空白有り)

「(奥書)正和二年三月廿七日抄出了、

左衞門權佐(藤原光業)(花押)」

「（表紙題簽1）
『〻』（朱筆、下同ジ）
□〔兼〕仲卿記　□□自弘安十年五月一日至廿九日　自筆本　壹卷
完
『綴合もとのまゝ』」

「（表紙題簽2）兼仲」

（1張）「（端裏書）弘安十年五月愚記　藏人治部少輔」

□〔弘〕安十年

□〔五〕月小 丙午

仙洞評定

一日、辛卯、陰、參院（亀山上皇）、依評定不及奏聞条々事、次參內（後宇多天皇）、勤御膳役送、參近衛殿（藤原家基）、有出御、次參殿下（藤原兼平）、於門外申入了、

方違行幸

五體不具穢により神宮奉行を辭す

月讀宮御體相違の事神祇官より皇大神宮の解狀到來す

左近騎射

祭主大中臣定世書狀

皇大神宮禰宜等解狀

二日、壬辰、雨降、不出仕、

三日、癸巳、雨降、參院、奏聞条〻事、參內、勤御膳役送、少時退出、入夜參內、爲御方違行幸別殿、一對妻、予奉行、藏人遠衡(三善)申沙汰、御釼次將宗嗣(藤原)朝臣、脂燭殿上人實遠(遠)朝臣(藤原)〻・教定(藤原)、□(兩貫カ)(平信輔・藤原俊定)首不參、予獻御草鞋、職事顯世(藤原)祇候、後夜鐘以後還御本殿、其後退出、

四日、甲午、雨降、自今日依五躰不具穢不及出仕、神宮事辭申奉行了、

五日、乙未、雨降、不出仕、自官神宮解狀到來、月讀宮御躰今夕〻〻(相違)事等也、依觸穢辭申之由返答了、左近騎射、予奉行、當日「事辭申奉行了、」(行間補書)

祭主(大中臣定世)狀云、

月讀宮御躰相違事、如尙良(荒木田)申狀者、頗珎事歟、尋究忩可申之由、爲藏人治部少輔(藤原兼仲)奉行、被仰下之旨、卽加下知之處、太神宮祢宜等解狀具書副、謹進上候、子細載狀候、以此旨可令申上給、恐惶謹言、

四月廿九日　　神祇權大副大中臣(定世)在判奉

太神宮神主

依院宣注進月讀宮御躰相違間事、

（2張）

兩所の御體東方相違なく西方子細あり

副進、

當宮內人（度會弘淸）・物忌（宇羽西貞安）等注文、

右、今月廿五日申、祭主下知、同廿五〔六〕日申刻、到來僃、同廿日大夫史（小槻秀氏）仰□同日未刻、院宣僃、月讀宮御躰相違事、如內宮祢宜尙良申狀者、頗珎事歟、尋究忩可申之由、可被〔被〕仰下知定世朝臣者、端書仰僃、此程重事、及物忩奏聞之由令申之条、頗以有若亡歟之由、其沙汰候也者、謹所請如件、抑當宮去正月廿四日夜、爲大風御顚倒事、翌朝傍官・祢宜相共致進參拜見、同日相調解狀差上神宮使、所令奏聞也、彼廿五日朝、內人・物忌等自里宿依令直參、不及當日昇殿、同廿七日昇殿之處、御躰兩所中、東方者不令相違御、□（西）方者御騎用御馬足子細御坐、仍疊敷覆御被裙、奉直御傾倚、是爲御被內御事之間、委不及拜見之由、就同日注文成上解狀之處、二月十二日院宣僃、月讀宮顚倒之時、御騎用御馬有子細之由、載重次第解、其子細何樣乎、委加實檢可申、若又始終不及奉拜見事歟、無其儀者、假殿遷宮之時有便宜歟、忩加拜見可申之由、不廻時刻可被下知定世朝臣者、仍任被仰下旨、重相尋內人・物忌等之處、御躰兩所之中、西方令傾倚給之間、自覆御被之表奉捜之處、御騎用御馬前左右御足、自腕之程令折給、又後右御足、

左を月讀命右を荒魂神と稱す

（３張）

自脛之程令折懸給、仍疊敷御被裙奉直傾倚之由申之、先度注進之時、顧其恐雖存略、重仰下之間、所及委注也、假殿遷宮之後、尙遷坐小殿在于近、然而委拜見之条、更依無先規、只任內舍人・物忌等申狀、令注進之由、載子細於請文令言上訖、抑當宮者、同殿內御躰兩所相竝東西御坐、左方東、御遷宮之時、上座大內人奉戴之、右方西、次座物忌奉」仕之、以左稱月讀命、以右号荒魂神歟、此条自注進沙汰之始、西方御騎用御馬足子細御坐之由、就內人・物忌等注文、成上次第解之上、今又不《彼》等申狀所不相違也、

仍注進如件、

弘安十年四月廿七日　　大內人正六位上荒木田神主末行

禰宜正四位上荒木田神主尙良

禰宜――泰氏

禰宜――章延

禰宜――氏棟

禰宜――丶丶〔興氏〕

禰宜――經有

祢宜―――氏有
祢宜―――成言

月讀宮内人物忌等注進狀

月讀宮内人・物忌等
言上、當宮神躰御騎用御馬足間事、
右件御馬足事、遷御小殿之次、委可申子細之由、依本宮廳宣、今月十五日御遷坐之時、内人・物忌等相共、自〇覆御被之表所奉捜也、此条先日如令申、御正躰兩所中、東方者不令相違御、西方者御騎用御馬前左右御足、自腕之程令折給、又後右御足自脛之程令折懸給、仍疊敷御被之裾、奉直傾倚、後御足令折懸給之故者、絹敷布敷之間奉着敷之由、令推儀、凡厥拜見神躰事、依無先規、乍成恐恐怖奉捜許也、前左右御足之折者、御被内所被裹御也、此上不可相違以前申狀、仍注進如件、
弘安十年四月廿七日
物忌宇羽西貞安
大内人度會弘清」

（4張）
七日、丁酉、雨降、今日不出仕、式部大輔（藤原）茂範・文章博（士脱）在（菅原）嗣朝臣・春〔東〕宮學士（菅原）在兼朝臣・右

連句あり

衛門權佐俊光（藤原）・大内記親顯（藤原）・前大内記尚範（藤原）・貢士親信等入來、結構文會、題松筠佳色多、壯字、連句五十韻、東、予執筆、事終續勒廿韻有之、懸物五十出之、人々入興也、儒官濟々焉、頗有其恐者也、入夜人々退散、

止雨奉幣

今日止雨奉幣、顯世奉行、

九日、己亥、雨降、新吉日《日吉》小五月會依雨延引、

洪水により法成寺惣社後築地流失す

十日、庚子、雨降、霖雨不休、鴻水有其難、法成寺惣社後築地流▨《失》之間、爲檢知參彼邊、先規頗稀歟、執行成壽僧都參殿下、申此由、驚思食之由有仰、其次向二条河原歷覽鴻水、大略如滔水、青苗流失、諸庄園損亡、兆庶多其愁歟、可歎々々、

藤原兼忠方連句

去三月より百日連句を始めらる

任官功員數の評定あり

（5張）

十一日、辛丑、晴、今日適屬參院、依評定不達奏事、參內、勤御膳役送、參殿下內覽条々事、其後於左大將殿（藤原兼忠）御方有御連句、予執筆、自去三月百个日被始云々、今日任官功員數事有」評定、近年減少之間、有興行之御沙汰、

成功員數の事

成功員數事

八省丞　七百疋、但民部丞千五百疋、

諸司助　千五百疋、

同允　五百疋、
諸國權守　千五百疋、
近衞將監　八百疋、
靫負尉　千五百疋、
兵衞尉　千疋、
馬允　六百疋、
敍爵　千五百疋、

參仕の人々

參仕人々
關白殿（藤原兼平）　右大臣殿（藤原忠教）　土御門大納言（源定實）　一条大納言（藤原實家）
前源大納言（雅言）　帥（藤原經任）　中院大納言（源通頼）
追被定之、
法眼　千五百疋、　法橋　千疋、」

新日吉小五月會

（6張）十二日、壬寅、晴、新日吉小五月會、有御幸、社頭事重經（高階）朝臣、競馬左爲兼（藤原）朝臣、右資高（藤原）朝臣、奉行、念人事雖被譴責、再三固辭了、今日參內、勤御膳役送、主殿司等入來、時兼（源）敍爵事、爲惜名

殘、各出來、給一獻幷獻〻（懸）物了、宗嗣（同）朝臣入來、

十三日、癸卯、雨降、參院、依評定不達奏事、次參內、勤御膳役送、陪膳頭大夫（平信輔）、朝有出御、

仙洞評定

（7張）十四日、甲辰、雨降、參院、依御幸不達奏事、今日」後高倉院御八講、被行免者、大理（藤原公衡）中定囚御點傳之、參近衛殿入見參、申承雜事、次參殿下內覽囚勘文、次參內、造宇佐宮正殿採（杣）〻採日時定、予奉行、上卿大炊御門中納言（藤原良宗卿）、參陣、予仰云、造宇佐宮正殿杣採日時令定申ヨ、上卿微唯退、次召弁（平仲兼）、被下知之、如例、」（8張）抑府解杣秡之由載之、問答官之處、杣秡事無所見、於杣採日時者代〻被勘下、重問答帥卿之處、府解若書誤歟、任先例可申沙汰之由被返答之間、杣採由所申沙汰也、免者日被勘神社造營日時事不審之間、問答官、請文云、

後高倉院御八講
免者を行ふ
造宇佐宮正殿杣採日時定
大宰府解狀に杣秡を載す
免者の日に神社造營日時を勘ぜらるる事を問ふ

明日免者以前、被勘宇佐宮造營日時、何事候哉、文治二年七月二日・弘安七年七月二日、依鳥羽院御國忌有免者、同日被勘宇佐宮假殿造營日時候、兼又杣秡日時定之由被仰下候、若杣採日時事候歟、明後年相當正遷宮候、立柱上棟以下條〻可爲今年候、忩可被勘下日時事候、此日時常例去年可被勘候歟、但嘉保當年被勘下候、佳例候、爲得

小槻秀氏先例を勘進す

御意、遷宮年限・次第日時等、三箇度例、委令注進候、日時定可爲明日者、忩可被仰下候、可相催陰陽寮候、仍言上如件、

五月十三日　左大史小槻秀氏奉」

宇佐八幡宮造替遷宮年限例

（９張）「八幡宇佐宮造替遷宮年限例、

當宮寶殿卅年一度所改作也、

當于廿七年言上解文、

始從廿八年造立假殿、

當于卅年遷御假殿、

始從卅一年改造正宮、

及于卅三年還御正殿、

造替次第之年限如斯、既爲永代例之由、見于度〻官符幷宰府・本宮等奏狀、

永長二年正遷宮例

承徳元
永長二年正遷宮

寛治五年八月廿四日、被勘下造立假殿日時、

木作始

今年十一月廿二日丙午

竪柱上棟

明年二月六日己未

同七年十二月十八日、被勘下奉移假殿日時、

明年二月廿五日丁卯

三月十一日壬午

件度大貳藤原長房卿依輕服不供奉、仍延引之由、見府解、

（10張）

同八年閏三月廿三日、被勘下同日時、

六月十九日戊子

此度依舞裝束不具延引之由、見宰府解狀、

同年九月十五日、被勘下同日時、

十一月廿七日乙丑

十二月十五日壬午

嘉保二年三月十八日、被勘下造立正宮日時、

入杣採材木　六月七日

木作始　同月十六日

居礎　七月二日

立柱上棟　十月二日

永長二年八月十六日、被勘下遷宮日時、

十一月廿七日丁丑

十二月十七日丁酉

従治暦元年至承徳元年當卅三年、

大治四年正遷宮例

大治四年正遷宮

（11張）

保安五年四月二日、被勘下造立假殿日時、」

木作始　六月廿二日

立柱上棟　七月廿八日

大治元年二月一日、被勘下奉移假殿日時、

三月十六日壬午

廿八日甲午
依弥勒寺講師定賢服假事、被勘改日時畢、
同年六月廿六日、被勘下同日時、
九月一日甲子
四日丁卯
同年十一月三日、被勘下造正宮日時、
入杣採材木
明年二月二日壬戌
三月五日乙未
木作
四月五日甲子
十九日戌〔戊〕寅
居礎
六月廿五日癸未

七月十日戊戌

立柱上棟

八月二日己未

十月八日甲子

同四年十月三日、被勘下還御正宮日時、」

十一月廿七日辛丑

十二月八日壬午

從承徳元年至大治四年當卅三年、

（12張）

永暦二年正遷宮例

永暦二年正遷宮（應保元）

保元元年六月十日、被勘下假殿雜事日時、

木作始

八月二日辛未

竪柱上棟

十月二日庚子

件度依官符逗留延引畢、
同年閏九月八日、重被勘下同日時、
木作始
十月廿六日甲子
十一月三日辛未
立柱上棟
十二日庚辰
廿二日庚寅
奉渡御躰日時
十二月廿一日戊午
廿八日乙丑
同三年二月廿日、被勘下奉渡假殿日時、
十月八日甲午
廿三日己酉
「

（13張）

同年十二月廿八日、被勘下正宮造作日時、

入杣採材木

明年二月三日戊子

三月四日己未

木作始

四月十六日庚子

廿六日庚戌

居礎

六月十九日辛未

廿五日戊寅

立柱上棟

七月廿一日壬寅

八月三日甲寅

十月九日己未

永暦二年六月廿六日、被勘下奉渡正殿日時、

十一月十七日乙酉

十二月十七日乙卯

従大治四年至應保元年當卅三年、」

免者宣下

(14張)次令宣下免者、上卿同前、其仰詞如例、輕犯囚三〔四〕人、孫太郎男〔竊盗嫌疑〕、・左衞門尉頼保〔竊盗〕、・

(15張)醫横女・石女等也、參仕官人章繼(中原)・中原職治・中原章綱・中原章員、」裝束官人參軾、下

給勘文、

霖雨により軒廊御卜を行ふ

今日依霖雨被行軒廊御卜、顯世奉行、

十六日、丙子〔午、〕雨降天猶陰〔休、〕、時兼參內、

兼忠方連句

十七日、丁未、雨降、參殿下、於幕下(藤原兼忠)御方有御連句五十韻、予執筆、又有勝負御連句、〔卅韻、〕

兼仲猶子時兼敍爵す

今日時兼敍爵、頭大夫宣下、雖期職事之闕、近日明家輩被淸撰之上、一文不通者扶持難治之間、所申請籍〔爵〕也、一日聽仙籍之条已可謂面目者也、以謂予猶子擧達了、

兼忠方連句

十九日、己酉、晴、參一条前攝政殿(藤原家經)、役夫工上卿事申大納言殿(藤原實家)、難治故障之上、齋屋不候之間、難申領狀、得意可奏聞之由、被仰下者也、參殿下申条々事、於左大將殿御方有御

連句、予執筆、及晩退出、

廿日、庚戌、或晴或陰、時々又雨降、參院、奏聞神宮条々事、參內、勤御膳役送、

兼忠方連句

廿二日、壬子、雨降、參殿下、於大將殿御方有御連句、予執筆、及晩退出、入夜參內、自今夕所宿侍也、有御連句脂之、五十韻、冬季（藤原）朝臣執筆、

內裏連句

廿三日、癸丑、雨降、參內、依番所祇候也、

霖雨により伊勢神宮以下八社に奉幣す

廿四日、甲寅、雨降、參院、奏事、歸參內裏、今日依霖雨御祈事、成▒（崇）方角神太神宮已下被發遣、八社奉幣賴藤（藤原）奉行、於神祇官被發遣、上卿（アキマヽ）、弁（アキマヽ）、」

後宇多天皇伊勢幣を御拜す

（16張）

伊勢幣有御拜、出御、所祇候也、

（〇九行空白有り）

廿五日、乙卯、雨降、早旦自內裏所退出也、

月讀宮の事勅問あり
祭主等參洛す

廿六日、丙辰、雨降、參院、奏事、參殿下、月讀宮事有勅問、祭主幷內宮一祢宜代官氏繼（荒木田尙良）參洛、辨申之次第就奏聞、被申合執柄（藤原兼平）、仰云、月讀宮神殿御坐西御躰荒魂之由、本宮申上者、定有子細歟、無指所見、而難申之条頗不可然歟、荒魂御躰之条令治定者、被直諸道勘文、重被行仗議之条可宜歟、其上人々所存可被聞食歟之由可奏、被仰下、次參內、依

霖雨により藏人所御占を行ふ

霖雨事被行藏人所御占、予奉行、以下侍爲其所、掃部寮敷座、兼下知了、刻限、陰陽師有弘(安倍)朝臣・在秀(賀茂)朝臣・淳房(安倍)朝臣等着座、予仰云、霖雨不晴、何咎崇哉、令占申、淳房朝臣占申、有弘朝臣加推、

御占形云、

陰陽師御占形

(17張)

霖雨不晴、洪水有難、何咎崇哉、

占、今日辰丙《丙辰、》時加酉、奉宣旨日時、六月節、徵明臨寅爲用、將天一、中傳送・〇《玄》武、終太一・天空、

御行年戊上、小吉大裳、卦遇、蒿矢・玄胎四牝、

推之、理運之上、艮・巽方神社四至內依有不淨事、成崇所致歟、殊被祈謝者、霖雨忽霽畢、

艮巽方の神社四至内に不淨あり

弘安十年五月廿六日　主稅權助安倍朝臣淳房

曆博士賀茂朝臣在秀

權天文博士安倍朝臣有弘

艮は鴨日吉巽は稻荷に當る龜山上皇不淨の實檢幷に在京の祭主に祈請を命ず

艮神鴨社・日吉、巽神稻荷之由申之、御占形盛柳筥奏聞、陰陽師等退出、

廿七日、丁巳、陰、參院奏事、又奏聞昨日藏人所御占形、方角神四至內不淨事可實檢之由

被仰下、祭主適在京、參本官可祈請之由有勅定、次參內、次向花山院（藤原家教）中納言第、仰役夫
工上卿事、依所勞所辭申也、

龜山上皇院宣七日間の神祇官參籠祈請を命ず

仰祭主院宣、

旬月以來霖雨不晴、只有綠水之害、未播青苗之種、三農之失時、八埏之所愁也、世以
民爲基、民以食爲天、百穀若不登者、兆庶豈有安哉、國之大事蓋在于斯、早參籠本官、
七个日之間、抽信於底露、宜祈請止雨者、依
院宣執達如件、

五月廿七日　　治部少輔（花押）」

祭主權大副殿

（18張）

祭主今日より參籠す不淨の神社實檢の事宣下あり

廿八日、戊午、晴、不出仕、自今日祭主參籠本官、方角神社實檢事今日所宣下也、上卿土（源
雅房）御門中納言書口宣下之、官使・檢非違使共以兩樣之由、殿下有仰、

後宇多天皇宣旨

弘安十年五月廿八日　宣旨、

旬月以來霖雨未晴、訪之占推、艮・巽方神依穢氣不淨、成其祟云云、鴨・稲荷・日
吉等社宜差遣官使、且令注進神事違例穢氣不淨、且實檢言上彼社等四至內者、

藏人治部少輔藤原兼仲奉

廿九日、己未、晴、今日不出仕、祭主入來、談月讀宮間事、明日評定之次可申出之由被仰下之間、所問答也、

（〇五行空白有り）

（奥書）

「正和二年三月廿七日抄出了、

（藤原光業）

左衛門權佐（花押）」

「（表紙題簽）
『◎〻』『濟』（朱筆、下同ジ）兼仲卿記　完　自弘安十年六月一日至卅日　自筆本　壹卷
『綴合もとのまゝ』
」

（1張）
「（端裏書）□」

弘安十年

六月大

「月讀・荒魂神躰御事」
一日、庚申、晴、林鐘告朔幸甚〻〻、依召先参殿下（藤原兼平）、被仰下云、月讀・荒魂神躰事被仰下之旨有之、定世（大中臣）朝臣申之趣、了見之次第、誠有其謂歟、此上者忩可直改勘文端作歟之由、可仰職事旨、有勅定、便宜之次伺事由、面〻可仰勘者歟、奏事之次、可伺之由有仰、参院、奏神宮条〻事、月讀・荒魂一躰、幷東方月讀、・西方荒魂、之由、祭主（大中臣定世）幷内宮一祢宜尚良（荒木田）

藤原兼忠方連句

天晴により止雨御祈結願す

亀山上皇院宣

（２張）

代官氏繼進勘文、所奏聞也、可讀申之由有勅定、予讀申兩通、其後人〻議奏、勅定云、以勘文可有勅問三公(藤原師忠・藤原忠教・藤原家基)歟之由、被仰下、役夫工上卿春宮權大夫(源具守)猶申子細之間、同所奏聞也、可相構之由有仰、即仰遣了、少時退出、雖裝束參殿下、於左大將(藤原兼忠)殿御方有御連句、支韻、予執筆、及晩退出、

二日、辛酉、晴、參院(亀山上皇)、相具祭主祇候、以按察卿(藤原頼親)有御問答、內宮未作所〻有之之由聞食、委可注進之由、被下御教書之間、即下知定世朝臣了、予奏云、本官止雨御祈、至昨日已爲三个日天晴、効驗之上者、可被結願歟、尤可然、以御教書可感仰之由、被仰下、役夫工上卿事、權大夫猶申子細、嚴密被仰下之旨仰遣了、

「止雨御祈被下叡感院宣事」

止雨御祈事、霖(梅)霖忽休、萍日已晴、啻匪神」鑑之炳焉、是(亦)是効驗之令然歟、殊感思食之由、

院宣如此、仍執達如件、

六月二日　治部少輔(藤原兼仲)在判

祭主權大副殿

參內、奏聞非藏人光藤(藤原)敍爵事幷月讀宮事等、御膳陪膳實遠(藤原)朝臣、役送予、藏人遠衡(三善)勤之、

昨日上洛の關東使者藤原實兼亭に向ふ

石清水八幡宮の鳴動により藏人所に於て御占を行ふ

石清水八幡宮執行聖親解狀

少時退出、

「關東使上洛事」

三日、壬戌、晴、早旦參院、依評定不及奏事、關東使時清(佐々木)、昨日上洛、今日向春宮大夫(藤原實兼)亭、卽可參仙洞云々、含重事等歟、爲頭弁(藤原俊定)之奉行、八幡宮鳴動事、於藏人所可被行御占、可奉行之由、被仰下之間、申領狀了、

四日、癸亥、晴、早旦參院、有出御如例、神宮事一兩条所奏聞也、次參內、勤御膳役送、

「依八幡宮寺怪異於藏人所被行御占事」

陪膳頭弁、於藏人所被行御占、依八幡宮寺怪異也、陰陽師在言(賀茂)・範昌(安倍)・在秀(賀茂)・淳房(安倍)・晴直(安倍)等朝臣着座、掃部寮儲座、予着横敷、下本解於上首可占申之由、下知之、本解次第見下之、最末晴直朝臣書土代、在言朝臣加推条、次淸書、各加署、上首取之傳予、召柳筥於出納盛之、加本解、奏聞占文之趣、頗重事也、竪固御物忌等可有之之由令申、於御所奏聞其由了、次退出、向宗礼第、及晩歸畢、今日於記錄所有評定、神宮事也、

本解云、

八幡宮

注進、

（3張）

二日、天晴、丑時、自當御寶殿之上、指艮天變一流在之、頭者如師子頭、其色赤色也、尾者五

色而長一丈許也、其後御寶殿三所内中御前鳴動如雷、而響稍久、通夜之輩失肝令仰天、
中御前御鳴動者、依爲挑御燈明之最中、承仕慶願聞之、
同時自護國寺礼堂之東階經礼堂人數廿人許奔西手水船之許、其足音甚高、卽護國寺西
妻戸鳴響之間、假夏衆五師善證・勾當長順・僧良儀三人依聞之、卽雖相見、其形更無
之云云、
右注進如件、
弘安十年六月二日　　執行法印聖親

陰陽寮御占形

御占形、
石淸水八幡宮司言上怪異等吉凶、
今月二日丑時、自當宮御寶殿上指艮方有光耀、其後中御殿鳴動如雷響、
占、今月二日辛酉、時加丑、小吉臨寅爲用、將白虎、中神后・朱雀、終太一・玄武、
御行年戌上、大衝天后、卦遇、徬茹・跰跪、
推之、依神事違例、穢氣所致之上、公家非愼御藥事、從巽坤方奏口舌動搖事歟、
期彼日以後、廿日内、及明年正月・五月節中、竝丙・丁日也、兼被祈謝、至期

愼誡御、其咎自銷乎、

同日時自護國寺礼堂東階人數廿人許走、其足音甚高、即雖令見知、更無其形、

占、同日辛酉、時加丑、大歳加時、勝先臨申爲用、將勾陣、中天罡・朱雀、終功曹・

天一、御年上傳送、天空、卦遇、元首、

推之、依神事違例、不信所致之上、從南坤方奏口舌兵革歟、又怪所有火事歟、

期怪日以後卅五日內、及來七月・明年五月節中、竝丙・丁日也、兼被祈謝（請、）至期

被誡愼、無其咎乎、

弘安十年六月三日　　天文博士安倍朝臣晴直

延曆寺六月會關東使者源惟康昇進の事を申入る

「延曆寺六月會事」（4張）

今日延曆寺六月會、予奉行、勅使弁歸洛、右中（藤原）爲俊朝臣、」上洛關東使者上洛申云、將軍（源惟康）

御昇進事申之、

月讀宮神體の事勅問あり

「月讀神宮相違事」

五日、甲子、晴、日出以前出門、參九条右相府（藤原忠教）、月讀神宮相違事有勅問、以定世朝臣幷尙（祢）

宜尙良代官氏繼、等勘文有勅問、以諸大夫兼遠申入畢、有出御、被召公卿座、重ゝ御不審

有御問答、日來沙汰之次第、委所申入也、

勅問趣、

藤原忠教勅問に答ふ

月讀宮神躰事、日來之沙汰相違、於今者荒魂之由本宮申之、且祭主・祢宜等之勘文如此、如何樣可有沙汰乎、可被直諸道勘文端作歟、可被計申、

御返事云、

月讀宮神躰事、本宮申狀最前之趣、既以相違、荒魂御躰如祭主・祢宜等之注文者、無指所見、以了見之分申子細歟、神宮事、少事猶以異他、況神躰事哉、如先例當座不覺悟、短慮又難覃、然而神宮事就祭主・祢宜等之申狀被計行之条、爲一之故實哉、然者任彼等令申被直勘文之端作条、何事有哉、神躰兩方御坐之条無疑歟、

入御之後、於藏人《障子》上注折帋入見參、無相違之由被仰下、其後退出、參內（後宇多天皇）、昨日御占形所申出也、次參院、有出御、奏事、予奏聞御占形、御物忌可爲堅固由被仰下、可祈謝之由、且可仰宮寺之由、被仰下、少時退出、

小除目
惟康を中納言右大將に任ず

「小除目事」今夕被行小除目、頭左京大夫信輔（平）朝臣奉行、關東征夷大將軍令任中納言幷右大將給、通（源）基卿所職被召之、今日被遣冷泉宰相（藤原經賴）於久我里第、有御問答子細云々、於納言者自元有其闕之故也、」上卿別當公衡（藤原）卿、參議右大弁爲方（藤原）卿、

（5張）

聞書云、

除目聞書
中納言源惟康
修理權亮中原師村
左近將監藤原賴顯
右近大將源惟康兼、
將監源清兼
右衞門大尉平仲高藏人、
丑▨刻鴨社長廊幷横廊燒失、放火云々、

鴨社に火災あり

六日、乙丑、晴、晝間不出仕、炎暑如蒸、及晩參內、爲令避少將幷神輿路給、今夕行幸院

祇園神輿路を避け萬里小路殿に行幸す

「行幸院御所事」
御所、万里小路殿、職事藏人大進賴藤(藤原)奉行、秉燭之程人々參集、先召仰、宣下上卿藤中納言(實冬)如例、留守上卿大炊御門中納言(藤原良宗)、弁冬季(藤原)朝臣等宣下、少時出御、殿下無御參、頭弁獻御草鞋、頭大夫候御裾、釼內侍中將保藤(藤原)朝臣、璽內侍少將業顯(源)朝臣、六位無人之間、予・賴藤取脂燭前行、宸儀渡御南殿、反閇陰陽權亮範尙(助昌)朝臣奉仕之、歸出之後出納給祿、職事陣引、將罷渡之由下知之、右將渡、次闈司奏、公卿列、少納言親氏(藤原)朝臣候鈴奏、御輿進案、御輿寄土御門宰相中將通重(源)參進、置弓於簀子、開輦戸、進寄賜釼案(取入)御輿、次乘御、頭大夫候御裾、

御留守番奉行す

供奉人交名

（6張）

便給御草鞋給束竪子、次入璽筥、此間予於長橋邊着靴取笏、先陣次第行列、於仙洞四足門下奉扣御輿、院司公卿別當申事由、頭大夫信輔朝臣進出氣色大理(藤原公衡)、歸出令撤幔門、次入御、於中門下御、釼(土御門宰相中將、)・璽(中將保藤朝臣、)役之、貫首從後塵、職事等取脂燭前行、蹲居簀子、入御諸司御所、先之御釼進入簾中、璽又同前、次兩主御對面、予歸參內裏、自今夜令祗候、御留守番可奉行之由、被仰下之故也、(儲)奉御所奉行右少弁仲兼(平)、

供奉人

公卿

左大將殿　春宮權大夫　藤中納言

別當　大炊御門中納言　土御門宰相中將

冷泉宰相　右大弁宰相　刑部卿(藤原隆博)

五辻侍從三位(藤原公世)　左兵衞督(藤原宗親)

次將

左

保藤朝臣　家平朝臣(藤原)　師行朝臣(源)

實遠朝臣　(藤原)實仲朝臣　(藤原)房通朝臣
(藤原)俊雅朝臣　業顯朝臣　(藤原)宗經朝臣
(藤原)忠氏
右
(藤原)宗嗣朝臣　(源)親定朝臣　(藤原)實香朝臣
(藤原)冬宗朝臣
左衞門
權佐(平)經親　中原章文　同章任
中原明治
右衞門
中原章員
左兵衞
佐(藤原)定資　權佐(藤原)教定
右兵衞

」

泰繼（高階）

少納言

親氏朝臣

職事

信輔朝臣　俊定朝臣

予　賴藤

（7張）

今夜内侍所不渡御、依近例也、

祇園神輿門前を過ぐ

七日、丙寅、晴、祗候内裏、晝夜番人〻參否注進御所、少將并神輿令過門前、予所拜見也、

雜人乘馬〻車過陣中如例、

八日、丁卯、晴、祗候禁裏、

「内裏御膳役送御勤事」

九日、戊辰、晴、參院、於内御方勤御膳役送、頭大夫陪膳、殿下有御對面、予内覽役夫工上卿已下事、主上入御院御方、兩主御對面、執柄（藤原兼平）令候給、職事・弁等次第奏事、予役夫工上卿并月次・神今食等卜合人〻輕服所勞之間所奏聞也、少時歸參内裏、

龜山上皇後宇多天皇御對面

「御躰御卜被付内侍所事」

十日、己巳、寓直禁裏、今日▨御躰御卜、頭弁分配也、被付内侍所、且此趣下知官

外記云々、先例沙汰之趣、見于外記之請文、頭弁相尋之、

行幸御逗留之時、御躰御卜奏可何樣哉、例事、近則文永元年六月六日行幸院御所万里小路殿、爲令避祇園神輿路給也、内侍所不渡御、行幸院之時例也、至來十四日可爲皇居云々、十日御卜奏、神祇官人直付内侍所、仙洞御同宿之間、依無仗座也、且此事昨日有勅問、三公(藤原師忠・藤原忠教・藤原家基)被申之趣不同、遂被付内侍所畢、同三年六月六日行幸院御所万里小路殿、依神輿事也、至來十四日可有御逗留、十日」御卜奏被付内侍所、是如去々年、近年如此候、仍言上如件、

大外記中原師顯言上狀

昨日の勅問三大臣の返答相違す

近年十日御體御卜內侍所に付さる

六月四日　　大外記中原師顯奉

（8張）

月次祭神今食

「月次・神今食事」

十一日、庚午、雨降、白地退出、及晩歸參、今日月次・神今食、本分配顯世(藤原)觸穢之間、予所奉行也、月次祭上卿春宮權大夫、具房、弁、冬季朝臣、神今食上卿吉田中納言(藤原經長)、參議右大弁、爲方、弁、冬季朝臣、少納言、兼有(平)、内侍、弁、藏人季邦(源)獻出車、卜合人々或輕服觸穢、面々申子細之間、昨今所奔走也、末代之公事爲之如何、

十二日、辛未、晴、候内裏、

十三日、壬申、晴、候内裏、

馬長御覽
行幸還御

十四日、癸酉、晴、今日還御以前、常御所已下所々掃除事、所奉行也、堂上・堂下殊致沙汰者也、於仙洞馬長御覽、（藤原）俊光奉行、主上同有叡覽、入夜參院、行幸還御爲供奉也、〔有御贈〕御物、藤中納言取之、御本、職事賴藤請取之、於透渡殿可渡之歟、而於臺代南面簀子渡之、職事請取之給出納、輿可被寄南階之由、有其沙汰、雖被構御輿寄、俄自中門乘御、執柄（藤原實泰）令候御裾給、洞院宰相中將・土御門宰相中將等候鈒璽〔役〕、頭弁獻御草鞋、執柄令步御後給、職事等候御共、左大將殿無御參、大理又不參、其外公卿如去六日、入御之後鈴奏如例、少納言親氏朝臣候之、公卿名謁、左將上首保藤朝臣問之、今夕無反閇、〔出御之時〕職事伺申殿下歟、可略之由有仰云々、半更退出、

「行幸還御事」

（9張）

十五日、甲戌、晴、參左府（藤原師忠）直入見參、被仰下云、輕服事出來之間、月讀宮仗議奉行事不可叶、可被仰右府之由可奏聞云々、次〔明經〕（清原）隆宣勘文有不審事、直問答之處、可直改之由申之、而數日觸穢」之間不申出、意得可奏聞之由、同有仰、予申上云、月讀・荒魂神躰事勅問候、輕服之間難申是非之由申之〔有仰、々々〕其後退出、參春宮（熙仁親王）、陪膳當番之間勤仕之、六位（藤原）永賢奉仕役送、少時參內、勅定云、御留守無爲奉行、每事丁寧申沙汰、有叡感之氣、今夜祇園臨時祭也、御殿御裝束如常、御座南向、長押上供掌燈二本、御座南向之間掌燈有御傍、少時出御、予奉仕御裝束、保藤朝臣又候御前、出御之時御簾頭弁候之、御贖物、陪膳頭弁、役送予、先之頭弁獻御笏、宮主獻

祇園臨時祭

「祇園臨時祭事」

神宮心柱破却等につき軒廊御卜あり

大庥、頭弁役之、御禊了撤御贖物、次御拜、使雅俊（藤原）取幣立、御拜了使退、次入御、大炊御門中納言候殿上、奏宣命、入宮、予申次之、歸出返給宣命、次上卿召使給之、次進發、今夜神宮心柱破〔却、〕撤鴨社燒失、祇園社御正躰落事等可被行軒廊御卜云々、上卿藤中納言、土（源雅房）御門中納言等參入、神宮御卜事、予与奪六位季邦退出、

龜山上皇昨日禪林寺殿に御幸し今朝三條殿に還御す

十六日、乙亥、晴、參院、昨日御幸禪林寺殿、今朝還御三条殿、而此御所還御可爲晩陰云々、有急事者可參三条殿之由、雖有御沙汰、旅所御所無骨之間、不及參仕、仍參內、

「非藏人光藤敍爵宣下事」

勤御膳役送退出、非藏人前文章生光藤敍爵事、今日宣旨上卿〔下、〕下大炊御門中納言良宗卿

月讀宮神體の事勅問につき藤原兼平同家基の申詞あり

畢、參內大臣殿幷殿下（藤原家基）、有月讀宮神躰相違事有勅問、內々事所內覽也、於左大將殿御方有御連句、及晩退出、窮屈之外無他、」

（10張）

殿下御申詞、

月讀・荒魂御躰事、最前神宮委不申之条、雖似越度、今度祭主・祢宜令辨申之趣、非無子細歟、所詮被直勘文端作之後、被行仗議、就人々議奏可有沙汰乎、

內大臣殿、

月讀宮神躰事、荒魂御同躰之由、神宮令申之上者、日來御沙汰强無參差分歟、可被

亀山上皇亀山殿に御幸す

關白三大臣の申詞を上皇に奏す

新陽明門院御所に方違行幸す

仙洞評定

春日精進始

直勘文哉否、可被任勘者之意歟、此上事可在時宜、

十七日、丙子、晴、今朝御幸龜山殿、仍不及出仕、

十八日、丁丑、晴、參院、奏聞月讀宮神躰相違、執柄・三公等御申詞等、高檀帋一枚折之書連故實也、役夫工上卿吉田中納言申領狀之由、同所奏也、自余條々雜訴等、依事繁略之、今日參內、勤御膳役送、

「御方違行幸事」

十九日、戊寅、晴、入夜參內、爲御方違行幸靡殿新陽明門院(藤原位子)御所、職事顯世奉行、召仰上卿大炊御門中納言、留守吉田中納言、▨〔弁〕雅藤(藤原)、公卿左大將殿・大炊御門中納言・堀川中納言(源基俊)・近衞宰相中將殿(藤原兼教)・綾小路三位(源)經資、・六条三位(藤原)盛家、・左大弁三位(源)雅憲、・高倉新三位(藤原)永康、・左兵衞督、宗親、近衞、左▨▨〔隆良〕朝臣(藤原)、右實時朝臣(藤原)、外衞、左衞門經親(平)、右衞門俊光、職事頭弁俊定朝臣・予・顯世・賴藤、曉鐘之程還御、

廿日、己卯、晴、今日不出仕、所▨▨〔休息〕也、

(11張)廿一日、庚辰、晴、參院、依評定不達奏事、向大理第、牛童訴詔事爲示合也、依所勞以人對面、相觸子細畢、其後參殿下、月讀宮神躰相違口宣之趣、所內覽也、少時退出、沐浴、始春日精進、

春日社に參る

藤原家基の御願により夏秋の御神樂を始行す

「近衛殿春日御神子御參向事」
廿三日、壬午、晴、後夜鐘程出門、參春日社、鞭細馬、於宇治駄餉、巳一點着宇縣、申刻着南都、野田春光院、暫休息之後、秉燭之程、着束帯參社頭奉幣、祝師重泰（大中臣）勤之、云大宮、云若宮、御坐假殿、去八日有遷御之故也、次參（着）神宴座、每事不沙汰具、所催促也、自一乘院（信昭）不被渡和琴、及遲〻云〻、先供神饌、次供御幣、次取之兩段再拜、次歸着始行、陪從二人、近衛召人四人、人長弘吉（秦）、此御願今度自內大臣殿被始行、古御神樂者春冬二季也、而依別御願、夏秋可被行云〻、仍今度被始之、家司供給以代物二百疋被充之、近衛召人等人別三百疋云〻、曉更事了退出、所一寢也、

廿四日癸未晴早旦先宮廻即歸洛於宇治駄餉寺院所歷覽也入夜歸宅

仙洞連句

「定資勤連句執筆預叡感事」
後聞、仙洞御連句、頭弁俊定朝臣子息兵衛佐定資（藤原）生年十三歲、勤執筆、東韻、叡感之餘被下御釼一腰、希代之珎事也、涯分之勤珎重〻〻、

（〇二行空白有り）

造豐受大神宮神寶行事所始日時定

小除目

（12張）
「造豐受太神宮遷宮神寶行事所始日時定事」
後聞、今日造豐受太神宮遷宮神寶行事所始日時定、兼日事予奉行、當日事頭大夫奉行、上卿大炊御門中納言、公卿（弁）冬季朝臣、官外記・陰陽寮事令下知了、次被行小除目、頭大夫奉行、上卿大炊御門中納言、淸書右大弁宰相、

除書云、

神祇權少副大中臣知輔　　圖書允源頼胤勢多橋功、

藤原頼連同功、　　內藏允同宗綱同功、

縫殿允平宗繁同功、　　神景秀同功、

式部權大輔菅原高能　　元式部權大輔、令相博歟、大學頭藤原明範

居住關東、陰陽頭安倍晴宗　　雅樂允丹治俊員勢多橋功、

同實忠同功、　　主計允平基永同功、

刑部丞藤原盛氏去四月御更衣功、　　木工允小野重康勢多橋功、

金刺基氏同功、　　源佐仲同功、

大中臣惟任賀茂祭功、　　掃部允藤原高綱勢多橋功、

平頼盛同功、　　藤原遠定同功、

周防守源康顯　　左近中將藤原實香

右近少將藤原公信　　左衞門尉藤原頼定藏人、

惟宗國賢造外宮車宿功、　　藤原朝長勢多橋功、

平胤氏同功、　藤原貞經同功、
平頼泰同、　同助員同功、
藤原定親同功、　源泰明同功、
秦貞房元三替物功、　右衞門尉藤原範業
田口泰清勢多橋功、　小野行時同功、
藤原俊明元三替物功、
」
弘安十年六月廿三日
正四位下源具顯　從四位上大中臣經世
正四位下大中臣隆名　從五位下大中臣淸氏
使宣旨
左衞門尉源致光
辭退
左近中將藤原範藤

（13張）

「自南都御上洛事」
廿四日、癸未、晴、早旦宮廻、其後揚鞭所歸洛也、於宇治馱餉、炎暑如蒸、入夜歸宅、

南都より歸洛す

關白亭に諸道勘文口宣を持參す

廿五日、甲申、晴、不出仕、窮屈之外無他、
廿六日、乙酉、晴、早旦參九条殿、只今評定欲有御參、仍以兼倫(藤原)朝臣被聞食諸道勘文、卷
籠礼帋、以帋捻結之、其上差口宣所下申也、

後宇多天皇宣旨

弘安十年六月廿六日　宣旨、
伊勢太神宮別宮當月讀宮御躰御騎用御馬足折損、如何樣可有沙汰哉之由宣下先畢、而

諸道勘文改直せしむ

彼宮御同坐西御躰荒魂御騎用御馬足之由、本宮追申之、宜仰紀傳・明經・明法道等
博士幷民部卿藤原朝臣(資宣)・大藏卿藤原朝臣(經業)・式部大輔藤原朝臣(茂範)、令改直勘文、
藏人治部少輔藤原兼仲奉」

(14張)

忩可有御下知之由有仰、其後退出參院、評定未始之間、奏聞條〻事、目六在仰詞、
廿八日、丁亥、晴、參禪林寺殿、有出御、條〻奏事、參殿下条〻事、次參內大臣殿、

藤原資宣亭に於て月次會あり

「資宣卿第月次會事」
廿九日、戊子、晴、向民部卿第、月次會結構連句五十韻、先仙、松間風似秋、各字、及晩歸家、

新藏人初參從事す

入夜藏人左近將監國房(藤原)、頭弁俊定朝臣子、被止位記被仰之、藏人右衞門大尉仲高(平)、右少弁仲兼子、同被止位記、遂初參從事、吉書
上卿土御門中納言雅房、弁俊定朝臣、仲兼相替奉之、今夜卽從御膳、頭大夫信輔朝臣勤
陪膳云〻、

室町院六月祓を奉行す

「室町院六月祓事」
卅日、己丑、晴、參禪林寺殿、有出御、奏聞条ゝ事、入夜參室町院、(瞳子内親王)六月祓奉行、陪膳中將實香朝臣、拜賀以前之間着衣冠、役送予、藏人行雅(藤原)奉行、

（〇四行空白有り）

(奥書)
「延慶三年十月廿六日取目六了、
礼部員外侍郎(藤原光業)ゝ（花押）
正和二年三月廿七日重抄出了、
左衞門權佐(藤原光業)（花押）」

」

「(表紙題簽)
『◎〜』『濟』(朱筆、下同ジ)兼仲卿記　自弘安十年七月一日至廿九日　自筆本
完　壹巻
『綴合改めたる通り』」

(原表紙)「七月十三日月讀宮神躰仗議奉行」

(1張)(端裏書)「七月記」

弘安十年

七月小

仙洞評定
藤原兼平菩提院姫君御所に於て納涼す
藤原兼忠方連句
龜山上皇松下殿新造御所に移徙す
作事藤原宗親奉行す

一日、庚寅、晴、於禪林寺殿被行評定、殿下(藤原兼平)御參、還御之次入御菩提院姫君御所、泉石之地也、有御納涼、予參會、幕下(藤原兼忠)御方入御、有御連句、予勤執筆、及晩還還御、所退出也、

「松下殿新造御所御移徙事」
二日、辛卯、晴、今入日松下殿新造御所御移徙也、御作事〻左兵衞督(藤原宗親)奉行、人〻屋一宇面〻

兼仲築地一本を負擔す

鳥羽天皇御國忌免者を行ふ

上皇に北野祭三年一請用途につき奏せんとす

藤原良教を見舞ふ

去月下旬より重篤なり

二代龍笛の御師匠

管絃詩歌の道傍若無人の仁

見舞の勅使あり

作進云〻、予築地一本致沙汰了、涯分之勤也、御幸儀冷泉宰相(藤原經賴)奉行、自下御所歩儀、密儀、公卿藤中納言(實冬)・別當(藤原公衡)・土御門宰相中將(源通重)、殿上人宗氏(藤原)朝臣・實躬(藤原)朝臣・師行(源)朝臣・爲俊(藤原)朝臣・宗經(藤原)朝臣云〻、

「鳥羽院御國忌免者事」

今日鳥羽院御國忌免者也、予奉行、入夜參內、上卿藤中納言、弁并裝束官人不參、召六位史於軾傳仰之、史於門前仰官人、囚勘文大理申下御點送之、書合書所宣下也、仰詞如例、

三日、壬辰、晴、參禪林寺殿、松下殿新御所、北野祭三年一請用途事等爲急事之間、爲伺申也、傳奏冷泉相公雖請取、不伺得之由令命之間、可伺便宜之由令約諾退出、訪申一品(藤原良教)所勞事、

「粟田口一品所勞無憑事」

所謁申子息前黃門(藤原經良)也、於今者大略待時、自去月下旬如亡如存云〻、大略無分別、有若亡之躰云〻、二代(龜山天皇・後宇多天皇)之龍笛御師匠才卿、管絃之哥〻(詩)之道於天下傍若無人歟、可惜可哀〻〻、自內裏被遣御使教賴(藤原)朝臣、予立入粟田口宿所、納涼、及晚歸宅、

(裏書)「三日下、

今日宣下外宮禰宜、上卿藤中納言實冬卿

停豐受太神宮禰宜邦房、以正四位上度會神主行忠宜令還補本職、

藏人治部少輔藤原兼仲奉

明日方違行幸の奉行を命ぜらる
行幸供奉の近衞司不足につき兼平に申す
日時勘文を內覽す
行幸散狀幷に日時勘文を奏聞す
龜山上皇御移徙以後御幸始
路次を仰す
留守を仰す
立明等を催す
內侍扶持の將に觸る

成親壹岐國司同宣下、」

(2張)
四日、癸巳、晴、不出仕、自殿下被仰下云、明日御方違行幸奉行事、頭大夫(平信輔)申子細、可奉行歟、將又可仰頭弁(藤原俊定)歟、可相計之由、被仰下之間、予可奉行之由申領狀了、其後日來申沙汰分、条々所問答也、

五日、甲午、陰、今夕行幸、日來領狀近衞司多以申子細之間、參殿下、所申入也、日時勘文、召範昌(安倍)朝臣、所內覽也、其後參內、奏聞行幸散狀、日時勘文同奏之、不盛柳筥、所從手也、少時退出、酉刻許歸參、所相催行幸也、

「行幸御奉行事」

上皇御移徙以後御幸始、幸靡殿、被奉待行幸可有御對面云々、仍出御殊被忩也、奉行六位遠衡(三善)、儲御所仲高(平)奉行也、大理令早參之間、先宣下召仰、於奧座奉之、予下日時勘文、上卿結申、予仰云、依勘申レ、次仰路次、出御東陣、高倉小路ヲ北へ、二条大路ヲ西へ、洞院東大路ヲ北へ、待賢門大路ヲ西へ、油小路ヲ北へ、一条大路ヲ西へ、川(革)堂西大門小路ヲ北へ、迄御所如此、宣下之後、自懷中取出折帋奉之、官注進折帋也、次仰留守事、權中納言藤原朝臣(良宗)、左少弁藤原雅藤令候留守ヨ、上卿微唯、內々被尋云、權中納言誰人哉、予申云、大炊御門中納言(藤原良宗)之由示之、其後歸參御所方、懸裾令敷筵道、南庭立明等催沙汰、御路掌燈等殊令檢知、內侍扶持事、保藤(藤原)朝臣・業顯(源)朝臣

（３張）

出御

可存知之由相觸、今夕右將無人之間、左將下﨟資(藤原)藤朝臣・業顯朝臣・康(源)仲朝臣等、假可渡右之由仰了、少時｣有出御、殿下御祗候、頭弁獻御草鞋、釼内侍保藤朝臣・璽内侍業顯朝臣、扶持之、予取脂燭前行、宸儀御坐南殿御後之間、予於▨(西)階西(陣)引候へと仰、(次)之令進立御帳前御、

反閇

陰陽權助範昌朝臣之(奉)仕反閇、退出之時出納給祿、次仰將罷渡レ之由、右將渡、基(藤原)兼朝臣・親(藤原)家朝臣・資藤朝臣・業顯朝臣・康仲朝臣、

闈司奏　鈴奏

次闈司奏、次公卿列、次鈴奏、少納言兼(平)有、執(藤原兼平)柄被仰勅答如例、次御輿進、次第事等催促之、

乘輿

殿(藤原冬平)三位中將殿令役釼璽給、次乘御、執柄令候御裾給、頭弁給御草鞋、御輿奉扣中門外、三位中將殿被仰御綱、此間予騎馬、頭弁參會靡殿、今夕兩貫首(平信輔・藤原俊定)不供奉、職事賴(藤原)藤不參、予・顯(藤原)世二人供奉、

供奉の公卿

公卿

藤中納言　三条中納言(藤原實重)　別當　右大弁宰相(藤原爲方)

殿三位中將殿　持明院三位(藤原基光)　花山院三位中將(藤原定教)

近衞司

右

（〇六行空白有り）

靡殿に入御す
名謁なし
夕御膳を供ず儲御所奉行未練により兼仲口入す
藤原仁子の病を見舞ふべきの勅命あり
還御
兼仲草鞋を獻ず
龜山上皇に北野祭三年一請用途につき奏す
用途帳過分により勘減すべきの命あり
乞巧奠
賀茂一社奉幣

（4張）

（〇一行空白有り）

入御靡殿、寄御輿於南階、殿三位中將殿令役釵璽給、下御之後御輿退、鈴奏、少將康仲朝臣候之、左將上首長相(藤原)朝臣可問名謁之處、不然、度〻雖催促、終以無其儀、御留守(逗留)之時問之、白地之時不問之云〻、入御之後、供夕御膳、儲御所奉行藏人未練之間、御膳事予所口入也、陪膳頭弁、役送予・顯世・濟氏(藤原)、六位國房(藤原)・仲高等也、供大床子御前座(座前、)不奏御膳如常、大北政所(藤原仁子)御違例、予含勅語罷向被訪申、後夜鐘以後還御、公卿大理・殿三位中將殿之外皆參、鈴奏康仲朝臣奉仕之、釵璽花山三位中將役之、頭弁候御簾、予獻御草鞋、東豎子持之、入御之儀如例、鈴奏業顯朝臣候之、公卿名謁保藤朝臣問之、釵璽花山院三位中將、內侍扶持如初兩人役之、予獻御草鞋、兩貫首不祗候之故也、卯刻退出、

六日、乙未、晴、早旦謁大藏卿(藤原經業)、北野三年一請事、于今無用途之間、省家歎申条〻所談也、參禪林寺殿、以冷泉相公用途已下所奏聞也、惣用途帳猶過分、仰聽可勘減之由被仰下、條〻承勅答之後、所退出也、

「乞巧奠御分配事」
七日、丙申、晴、乞巧奠、予分配也、与奪六位季邦(源)之外無殊事、一切不口入者也、今日賀
「賀茂一社奉幣事」
茂一社奉幣、依鴨社長廊火事被發遣之、上卿藤中納言、弁爲俊(藤原)朝臣、使源三位資邦卿、

左足の腫れにより出仕せず
小除目
龜山上皇に北野祭三年一請用途幷に放生會上卿等につき奏す
神宮遷宮神寶用途より萬疋を三年一請方に渡すべきの勅許あり
平時兼を加賀國司に擧申す
時兼二千疋の別進を約す
月讀宮同座荒御魂御體馬足折れ損ずる事につき陣儀あり
先づ條事定あり

職事顯世奉行、下上共奉幣被獻宣命」云々、

（5張）

九日、戊戌、晴、自去七日左足腫之間、不及出仕、傳聞、今夕被行小除目、頭大夫奉行、

十二日、辛丑、晴、相扶所勞參禪林寺殿、三年一請幷放生會上卿已下所伺定也、明日仗儀散狀・條事定等事奏聞、用途事、以修理大夫（高階邦經）再三所申入也、神宮遷宮神寶用途内万疋、可沙汰渡三年一請方之由、有勅許、行事弁（藤原）冬季朝臣○奉仰、神寶用途被成他社事之条痛申、「時兼宣下加賀國司事」然而別勅上者無子細歟、予擧達加賀國司於時兼（平）、可宣下之由、頭大夫奉仰、此事畏存之間、別進二千疋可用意之由、所申入也、且可募三年一請方之由、被仰下之間、下行大藏省年預久重（大江）畢、巨海之消露歟、折節存公平之故也、參内、奏聞仗議散狀、

十三日、壬寅、晴、參禪林寺殿、奏三年一請用途事、傳奏無人之間、以藤中納言條々聞食、「仗議御奉行事」承勅答之後、參殿下、申条々事、及晩參内、月讀宮御同坐荒魂御躰御馬足折損事、被行仗議、上卿右大臣殿（藤原忠教）令奉行給、公卿内大臣殿（藤原家基）・花山院中納言家教（藤原）・別當公衡、・土御門中納言雅房（源）・吉田中納言經長（藤原）・冷泉宰相經賴、・右大弁宰相爲方、等參陣、右府先令申行條事定給、内府御遲參、条事定以後令參給、云仗儀文書、云條事定文書、共（上卿）以有御隨身、以官人被召之、」上卿披見條事定文書給、如元結之、被下花山、次第見下之、至大丞（藤原爲方）前、見了

（6張）

置文、上宣云、可讀申、次讀申國解等、次《自下》定申、其詞云、官勘申越中國司申請三个条雑事、条〻叶續文、一〻被裁許之条、何事之有哉、淡路・對馬等兩國同前、各定申了、返上文書於上卿、〻〻以官人召予、參軾、被被下文書、可奏聞之由被命、予給文書、懷中參御所方、主上・殿下御坐鬼間、卽令奏聞給、被返下、出陣、返奉文書於上卿、〻〻〇《取定文》被結申、予仰云、依定申レ、次退、次以官人召弁、左少弁雅藤、參軾、被仰〻詞、弁結申、退於床子座、仰大夫史秀氏(小槻)宿祢、先之吉田黄門・冷泉大丞起座、徘徊便宜所、內大臣殿令着陣給、奥、其後人〻着陣、抑条事定事近年不被行之、上卿被仰職事、〻〻仰官、〻召國解、吉例國申合本所被定下之、國解到來之後、內覽奏聞、可勘例之由宣下大臣、〻〻〇《以弁》被下知官、〻加續文返上、大臣被下職事、職事令諸卿〇《可》定申之由宣下《令》也、爲知子孫委記之、」

定文

越中國司申請雜事

（７張）

定文、

「官勘申越中國司申請三个条雜事、

一、請任度〻官符被停止新立庄園・加納・餘田等事、

一、請被停止路次國〻津泊等、号勝載料額《割》取運上調物事、

一、請以凡絹一疋充鮭五隻、弁濟納官封家濟物事、

右大臣・權中納言藤原朝臣（家教）・左衞門督藤原朝臣（公衡）・權中納言源朝臣（雅房）・兵部卿藤原朝臣（經長）・出雲權守藤原朝臣（經賴）・右大弁藤原朝臣等定申云、条〻叶續文、一〻被裁許之条何事之有哉、

淡路國司申請雜事

淡路國司申請三个条雜事、」

（8張）

一、請賜官使被停止寛德以後新立庄園幷本免外、加納田畠等事、

一、請被停止國內公民入籠庄園、或稱神人、或号庄民、對押〔捍〕國務事、

一、請被停止權門勢家使幷神人・惡僧等責徵私出擧物事、

同前諸卿定申云、各任續文可被優許歟、

對馬國司申請雜事

對馬國司申請三个条雜事、

一、請任色數仰管柒个國、被催渡當嶋年粮米幷正稅交易工貝〔貢〕銀直・防人功米等事、

一、請被停止他國住人等押渡當嶋、恣犯用魚貝・海藻等事、

一、請被停止府使亂入幷守護人對捍國役事、」

（9張）

右大臣・權中納言藤原朝臣・左衞門督藤原朝臣・兵部卿藤原朝臣・出雲權守藤原朝臣・右大弁藤原朝臣等定申云、各任續文被裁許之条何事之有哉、

權中納言源朝臣定申云、於兩条者同人〻定申之儀、府使亂入・守護人對捍國役事、
輙難計申、宜在聖斷乎、

弘安十年七月十三日

」

文殿勘文

（10張）

文殿

勘、從五位下行對馬守源朝臣光經申請雜事三箇條内二箇條事、

一、請任色數仰管七箇國、被催渡當嶋年粮并正稅交易貢銀直・防人功米等事、

右引勘文簿之處、申請之時代代皆所被下宣旨也、

一、請被停止府使亂入并守護人對捍國役事、

右同引勘文簿之處、件例詳無所見矣、

以前條條文簿之所注如件、仍勘申、

弘安十年七月十二日　右史生大江職重

紀職秀

左史生紀尙幸

紀重有

」

官續文
太政官符

（11張）官續文、

太政官符越中國司、

雜事貳箇條、

一、應任先符旨、停止所所庄園、兼注進其年紀、及召進好立輩事、

右、得彼國今年七月廿四日解狀偁、案去寛德二年下五畿七道諸國官符偁、內大臣（藤原教通）宣、奉勅、停止前司任中以後新立庄園、若不遵符旨、有違犯輩、國司解却見任、永不敍用、百姓將處重科、敢不寛宥者、又天喜三年三月十三日同賜五畿七道官符偁、右大（藤原教通）臣宣、奉勅、宜仰諸國、寛德二年以後庄園、且加禁遏、永令停止、且所好立之輩勘錄子細、召進其身、若致對捍、早不參上、慥注姓名、須注言上、國司且忘符旨、無心勤行、解却見任、永不敍用者、件庄園等、不唯成土民拒捍之煩、兼又有國司解任之文、縱募權勢、何不言上乎、當國往古無有庄園、而近代之間所部百姓爲遁公役、屬權門而立庄園、語宰吏而領田地、不弁調庸不勤課役、拒捍國務、侮慢朝章、爰」（12張）寛德二年以後庄園前司任中依符旨悉所停止也、而及得替期更以興立、又臨任終年新又加立、因之公役之民不幾、應輸之田甚少、恆例乃貢殆難進濟、而拒捍之民空忘綸旨、

無弁租調、權勢之家不用制符、好立庄牧、雖施治略其可得乎、重不賜官符、何以行吏務、望請官裁、任格條幷度度官符旨、被停止件庄園、若猶不隨制旨者、國司召進庄牧司、若致對捍不能召進、注名言上、比校公驗、新制以後所立庄園早以停止、若不出公驗、又從停止者、右大臣宣、奉勅、依請者、

一、應停止路次國國津泊等、号勝載料、割取運上調物事、

近江國　塩津　大浦　木津

若狹國　氣山津

越前國　敦賀津

右、得同前解狀偁、謹檢案內、當國者北陸道之中、是難治之境也、九月以後三月以前、陸地雪深、海路波高、僅待暖氣之期、運漕調物之處、件所所刀祢〔司脫カ〕等稱勘過料物、留調物、割取公物、寃凌綱丁、徒送數日沙汰之間、空過參期、遲留之愆、職而此由、是非只官物之減耗、兼又致進濟之擁滯、望請天恩、因准傍例、被停止件所〻勘過料、將全行程之限、弥致合期之勤者、」同宣、奉勅、依請者、下知彼國〻既畢、

以前條事如件、國宜承知、依宣行之、符到奉行、

（13張）

權左中辨源朝臣(經信)　左大史小槻宿祢(孝信)

治暦元年九月一日

官宣旨

左辨官下越中國、

應以凡絹壹疋充鮭伍隻、弁濟納官封家濟物事、

右、得彼國司去六月二日解狀偁、謹檢案內、見色難濟之國、隨其申請被下色替之宣旨、古今之例也、爰當國近年以後漁捕不獲利、網罟無用、因前〻(之脱カ)國司注此由申請之處、必有裁許、仍以凡絹壹疋充鮭伍隻、院宮諸家封戸代皆所進濟也、○(而)今中宮職一所背傍例、國布壹端充鮭貳隻可弁濟之由、所致譴責也、濫行之甚何事如之、依此非法之責、亡弊弥失計略、何況去天永四年國司勒子細經奏聞之時、即所被下宣旨也、綸旨不朽、非無先例、僉議之間何無裁許哉、望請天裁、且任傍例、且依先例、早被宣下者、遁亡國非法之責、早致濟物合期之弁者、權中納言藤原朝臣實光宣、奉勅、依請者、國宜承知、依宣行之、

保延六年八月三日　　大史小槻宿祢(政重)

中辨藤原朝臣(顯業)
」

越中守源仲經
申文

（14張）

越中守從五位下源朝臣仲經誠惶誠恐謹言、

請殊蒙天恩、因准先例、被裁許雜事參箇條狀、

〔一〕
請任度度官符、被停止新立庄園幷加納・餘田等事、

右、謹檢案內、去年十二月十八日拜任當國守、召問在京雜掌之處、申云、當國往古稅帳所注本田不幾、而近代以降或稱有神社佛寺權門勢家下文、不帶宣旨・官符、或構作劵契、相語國司所構立之庄園・加納、早欲被停廢、就中新立庄園停止之條、前格後符嚴制重疊、申請之旨更非今案、併存舊規、望請天恩、任度度官符、欲被停止新立庄園幷加納・餘田等矣、

一、請因准先例、被停止路次國國津泊等、号勝載料、割取運上調物事、

近江國塩津　大津　木津

若狹國氣山津

越前國敦賀津

（15張）

右、同檢案內、當國者北陸道之中難治之境也、九月以後三月以前、陸地雪深、海路波高、僅待暖氣之期、運漕」調物之處、件所所司・刀祢等、稱勘過料、拘留調物、割

取公物、寃凌綱丁、徒送數日沙汰之間、空過參期、遲留之怠、職而此由、是非只官物之減耗、兼又致進濟之擁滯、望請天恩、因准先例、被停止件所所勘過料、將全行程之限、弥致合期之勤矣、

一、請同因准先例、以凡絹壹疋充鮭伍隻、辨濟納官封家濟物事、

右、同檢案內、見色難濟之國、隨申請被下色替之宣旨者、古今之流例也、當國近年以來漁捕不獲利、網罟無用、申請之旨已存前規、僉議之間何無裁許乎、望請天恩、且任傍例、且依先例、早被宣下者、將遁亡國非分之責、早致濟物合期辨矣、

以前條事言上如件、望請天恩、因准先例、一一被裁許者、將仰聖化之貴矣、仲經誠惶誠恐謹言、

弘安十年七月三日　越中守從五位下源朝臣仲經」

太政官符

（16張）

太政官符淡路國司、

雜事伍〔參〕箇條、

一、應遣官使、停止寬德以後新立庄園幷本免外加納田畠等事、

右、得彼國守左少辨正五位下平朝臣實親去三月十日奏狀偁、謹檢案內、寬德二年以

(17張)

後新立庄園可停止之狀、前格後符嚴制連綿、何況雖起請已前庄、於本免外者可停廢之由、同所被裁下也、當國者狹少第一之地、凋弊無雙之境也、其中新立庄園充滿、應輸租田不幾、式數濟物爭可辨塡乎、代代之吏申下宣旨、雖令停廢、或任終之比如元免除、或得替之刻偸以与判、國之亡弊、職而斯由也、然則新被下綸旨、欲令禁遏、望請天恩、因准先例、給官使被停止件新立庄園幷加納田畠者、將廻興複(復)之計者、右(藤原家忠)大臣宣、奉勅、依請者、

一、應停止國內公民入籠庄園、或稱神人、或号庄民、對捍國務事、

右、得同前奏狀偁、謹檢案內、神社佛寺權門勢家」庄園占膏腴地、不勤國役、然間在〻調丁好入庄內、鄉〻民烟逐日減少、何況宰吏得替之刻、庄司招取公民、或募權勢、或假神威、敢不還住、皆爲庄民、因茲庄家者連甍比棟、郡鄉者有地無人、望請天恩、被停止庄園左道者、召返公民令致調庸之勤者、同宣、奉勅、依請者、

一、應停止權門勢家使等猥責徵私出擧物事、

右、得同前奏狀偁、謹檢案內、私出擧物加徵息利、其制已重、章條不輕、而權門勢家使・神民・惡僧等橫行部內、猥致(譴)責、東作之勤爲斯被妨、西收之稼爲斯被妨多

廢、州縣之費尤在此事、望請天恩、被停止私出擧責者、宜慰窮民之愁者、同宣、奉

勅、任先例依請者、

以前條事如件、國宜承知、依宣行之、符到奉行、

右中辨源朝臣(師俊)　左大史小槻宿祢(政重)

大治二年五月十九日

」

正五位下行淡路守淸原眞人直隆誠惶誠恐謹言、

請特蒙天恩、因准先例、被裁許雜事參箇條狀、

一、請賜官使被停止寬德以後新立庄園幷本免外加納田畠等事、

右、謹檢案內、庄園之制格條已存、就中寬德以後新立庄園可停止之由、綸旨重疊、

起請不輕、何況本免之外、或号加納、或稱出作、混合免田遁避官物、加之郡司平氏

以先祖之領地、寄權門勢家、稱有往古之公驗、虜掠公田、好立庄園、仍代〻國司申

下宣旨、在任之間雖令停廢、得替之剋亦以判免、寔雖似黎民之謀計、豈是非有宰吏

之阿客哉、如此之間、每任牢籠追年倍增、國之凋弊、職而斯由、非蒙裁許、何加制

止、望請天恩、因准先例、被停止新立庄園幷加納田畠者、試〔誠カ〕致乃貢之勤矣、

淡路守淸原直

隆申文　　(18張)

（19張）

一、請同被停止國内公民入籠庄園、或稱神人、或号庄民對捍國務事、

右、同檢案内、神社佛寺權門勢家庄園占膏腴地、不勤國役、然間在ゝ調丁好入庄内、郷ゝ民烟」次第減少、何況宰吏得替之剋、庄司招取公民、或募權勢、或假神威、敢不還住、皆爲庄民、因茲庄家者追年興復、國衙者隨日衰弊、論之吏途可謂公平哉、望請天恩、任申請被停止者、將全課丁之勤矣、

一、請同被停止權門勢家使幷神人・惡僧等責徵私出擧物事、

右、同檢案内、私出擧物加徵恩利、其制已重、章條不輕、而權門勢家使・神民・惡僧等横行部内、猥致譴責、東作之勤爲斯被妨、西收之稼爲斯多廢、州縣之費尤在此事、望請天恩、被停止私出擧責者、宜慰窮民之愁矣、

以前條事言上如件、望請天恩、因准先例、被裁許件雜事等、將廻殷富之術、省堯民之煩矣、直隆誠惶誠恐謹言、

弘安十年七月五日　正五位下行淡路守清原眞人直隆」

（20張）

太政官符

太政官符紀伊國司、

雜事伍箇條、

一、應停止權門勢家所知、如本令浦〻住人・漁鉤〔釣〕輩弁濟神祇官納龜甲幷齋院禊祭料堅魚、
大膳・修理兩職、木工寮納海藻・雜魚等事、
右、得彼國守從五位下兼行中宮少進平朝臣實親去月十四日奏狀偁、去四月十四日拜
任當國守、先召在廳雜掌、尋問土風之處、申云、當國所濟神祇官龜甲、齋（齊）院禊祭料
堅魚、大膳・修理兩職、木工寮海藻・雜魚等、其數已多、而浦〻網罟稱權門勢家之
領處、漁鈎悉募庄民・寄人之号、因玆所獲之海物・魚具等偏充私用、不經公役、色
數巨多、殆及闕怠、望請天恩、被停止權勢領、如本令浦〻住人弁濟件等雜物者、將
致進濟之勤者、正二位行大納言兼民部卿大皇大后宮大夫陸奥出羽按察使源朝臣俊明
宣、奉勅、依請者、
以前條事如件、國宜承知、依宣行之、符到奉行、
右中辨藤原朝臣（顯隆）　左大史小槻宿祢（盛仲）
嘉承三年八月三日　」

對馬守源光經申文　（21張）

從五位下行對馬守源朝臣光經解申請官裁事、
請特蒙官裁、因准去仁安・治承・建仁三箇年例、被成下官符雜事參箇條子細狀、

一、請任色數、仰管柒箇國被催渡當嶋年粮米并正税交易貢銀直・防人功米等事、

筑前國伍佰陸拾壹斛

准米二百廿一斛

見米三百四十斛

二百四十斛防人拾陸人功料

百斛正税交易貢銀直料

筑後國伍佰肆拾伍斛

准米二百廿斛

見米三百廿五斛

二百四十《廿五》斛防人拾陸人功料

百斛正税交易貢銀直料

肥前國伍佰肆拾伍斛玖斗

准米二百廿斛九斗

見米三百廿五斛

二百廿五斛防人拾伍人功料

百斛正税交易貢銀直料

(22張)

肥後國捌佰肆拾柒斛玖斗

准米二百八十二斛九斗

見米五百六十五斛

四百六十斛防人參拾壹人功料

百斛正税交易貢銀直料

豐前國肆佰柒拾壹斛柒斗

准米二百四十六斛七斗

見米二百廿五斛

百廿五斛防人捌人功料

百斛正税交易貢銀直料

豐後國肆佰柒拾壹斛柒斗

准米二百四十六斛七斗

（23張）

見米二百廿五斛
百廿五斛防人捌人功料
百斛正稅交易貢銀直料

壹岐嶋陸拾斛玖斗

右、光經謹檢故實、當嶋年貢銀者、是被催渡彼七箇國年粮米、下行採丁等、或致採銀之勤、或所交易進上也、此外又嶋內恆例佛神事有其數、皆以年粮米內支配件用途、且奉祈天長地久・國家泰平之由、且所令祈請嶋內安穩・貢銀採得之旨也、而近代管國吏各背」先例、猥忘進濟、仍代代嶋司申下官符・宣旨、令加催促之間、雖成渡一旦之廳宣、更無始終之所濟、因玆在廳不致貢銀之營、雜掌失所濟之計、然而親光（藤原）任被催渡管七箇國正稅交易米六百斛九斗、可令交易貢銀三百兩之旨、經奏聞之時、被成下依請官符之間、致沙汰經公用云云、從往昔被定置七箇國年粮米本數三千五百餘斛也、當嶋司資盛・俊成（高階）・能盛（藤原）・親光等之時、經上奏之日、被召下七箇國廳宣、以官使催渡當嶋、可取返抄之由、悉宣下畢、望請官裁、早任彼等例、被成下官符之後、各召給廳宣、正稅已下任色數可究濟之由、欲被宣下者、

一、請被停止他國住人等押渡當嶋、恣犯用魚貝・海藻等事、
右、光經謹檢案內、當嶋者本自無一歩一枝之田桑、只以海底之貝・藻、僅備京庫之調庸、而他國住人等渡來、恣犯用之條、理可然哉、望請官裁、早可停止他國住人等犯用之由、欲被宣下者、

一、請被停止府使亂入并守護人對捍國役事、
右、光經謹檢案內、府使寄事於濟物亂入之條、更無其謂、當嶋者本自依無田地、京都濟物無式數、廻船商人等着岸之時、以前分之弁可充濟物之處、近代守護人不交國宰之沙汰、一向押領之條、理可然哉、凡者武家下知狀併、國衙隨國司之下知、庄薗可依領家命之由、具被定置畢、而背彼狀、号守護人之沙汰、一向掠領之條、未曾有狼藉」（24張）也、望請官裁、早云府使亂入、云守護押領、不帯國判之外、停止自由狼藉、唐船着岸之時、前分國宰・守護人相半可致沙汰之由、欲被宣下者、

以前之條事、任代代之例、爲被成下依請官符、勒在狀、謹解、

弘安十年七月二日　從五位下行對馬守源朝臣光經」（25張）

荒御魂の御體馬足につき定む

次被定申荒魂神御馬足事、大丞不讀申諸道勘文、官外記例等許被讀云々、次第定申、面

今夜奏聞せず
天皇關白內侍所鑿壁に於て聽聞す

〻申了、大丞書定文、端作如例、後日可書上云〻、調《大丞》卷文書返上、無程事了人〻退出、
不書上之間、今夜不及奏聞、主上・關白殿於內侍所鑿壁有御聽聞、事了還御、
（〇一行空白有り）」

(26張)

定文

官外記幷諸道博士等勘申、伊勢太神宮別宮月讀宮顚倒間、荒魂神躰御騎用御馬足令
折損、如何樣可有沙汰哉事、

藤原忠教の意見

右大臣定申云、月讀宮顚倒事、已及造營之沙汰、殊被終急速之功者、定叶神睠歟、荒魂
御躰御騎用馬足折損事、勘文之趣、准據之例、雖不同、修複〔復〕造替之間、凡慮難決、如本
宮解狀者、以御被奉直傾倚云云、暫猶如當時奉安置、若可有沙汰者、被期靈託之由、且
仰本宮致精祈〔祈請〕、且以公卿勅使可被祈謝申乎、此上宜在聖斷、

藤原家基の意見

內大臣定申云、諸道勘奏大略相同、於造替之儀者、冥慮難測、被副獻之条、尊肅誠宜、

(27張)

但」疑事毋質、被決占卜可有沙汰歟、抑馬者怒也云云、神怒者災害生、就此破損非無其
愼、弥被施攘災之善政者、何不叶靈睠之福助乎、

藤原家教の意見

權中納言藤原朝臣《家教、》定申云、大概同左衞門督藤原朝臣定申、凡群卿議奏先鑑不遠、諸道勘
錄奧旨無殘歟、就袷恰可被遵行乎、神寶之修複〔復〕、神躰之造替、廣雖載准據之例、正難比

當宮之儀、誠代大匠斲者必傷其手、輙加人力修者、豈無其畏乎、但如寛弘之神鏡者、円規無虧、形體是全、今度社解之趣、御馬前後足有子細云々、鎭坐已危、奇異尤甚、靈騎縱雖加新造之跡、神躰猶可御毀傷之駕、如師宗（中原）勘申、聊加輔助奉直傾倚、尋寶龜之跡、有幣馬之備者、尊敬弥可有餘者乎、大都神慮之趣凡慮難決、謝之神明、訪之龜卜、宜在聖斷乎、

藤原公衡の意見

左衞門督藤原朝臣（公衡、）定申云、和漢准據之例、諸道勘申之趣無所貽哉、修複〔復〕事、輙以一旦之力難補」万古功之間、大概令一同歟、可被副獻新造御馬否事、此條未聞先規、豈有新儀乎、宗廟之制可守舊章之故也、如祀典者、神之形象不可億度云々、專就如在之儀、可儼崇重之祀歟、此上可在聖斷、

(28張)

源雅房の意見

權中納言源朝臣（雅房、）定申云、陵廟頽毀之例、和漢雖存、神主修複〔復〕之條、軌躅不詳之旨、諸道之勘奏大略以一同歟、就其便理宜被准行乎、凡妖異之重疊、不可不恐懼、但案漢史、德勝不詳、義厭不惠、桑穀共生、大戊以興、雛雉登鼎、武丁爲宗云々、弥被脩政德者、定轉禍爲福歟、抑御殿顚倒間事、短慮所覃、議奏先畢、猶御馬足事者、繕否之〇間宜〔冥カ〕鑑難測、云造替、云修複〔復〕、他社之例縱雖詳簡牘、爲大廟、爲宗社、神宮之儀、輙難資準的者歟、

夫陰陽不測之謂神云〻、縦無石木之靈像、盍施影響之福應哉、隨又偏難稱神神躰、若可擬神寶歟、且仰職掌之仁令廻裨補之計、且以公卿之使、重可有祈謝之儀歟、愼其齋戒、致其嚴敬、鬼神○(敵饗多獲福助之故也、但修否之儀)若可有狐疑者、用捨之条、宜」被決龜兆歟、凡荒魂神躰御馬乘之条、神宮解狀雖爲分明、寸管之中濫觴未詳、然者云子細、云證據、委猶被尋本宮、重可有沙汰乎、此上事可在聖斷矣、

(29張)

藤原經長の意見

兵部卿藤原朝臣定申云、(經長、)諸道勘文、百家典籍、面〻旨趣委令載之、定無所貽歟、如神宮儀式帳者、荒魂神(御)乘馬所見不詳、管窺難覃、於御躰者曾不奉拜見、無先規之由、内人・物忌等注進之、然者無便于修復、只准神主再不造之義、可儼靈駕如在之礼、永無傾倚之惶、可有裨補之術歟、更被造進御馬事、置舊竝新之条、重何可輕何乎、冥鑑難測、愚之(意)不及、古啓曰(典曰、)馬者甲兵之器也云〻、雖有折損之非常、何無尊敬之感應乎、神所憑依將在德、殊可被施德化、条〻子細議奏先畢、短慮一辭不能重述、

(30張)

藤原經頼の意見

出雲權守藤原朝臣定申云、(經頼、)諸道勘奏之趣、文句雖異、旨趣相同歟、當宮顛倒事、先度群議之時、獻蒭言之上、不及再露之詞、彼御馬足事、云造替、云」修餝、共以不可然之条、諸道大略一同、愚意又無相違、神鏡度〻燒損之時、有沙汰、遂不及新造、不能修繕、但

於此御馬者、難被准神鏡之斷歟、且如大藏卿藤原朝臣・大外記師宗〇(勘)申、右大辨藤原朝臣定申、寶龜三年大風起拔樹發屋、訪之龜兆、月讀宮爲崇云々、仍准荒祭宮、追年被奉神馬畢、任彼例、更被引獻之条、可宜哉、又如式部大輔藤原朝臣(茂範)勘申、擬神寶可被造色歟、雖無神主重造之礼、被副神馬新造之蹄、不可乖冥慮歟、凡當宮崇重可異他之趣、人々議奏先畢、雖爲荒魂、强不可有差別歟、且如日本書紀之說者、大己貴神有幸魂奇魂、加之天照大神誨之曰、我荒魂不可近皇居云々、神有魂魄之二氣、爲同躰之条於焉条、然早以如在之礼、殊可謝申哉、此上事宜在聖斷、

藤原爲方の意見

右大弁藤原朝臣(爲方、)定申云、顚倒事幷可被行之条々等議奏先畢、不及再述、御馬足事難被修復之趣、諸道勘文大略一同歟、而或引無神主重造礼之文、或設可被相副新造文駟之儀、兩樣之用捨一揆未思量、但於無兼造礼之文者、爲御騎用馬」(31張)何擬神主、然而拜見依不輙、修復又難治歟、如隆宣朝臣申、殊課職掌之仁、可致貞固之術、且又大外記師宗勘申寶龜例、依當宮崇被奉馬云々、彼者御馬雖無子細、猶被奉之、是者已御馬足折損云々、被獻神馬之条可宜歟、凡災異皇天所以譴告人過失、被施聖化者、盍叶神慮乎、仁勝凶邪、德深不祥之故也、此上事宜在時儀(議)乎、

亀山上皇に三年一請用途の事を奏す
内裏盂蘭盆供の奉行を勤む
清涼殿の鋪設

(32張)「御盆奉行事」
十四日、癸卯、晴、參內(禪)林寺殿、奏北野三年一請用途事、次參內、御盆分配之間、所奉行也、所役殿上人實香(藤原)朝臣・予・顯世・賴藤、藏人季邦・遠衡、非職行政・範業(藤原)等役之、清涼殿垂庇御簾、第三間副御簾敷大床子円座爲御座、孫庇第二三間敷掃部寮長筵二枚二行、南北行、中央有路、藏人舁長櫃等立筵上、南北行、仰蓋置之、實香朝臣已下次第運置之、以𢄉裹盆奥置之、以荷葉裹盆端置之、悉置了之後有御拜、藏人頭可祇候簀子之處、兩貫首不參、且又近例也、御拜了却(撤)却之、乍長櫃一一舁出也、內藏寮書送文相副、近年不奏聞之、直所送遣也、事了退出、

亀山上皇に三年一請用途の事を奏す
律師一人成功の勅許あり

「三年一請用途沙汰事」
十五日、甲辰、晴、早旦參禪林寺殿、三年一請用途事伺申、傳奏無人之間、以有房(源)朝臣奏聞、律師一人可宣下之由有勅許、少時退出、自右府被仰下云、定文可奏聞、之由(可)參之由有仰、入夜參九条殿、被下文書并定文、雖可對面、中〻可及遲引之間、以人被下之、少時退出、

法成寺自恣

(裏書)「十五日下、
法成寺自恣、家司顯相(藤原)奉行、公事計會之間所与奪也、」

龜山上皇移徙以後初て出御あり
仙洞評定
祈雨奉幣
降雨
神泉苑の掃除を延引す
興福寺別當の使者兼平亭に參る
春日社遷宮延引につき申入る
六波羅使者を進め兼平等に右大將拜賀作法次第を注し請ふ
藤原光資を伴ひ參內す
光資御前に於て詩を書き上句を暗誦す

十六日、乙巳、晴、參禪林寺殿、今日御移徙以後始有出御、被行評定、殿下御參、諸國重任功事有沙汰、頭弁申出之、神宮申伊雜宮神人申日食米事、冬季朝臣申出之、故有其沙汰、仗議定文先內覽、次付冷泉宰相奏聞、叡覽了被返下、可進內裏之由被仰下、又三年一請用途事、以右大弁宰相申入、（美濃國）玉村保事、任大藏卿申旨、募三年〔个〕年土貢」万疋可沙汰進之由、可仰〔之由〕有仰有勅定、少時退出、入夜參內、自今日所被祇候也、被行止〔「祈歟」〕雨奉幣、顯世奉行、上卿土御門中納言、弁雅藤、

（33張）

「雨降事」
十七日、丙午、晴、未斜以後雨滂沱、自今日可被掃除神泉之處、雨已降、如何樣可候之由〔平〕之由、藏人仲高參內〔申〕月濟已降上者、自今日先可延引歟之由有勅定、

「興福寺五師參殿下事」
十八日、丁未、晴、參殿下、興福寺五師訓教、爲別當僧正使者參、尋聞可申入之由被仰、是春日社造營事、四所神殿・若宮水屋、此等雖有造營之沙汰、其外三个廊已下具屋等一度無造畢者、十月遷宮難被遂行、兼可有御沙汰之由、被申之間、其由申入了、忩可被奏之由有御返事、次退出自武家進使者、隨身關東狀、（平）賴綱入道奉書、（源惟康）大將御慶申御作法・次第等事、可注賜之由、可申入殿下幷二条左大臣（藤原師忠）家之趣也、頭大夫問答使者、可注進之由、有御返事、賴綱入道狀被返下了、少時退出宿侍〔所、〕相具給料（藤原光資）參內、於御前書詩一首、暗誦上句等申

四條坊門富小路炎上す

之、有御入輿、今年六歳丑刻許四条坊門富小路有炎上、雖驚存、無程消畢、人々不及馳參、予依番祗候之間、所令付人々者也、

贈后源通子御八講

「贈后(源通子)御八講、左少弁雅藤奉行、」(行間補書)

龜山上皇に條條を奏す

春日社造營料に關東への成功催促を命ず

十九日、戊申、晴、天曙之程自內裏所退出也、參禪林寺殿、今日奏事濟々、傳奏大略(職事・弁官)皆參也、數刻聞食、雜訴等略之、執柄被申春日造營事幷三年一請用途事等所奏聞也、造營足事被仰合關東召功了、未申左右、忩可仰驚之由有勅定、參殿下申勅答、五師參儲、仰勅答之趣了、少時退出、」

龜山上皇に條條を奏す

北野祭三年一請功人に慈嚴を擧す

(34張)

廿日、己酉、晴、參禪林寺殿、奏聞条々事、三年一請功人慈嚴僧都事、可申合執柄之由、有勅答、退出之後、以狀付近習者了、窮屈失爲方之故也、御返事之趣、付修理大夫所申入也、

一番評定

慈嚴僧都を勅許さる

廿一日、庚戌、晴、今日一番評定、早旦參禪林寺殿、以修理大夫奏三年一請用途事、僧都事有勅許、

兼仲亭に於て文會あり

「文會事」

廿二日、辛亥、晴、今日不出仕、民部卿(藤原資宣)・式部大輔・春宮學士〔東〕(菅原在兼)・右衞門權佐(藤原俊光)・內〔大〕內記(藤原親顯)等入來、結構文會、秋來窟學中、題中、連句五十韻、支、貢士二千石、執筆事了之後勸一獻、五

明已下物令出現、人〻有入輿之氣、續勒廿賦之了、入夜景人〻歸畢、

兼平に殿中の事を申入れ藏人方文書を內覽す
天皇不豫につき尋ねらる

廿三日、壬子、晴、參殿下申殿中条〻事、又內覽藏人方文書、被仰下云、內裏聊有御風氣御事、夜間如何樣有御坐哉、可尋申女房之由有仰、此一兩日不仕之間、不存知之由申上、頗尾籠歟、仍馳參內裏、以女房申殿下仰之趣、次參富小路殿、勤春宮(煕仁親王)陪膳、歸參內裏、入夜退出、今日律師(權少)僧都慈嚴、法眼慶弁・道憲三人宣下了、「日向守藤原定氏宣下了、」(行間補書)

慈嚴等四人に宣下あり
天皇不豫大事なし

廿四日、癸丑、晴、參內、御不豫無殊御事、朝家之大慶也、

廿五日、甲寅、晴、參禪林寺殿、奏事、參內、次參殿下、月讀宮仗議以後可被行、次第可被計申之由、有勅定、聊有御風氣、御落居之後可被申之由、被仰下、其後退出、

廿六日、乙卯、晴、今日不出仕、

請印政
光資兼仲室箕面寺に參詣す

(35張)
「請印政事」
廿七日、丙辰、晴、及晚雨降、今日被行請印政、予奉行也、上卿藤中納言、少納言兼有參衙、外宮祢宜行忠(度會)還任官符請印也、醍醐座主職官符同令請印云〻、光資(藤原)幷青女(源親時女)今日參詣(攝津國)箕面寺、

廿八日、丁巳、晴、及晚雨降、不出仕、

行事官三年一請用途の不足につき歎申す

「三年一請用途沙汰事」
廿九日、戊午、雨降、三年一請行事官來、歎用途于今未下多之、御裝束等雖沙汰出、駕輿

丁装束等未無沙汰之由歎申、惣可擧申任官功之由、勅定之上者、早可擧申之由、仰含了、

役夫工上卿を公衡に命ず

「役夫工上卿宣下事」
役夫工上卿吉田中納言經長卿今日解齋、大理申領狀之間所宣下也、先々大理奉行雖有議、又非無例、今度大略兩三月奉行畢、其外人々面々有子細之間、別被仰下大理了、

後宇多天皇宣旨

弘安十年八〔七〕月廿九日　宣旨、

左衞門督源〔藤〕朝臣、

宜令行造豐受太神宮事者、

藏人治部少輔藤原兼仲奉

公衡神事を始む

宣旨所宣下藤中納言（實冬）卿也、大理今日始神事、惣可付宣旨之由別仰官了、

（奥書）
「延慶三年十月廿七日取目六了、

（花押）（藤原光業）

正和二年三月廿八日抄出了、

（花押）（藤原光業）」

「(表紙題簽)
『◎丨』兼(朱筆、下同ジ)『濟』仲卿記　自弘安十年八月一日至卅日　自筆本　壹巻
完
『綴合改めたる通り』」

(1張)「(端裏書)□　□藏人□□□輔」

□□□□〔弘安十年〕

□□〔八月〕大 己酉

仙洞評定
龜山上皇に三年一請用途不足につき奏す

「□□□□□事」
□□□□〔一日己未〕晴、參禪林寺殿(龜山上皇)、被行評定、三年一請用途不足□□伺申參仕、評定以後雖祗候、內府(藤原家基)御對面之間不得□〔便〕宜、御退出之後、依召參常御所、聞食奏事、法印□過分不可然之由有勅答、其後退出、今日北野祭御輿□以古物御裝束渡御太〔大〕政所、自明日可被奉餝新調物

等之□□(事)官申之、用途未下、今度五千疋許也、追可擧申□□之由被仰下、外宮遷宮神寶用途計會之間、毎事雖□□期、隨分令申沙汰付□之者也、

臨時評定
龜山上皇に祭主大中臣定世の訴訟等につき奏す

「□□評定事」
二日、庚申、晴、參禪林寺殿、今日被行臨時評定、奏聞條々事、祭主定世(大中臣)朝臣申分附神領可被返付事、可仰合執柄(藤原兼平)之由(有)□勅定、神宮申秋山庄(大和國)所司神人申不諍三聖寺駈仰職掌神人事、仰同前、參殿下(藤原兼平)申勅問等事、少時退出、

明日内裏への參仕を命ぜらる

三日、辛酉、晴、申斜雨降、今日不出仕、戌刻許頭大夫(平信輔)奉書到來、明日内裏日下﨟無人、可勤仕之由、被仰下之間、所申領状也、今日顯世(藤原)勤仕云々、

内裏に於て陪膳役送を勤む

四日、壬戌、晴、早旦參禪林寺殿、奏事、次參內、今日御膳陪膳無人之間、相催冬季(藤原)朝臣、申領状了、役送實遠(藤原)朝臣・予・非藏人範業(藤原)勤仕、供了內々申女房、職事不奏御膳、不仰」

勅書を龜山上皇に持參す

（2張）

高盛者例也、御膳了、着衣冠所祗候也、入夜爲御書御使、參禪林寺殿、以爲俊(藤原)朝臣所進入也、無程被下御返事、歸參內裏進入之、夜御殿奉仕差油、女孺傳之、自艮角役之、其

北野祭

「三年一請御裝束事」
後退出、今日北野祭無爲無事遂行、三年一請御裝束美麗之由、社家感之云々、諸國饗事任率分所・大藏省切下文相催了、此外無殊事、

興福寺の使者春日社造營につき藤原兼平に申す

「南都三綱參入殿下事」
五日、癸亥、晴、參殿下、南都三綱榮懷・泰深爲衆徒使者參入、申春日社造營具屋事、五

个御社縱雖有造營、具屋不整者、十月七日同時遷宮不可叶、兼日申入之由申之、忩可有御奏聞之由有御返答、且此子細明日可奏聞之由有仰、內覽条〻事、次參室町院(煕子内親王)、高殿庄(大和國)事可被申殿下御使料也、謁女房退出、

今夕被行小除目、頭大夫奉行、上卿土御門中納言(源雅房)、執筆、右大弁(藤原爲方)、弁、冬季朝臣、以頭弁俊定(藤原)朝臣被仰下偁、故前內府(藤原師繼)家記、文書等

「故前內府家記・文書等爲勅使令取目六給事」

六日、甲子、晴、早旦自內裏有召、倒衣馳參、以頭弁俊定(藤原)朝臣被仰下偁、故前內府(藤原師繼)家記、文書等〻〻〻封之由(庄薗・和)漢文書等、師信(藤原)朝臣可管領之由、去夕被下院宣了、文書事若無志度解事等有之歟、爲勅使罷向前宰相中將師藤(藤原)卿第、取目六、如文庫・文車等可加封之由、有勅定、伊(藤原)定朝臣爲案內者、可被相副之由被仰下、少時退出、着衣冠罷向堀川第、所相待伊定朝臣也、〻〻之間(頃)之出來、前相公羽林自」去比不經廻、留守無人寂寞也、召開闔仁入文庫、一〻所取目六也、就櫃銘取之、文庫取了差鏁加封、鎰令取之、次(取)檢文車目六、一兩者故內府日記也、同取之、又一兩本書同取之、次第加封畢、家記文車及晩可進內裏之由、被仰下之間、置守護人參內、(後宇多天皇)沙汰之次第內〻所奏聞也、無相違致沙汰神妙之由、有叡感、入夜日記文車進御所了、參殿下、衆徒申造營事今日欲奏聞候處、依此事不參禪林寺殿之由、所申入也、事之次第有御尋、少時退出、

（3張）

高殿庄の儀につき室町院に參る
小除目
故藤原師繼の家記文書等同師信管領すべきの院宣あり
兼仲勅使として文書の檢分を命ぜらる
堀川亭に向ふ
文庫に入り目錄を取る
文庫に鏁を差し封を加ふ
文車の目錄を取る
封を加ふ
上皇の命により家記の文車を內裏に進む

後深草上皇蓮華王院に御幸す
後宇多天皇師継の文書目録詳しく取るやう命ず
文書は藤原家教に預け師信を扶持せよとの亀山上皇の命あり
亀山上皇に月読宮造営につき奏す
春日社造営につき奏す
兼平に上皇の仰せを傳ふ
藤原基忠の上表につき奉行を命ぜらる
亀山上皇兼平に關白辭任を命ず

（4張）

七日、乙丑、晴、參禪林寺殿、自昨日御幸三条殿、仍退出、參万里小路殿、只今御幸蓮華王院有出御、所構見參也、其後參內、昨日文書目六委今日可取之由被仰下、仍祗候、花（藤原家教）山院中納言相共可向云〻、可相待彼參之由有勅定、於文書者被預黃門（藤原家教）、可扶持師信朝臣之由、有仙洞之勅定云〻、仍於今者不及目六歟、少時退出、入夜參內、依番宿侍、

八日、丙寅、晴、參禪林寺殿、於下御所聞食奏事、不及出御、奏事濟〻焉、一向以傳奏聞食、予付按察（藤原賴親）所奏也、宮司申月讀宮十一日立柱上棟之由勘日時、顚倒古殿拜領仁忩可壞退之由申之、勅答云、宮司先〻拜領古宮仁也、今度爲雜掌致其沙汰上者、爲便宜早可拜領歟之由、被仰下、古殿葺萱事、顚倒之殿也、縱雖不朽損、」用古物之条不可然之由、同被仰下、關白被申衆徒申春日社造營遲〻事、同奏聞、關東左右忩可申之由、可仰帥（藤原經任）之由、有条勅定、次參猪隈殿、自今日彼岸中可爲御所乎歟云〻、勅答之趣申入、仰、三綱退出、被仰關東了、忩可仰驚之由有勅答、

「依召參殿下」
九日、丁卯、晴、及晩雨降、今日不出仕之處、爲頭大夫之奉行、今間可參之由、御教書到
「太相國御辭退相尋日次可奉行事」
來、可參之由令申了、內〻以女房伺申之處、太相國（藤原基忠）御上表今明可被遂行、相尋日次忩可
「關白可有御辭退由自仙洞被申事」
申沙汰之由、被仰下、仍驚承馳參殿下、關白可有御辭退之由、以頭大夫今日自仙洞被申云〻、

去年冬より辞退の意志あり
日次を基忠に傳ふ
上表三箇度あるべし
基忠兼平辞職するも出仕せんとす
仙洞評定參仕者不足により延引す
藤原師忠任關白の陣儀あり
大外記詔書を師忠亭に持參す
師忠の出御なし
兼平の執政二十三年に及ぶ

凡自去年冬有御沙汰、御謙退之条思食定歟、可隨勅定之由被申了云々、太相國御上表日次事伺申之處、十三日可宜之由有仰、參太相國、其由〇可申入、作者事可仰在嗣(菅原)朝臣之由有仰、即仰遣了、次參鷹司殿、御上表条々事所申入也、以職事被奏聞之例、三个度有之由有仰、御雜談及數刻、深更退出、

「以職事奏聞三个度事」

「依御謙退不可出仕之由前殿仰事」
十日、戊辰、晴、及晩雨降、參猪隈殿、頭大夫同參會、被召予并頭大夫、以左大將殿(藤原兼忠)被仰下侮、今度御謙退之上者、兩人暫不可止出仕、忩可出仕之由有御定、御馬・御牛飼等事有御沙汰、舍人六人被召留之、別可被付其足之由、被仰合頭大夫、仰合出納久茂(紀)、今日人々多參入、及晩退出、

「以内左大臣被下關白詔事」
十一日、己巳、晴、參禪林寺殿、評定依無人延引、人々退出、予神宮条々事、被召常御所聞食奏事、次參内、勤御膳役送、今日以左大臣(藤原)師忠、可爲關白之由、令作詔書ヲ、」宣下職事、頭左中弁俊定朝臣奉行、上卿吉田中納言(藤原經長)參陣、陣儀了申刻官外記參本所、大外記師顯(中原)持參詔書、左大史秀氏(小槻)宿祢持參藤氏長者宣旨、頭弁可補執事、參仕申次之、主人無出御、以頭弁被傳召之、付女房進入之由、後日頭弁所相語也、昨今人々群參如雲霞、予尤可參仕之處、心中冷然之間、强所不忩也、可謂不敵、予補執事奉行殿中事、已十个年也、前長者(藤原兼平)建長

（5張）

度十个年、今度十三个年、前後廿三个年御執政、頗近例稀歟、定無御餘執歟、

師忠亭に參り吉書始につき申入る

「御參新關白殿、被申吉書事」

十二日、庚午、晴、參新殿下(藤原師忠)、以時經(藤原)申次仁、入見參、予申云、吉書事御拜賀以後御覽、又以前先例兩樣候、雖用意可隨時宜之由存候、仰云、共不可有難、兩樣也、可在意之由被仰下、其後覽申、吉書內藏寮臨時公用也、其後參內府入見參、數刻有御雜談、世上等事也、

吉書始

次參猪隈殿、前殿下自昨日御閇門、入左大將殿見參退出、

兼平閉門す

「太相國御上表」

十三日、辛未、晴、參禪林寺殿、以吉田中納言奏神宮条〻事、參太政大臣殿、今日被上辭表、作者在嗣朝臣、清書經尹(藤原)朝臣、自里第清書進、御表令加重〻礼帋給、被納函如例、

龜山上皇に神宮條々を奏聞す

基忠初度上表
作者菅原在嗣
清書藤原經尹

「御表付職事被奏事」

予賜之參內、付內侍奏聞、此外無殊事、

上表文

御表、

臣基忠(藤原)言、進則有退焉、魏公二百餘事之餘訓也、盈則有已矣、周老八十一章之一句也、

(6張)

欲謝之思苦請尤深、臣基忠誠惶誠恐頓首〻〻」死罪〻〻、夫太政大臣者國之儀表也、軒黃之置上表也、風后以配其位、門素之及後業也、台相以傳此榮、蓋雖爲累家之蹤、何猥黷則闕之名、況乎非冠義之上礼兮掌太師之例、天安以後僅有五度、在柄權之前職兮居太相之人、寬仁之外曾無先規、恐以庸質慭繼芳績、如一縷之懸千鈞、微力取喩似螢星之助蟾月、暗性不逮、無譽于變李之功、有判于伐檀之詠、大名不可久、荷史文誡以

重載、小量而昇高秩、易卦謂之負乘、慕貞一以甘從尋反肆以可足、方今世同虞日、太平之世、滋液之水湛〻邦、比殷年中興之邦、景山之丸〻、敢無闕政、廼多岳降休、罷之期功於斯時、彼閭丘先生之春庭蒲輪霞隔、江湖散人秋泊桂舟月殘、求而用之、衆庶悅豫伏魚、宸嚴曲垂乾鑑、早停四海儀形之任、將避百寮反脣之謗、不勝悚懼之至、謹拜表以聞、臣基忠誠惶誠恐頓首〻〻死罪〻〻謹言、

弘安十年八月十三日　　太政大臣從一位臣藤原朝臣基忠上表、

十四日、壬申、雨降、不出仕、」

亡父月忌
石清水放生會

「石清水放生會事」
（7張）
十五日、癸酉、陰、今日不出仕、先考（藤原經光）御月忌相當時正結願之間、修小善、石清水放生會、予分配、而公事繁多之間、頭大夫信輔朝臣奉行、

上卿　大炊御門中納言（藤原）良宗、　參議　冷泉宰相（藤原）經賴、

弁　右少仲兼（平）頭弁俊定朝臣元申領狀之處、目所勞事出來、一昨日申子細之間、俄被仰仲兼了、

近衞　左、（藤原）宗實朝臣、右、（藤原）公永朝臣、　外衞　代云〻、

御導師　親兼法印予奉行之時望申之間、勅許了、

宣命上卿藤中納言實冬卿奉行、內藏助給之參向本社云〻、

駒牽
內文請印
止雨奉幣
後嵯峨天皇月忌により龜山上皇龜山殿に御幸す
兼平に大中臣隆直の訴訟につき申す
別殿行幸
還御
中丁御會都序を獻ず
尙書談義
論義

「駒牽事」
十六日、甲戌、雨降、今日駒牽、職事頼藤(藤原)奉行、上卿土御門中納言雅房、參議洞院宰相中將、實泰(藤原)、弁右中爲俊朝臣、少納言親氏(藤原)朝臣、引分使可尋記、內文請印同奉行、上卿土御門中納言、少納言親氏朝臣、被行止雨奉幣、顯世奉行、上卿同前、
十七日、乙亥、晴、上皇(龜山上皇)御幸龜山殿、依先院(後嵯峨天皇)御月忌也、參新殿下、內覽文書、神事等三个条也、申次兵部少輔時經祗候、仰詞注目六、給時經了、次參內、次參內府入見參、次參前殿下、猪隈殿、謁按察、示云、隆直(大中臣)朝臣申分附神領事、任祭主申請被返付了、而種〻申子細、又非無其謂、以前御沙汰之趣、有御不審之由、被仰下之間示之、沙汰之趣委返答了、其後
「別殿行幸事」
歸畢、深更參內、今夕別殿行幸、頭弁奉行、御釼將宗嗣(藤原)朝臣、脂燭殿上人濟〻焉、後夜鐘以後還御本殿、今夕關白殿御息宰相中將殿(藤原兼基)御慶申、殿上人二人、雅持(藤原)朝臣、爲通(藤原)朝臣、前駈四人、衛府長、秦兼貞、內裏申次藏人大進賴藤奉行(勤仕)之、有御前召、於臺盤所有御對面云〻、

（8張）

十八日、丙子、晴、不出仕、
「中丁御會令獻都序給事」
十九日、丁丑、晴、參內、中丁御會、予獻都序、公卿中院大納言(源通基)・近衛前宰相中將(藤原公敦)、殿上人實香(藤原)朝臣・俊雅(藤原)朝臣・師信朝臣・仲親(平)・經世・通俊(藤原)、先有御談義、尙書召刑篇、本經俊雅朝臣讀申、正義經世讀申之、此篇數枚之間、端一兩枚有御沙汰、次論義、俊雅朝臣

詩披講

讀發題、次論義、講師俊雅朝臣、問者師信朝臣、次被披講一篇、講師仲親、讀師中院大納言、予接講頌之座、及晩退出、」

禪林寺殿御堂供養延引す

今日御堂供養延引云々、是依洪水延引之由、有其聞、

（9張）

禪林寺殿御堂南禪院供養

導師憲實法印

願文勅草清書宸筆

「禪林寺殿御堂南禪院供養事」

廿日、戊寅、晴、今日禪林寺殿御堂南禪院供養、公卿院司左兵衞督宗親卿(藤原)奉行、文永護念院供養例云々、公卿右大臣殿(藤原忠教)已下、殿上人頭弁俊定朝臣已下、大略着布衣、御導師憲實法印、題名僧三口、獻宗法印・定觀僧都・宗尋律師、御願文勅草、御清書宸筆、希代之御願無比類者也、毎事可尋記、以傳說記之、職事三人不入御布施取、御點之間不及推參、所休息也、

關白師忠拜賀

「新關白殿御拜賀御供奉事」

今日關白(藤原師忠)殿御慶申、予可供奉之由、兼日頭弁俊定朝臣執事、傳御消息、申領状了、心中雖爲冷然、所營參也、秉燭之後相具馬參二条殿、人々」漸參集之程也、

（10張）

兵仗幷に牛車宣旨

大外記勅書を師忠亭に持參す

今夕兵仗幷牛車事被宣下、藏人大輔顯世奉行、上卿土御門中納言雅房卿、參陣云々、陣事了大外記師顯持參兵仗勅書、頭弁取之進入、大外記退出、御隨身等遲參、下臈等相論座次、毎事及遲引、刻限公卿列立、主人降自南階、於門外乘御、先之人々騎馬、

路次

路次行列如常、見物車成垣、二条万里小路被立新院御車、立明於(如)晝、富小路北行、二条西行至陣、先御參內、

扈從公卿

扈從公卿、

殿上人

三条中納言(藤原)實重卿、　土御門中納言雅房卿、
吉田中納言經長卿、　御息宰相中將殿
洞院宰相中將實泰、　冷泉宰相經賴卿、
右大弁宰相(藤原)爲方、

殿上人

頭左中弁俊定朝臣　坊門中將(藤原)信基朝臣
岡崎前少將(源)爲雅朝臣　權右中弁冬季ヽヽ
右中弁爲俊ヽヽ　室町少將雅持ヽヽ
左中將爲通ヽヽ　源少將業顯ヽヽ
中御門侍從(藤原)宗成ヽヽ　左少弁(藤原)雅藤
下官　藏人兵部權大輔顯世
兵部少輔時經　藏人皇后宮大進賴藤
右衞門權佐(藤原)俊光　左衞門佐(藤原)經守
皇后宮(春宮)權大進(藤原)爲行　勘解由次官(藤原)信經

左兵衛佐（藤原）教定　藏人左衛門尉源季邦

藏人左衛門尉三善遠衡　侍中兩人着青色袍、

（11張）

地下前駈

地下前駈

（高階）基政朝臣　（橘）以隆朝臣

光宣　仲氏

（橘）以氏　資顯

（清原）家重　（藤原）經康

御随身

御随身

左官人秦武躬　右官人同（秦）兼貞元衛府長兼名子、

左番長同兼冬　右番長同頼春

近衛

近衛

秦諸廉　同久守子

同秋弘　同延勝

同時躬　同重峯

内裏に於て拜賀す
出御
御對面
龜山上皇に拜賀す
大宮院東二條院新陽明門院幷に春宮に拜賀す
本所に於て吉書あり
家司等を補す

殿上人於二条万里小路西（以）西下馬前行、關白殿令經床子座（供奉辨官留候床子座、官外記自元祗候、）幷軒廊給、殿上人取松明、儲立蔀西頭前行、執柄令立弓場給、此間殿上人抛松明佇立閑所、御隨身等蹲居發前聲、頭大夫信輔朝臣出自無名門、隨御目進入、歸出奉氣色退入、御拜、（拜舞、）次入無名門、令昇「小」「こ」御板敷給、（御沓在小庭、）令候御倚子前給、頭弁已下予等候上戶邊、出御遲引之間、暫經程、後夜以前上皇可有還幸白川殿之間、忩可參仙洞、出御事忩可申行之由有仰、頭大夫以六位季邦（源）申女房、少時出御（御引直衣、張御袴、）晝御座、（御座間左右擧掌燈、孫庇敷円座一枚、執柄御座、）頭大夫參進簀子伺御目、出自上戶、告申」出御之由退、次御參、（職事三人、六位取脂燭前行、）御對面之後御退出、予進御沓、祗候小庭、有便宜之故也、予祗候、（少時）自內裏所早出也、次御參新院、申次信經、被引御馬、院御方申次雅藤、大宮（藤原姞子）・東二条（藤原公子）・新陽明門院（藤原位子）・春宮（熙仁親王）等同御參云々、本所儀可尋記、官方爲俊朝臣、藏人方信輔朝臣、政所經守、氏院雅藤、第二度吉書可尋記、

（12張）

家司等、

執事、頭弁俊定朝臣、知行方上（越前國）・佐保殿（大和國）・黑田庄（播磨國）、

年預、左衞門佐經守、　勸學院別當、左少弁雅藤、如元奉行、

御厩別當、上、經守、下、基政朝臣、

鹿田庄(備前國)、右大弁宰相爲方卿知行之、

兩寺執印・執行等未補云々、

廿一日、己卯、晴、參禪林寺殿、雖不及出御於便宜所被聞食條々（評定未始之以前、奏神寶發遣驛家雜事庄々散狀、）事前關白殿御門門事、可被開門戶之由、可參申之旨、被仰下之間、卽所參申也、入見參、所申承也、其次退出、參准后、謁女房退出、其後參關白殿、今(夕)日日時定散狀等、以基政朝臣所申入也、次參內、「神寶奉獻日次定御奉行事」所催促上卿・官外記等也、秉燭之後別當(藤原公衡)參陣、役夫工上卿、予仰云、神寶奉獻・大祓等日時令定申ヨ、上卿召弁冬季朝臣仰之、次持參勘文、以弁內覽、持參里第歟、予宣下之後早出、

清祓使下向日時定上宣文也、

「上宣、

(13張)

陰陽寮

擇申可被發遣秡清五畿內使日時、

今月廿四日壬午　　時午二點

弘安十年八月廿一日

大允賀茂朝臣在廉

天文博士安倍朝臣晴直」

龜山上皇に條々を奏す
兼平に開門を命ずる使者を承る
伊勢神寶奉獻等日時定散狀を師忠に內覽す
伊勢神寶奉獻等日時定
陰陽寮日時勘文
清祓の日次

陰陽寮日時勘文

豐受大神宮神寶奉獻大祓の日次

被下外記方了、

「　陰陽寮

擇申可被奉遣伊勢豐受太神宮神寶大秡日時、

今月廿七日乙酉　　時卯二點

弘安十年八月廿一日　　大允賀茂朝臣在廉

天文博士安倍朝臣晴直　」

陰陽寮日時勘文

豐受大神宮遷宮神寶使を遣はす日次

（14張）「　陰陽寮

擇申可被遣伊勢豐受太神宮遷宮神寶使日時、

今月廿七日乙酉　　時辰二點

弘安十年八月廿一日　　大允賀茂朝臣在廉

天文博士安倍朝臣晴直　」

龜山上皇に條條を奏す

北野三年一請用途成功の法眼二人勅許あり

（15張）廿二日、庚辰、雨降、今日不出仕、所休息也、

廿三日、辛巳、晴、參禪林寺殿、神宮条〻・廣田社条〻等事所奏聞也、大藏卿（藤原經業）申北野三年

（16張）一請未〔用〕任途不足法眼二人」申之、奏聞之處、有勅許、神基・聖祐等也、參內、少時祗候、

兼平より備中一村を拜領す

龜山上皇に伊勢神寶奉獻當日散狀を奏す師忠に同じく申す

藤原家基家政所所充

神寶奉獻のため止雨奉幣を行はんとす光孝天皇國忌廢務日により先例を官外記に問ふ

外記例

「自前殿備中一村御拜領事」
有御雜談等、及晩退出、自前殿(藤原兼平)拜領備中一村、所自愛「也、」(行間補書)

廿四日、壬午、晴、參內大臣殿入見參、次參前關白殿、入太相國并左大將殿見參、及晩退出、

廿五日、癸未、晴、參禪林寺殿、奏明後日神寶奉獻當日散狀、其次神宮雜訴等所奏聞也、次參殿下、內覽文書等、申次時經祗候、明後日散狀同所進入也、雅藤參入、南曹條々事所申入也、少時退出、入夜參內大臣殿、政所々充着行、家司仲兼・予・仲親着行、三獻之後覽大間、次第見下、更返上之後、下賜下家司了、人々起座、仲兼覽大間書下書、下知了、其後退出、
「內大臣殿政所々充御參事」

廿六日、甲申、晴、未刻以後有陰氣、神寶奉獻御祈、先例必被行止雨奉幣之間、今日爲申行、催促上卿・弁、幣馬・宣命等事又下知官外記了、今日者光孝天皇御國忌廢務日也、相尋先例於官外記了、請文等如此、

外記例、
今日廢務日奉幣可爲何樣哉事、粗引勘候之處、永久五年八月廿六日、依止雨御祈被立丹生・貴布祢二社奉幣使、今日國忌廢務、光孝天皇、治承三年八月廿六日、依同御祈被立二社奉幣使、當日加之神寶發遣當日被立二社奉幣使例、近則文永五年九月八日、被奉獻

(17張)

伊世豐受太神宮遷宮神寶使、今日依降雨被立止雨二社奉幣、此外翌日例、寶治元年九月五日被發遣內宮遷宮神寶使、六日被立止雨奉幣使、建長元年九月七日」被發遣外宮神寶使、八日被立同奉幣使、先規如此候、恐惶謹言、

八月廿六日　　大外記中原師顯奉

官例

官例、

永久五年八月廿六日・治承三年八月廿六日國忌廢務也、件兩度被立止雨二社奉幣使候、仍言上如件、

八月廿六日　　左大史小槻秀氏奉

止雨奉幣日時定

今夕被行奉幣之由、所申入殿下也、廢務日例事同申入、入夜參內、上卿（藤原公衡）大理、着仗座、端、令敷軾、予仰云、「爲止雨丹生・貴布祢社奉幣日時定事」爲止雨可有丹生・貴布祢社奉幣日時令定申、上卿微唯、予退、次上卿召史仰日時事、史康有（中原）奉仰退、持參勘文幷請奏、上卿披覽之後被返下、史結申退、次上卿召內記仰宣命事、內記持參宣命草、入筥、上卿披覽之後、入加日時於筥、令內記持參執柄里第令內覽、少時內記歸參、奉宣命於上卿、〻〻招予、參軾、日時幷宣命草入筥、可奏聞云〻、予持筥參御所、令尋內侍之處、無祗候、主上出御、奏、有叡覽、被返下、次奉

宣命を仰す

上卿、取直筥所返下也、上卿取日時勘文一通、被結申、予仰〻詞、依勘申ㇾ、次退、上卿召史下勘文、召內記下草、即進淸書、二通、上卿進弓場奏聞、予取筥付內侍、奏聞返給之後返下上卿、〻〻歸着仗座、召外記給宣命、仰可分賜使之由歟、次召內記返給筥、次撤軾、上卿退出、明日神寶奉獻內印已下、未明爲申沙汰予所宿侍也、深更雨○（脚）滂沱、終夜不休、奉幣似無其詮、頗不審也、

丹生貴布禰社に止雨奉幣使を發遣す

（18張）
廿七日、乙酉、雨降、一切不止、巳刻以後雨脚漸休、雲膚已收、且」可謂神鑑、次予自御對退出局、理鬢髮、纏朝衣參御所、內印少納言俄子細出來之間、種〻奔走、兼（平）有申領狀了、

伊勢神寶奉獻の內印請印

「發遣豐受大神宮遷宮神寶事」
今日被發遣豐受太神宮遷宮神寶、官方權右中弁冬季朝臣、藏人方事予奉行也、巳刻別當卿參陣、以官人招予、〻出陣、奧座、上卿令奏聞云、內文候ｦ、予參御所奏聞、但自殿上邊卽歸出、歸出、仰聞食之由退、次上卿召外記、召請印文、食馬符、披覽之後、以外記內覽、持參里第、少時歸參奉上卿、〻〻進弓場奏聞、予取筥奏聞、歸出、仰云、令請印ｮ、上卿着陣、行次第事、先立案於軒廊下、內豎持參印具、少納言兼有同參、〻軾、○給文、入筥、揖搢笏、置筥於案傍、取文傳內豎、請印之間、少納言○拔笏立○請印了後少納言取請印官符文返奉上卿退、召外記給請印文、其後參御所方、少時弁代神祇權少副大中臣爲有、參內、立殿上口、內印以前早旦令參者例也、藏人季邦給祿、白大褂、內藏寮進之、予兼所相催長者也、肩祿二

豐受大神宮遷宮神寶を發遣す

陣儀

關白里亭に於て內覽す

官符請印

北陣に於て叡覽す

結政請印に參仕する人々

神寶下著の日まで禁中神事たるべし

藏人方沙汰の條々

拜退出、未斜神寶奉獻、行事弁冬季朝臣已沙汰立、參內、申刻限事、先之有御湯殿事、御湯帷內藏寮進之、藏人季邦催之、於北陣有叡覽、二条面門、自西令通東也、近臣雲客・職事等祇候門邊、神寶行列次第所注進御所也、今日結政請印、造官符、右大弁宰相爲方、・少納言兼有、參衙、大祓、同人、弁冬季朝臣參行云々、

禁中自今日至于下着日可爲御神事也、其日申女房了、

藏人方沙汰条々、

（19張）

一、兼日、

日時定、

神寶行事所始　神寶始

可候縫殿寮典縫幷女官於神祇官日時、

可被行船代後鎮祭等日時、

上卿　弁　陰陽寮　官外記

一、寄檢非違使宣下事、

一、近江・伊勢兩國驛家雜事、

一、國司解宣下事、除三社領三代御起請地外、權門勢家・神社・佛寺領可勤仕事、

一、官使可催渡事、

一、關(伊勢國)・一志(伊勢國)宿直人夫仰武家事、以國司申狀仰之、

一、神寶筥・金剛砂・金漆、已上近年無沙汰、

一、神寶鷲羽事、今度外宮藏人方不相催、以公卿所進不事闕云〻、

一、路次守護武士仰武家事、

一、大祓幷清祓使下向神寶奉獻日時定事、

一、奉〻(遷)宮使事、

一、本宮御祈仰祭主(資緒王)事、

一、本官御祈事〻(仰伯)卿事、

一、止雨奉幣事、

一、當日、

一、弁代參內事、

一、同祿事、白褂一領、內藏寮進之、

一、可取祿藏人事、

一、内外請印事、食馬内印、送官符、結政請印、

一、大祓事、

一、神寳於北陣御覧事、

（〇十九張端裏に「弘安十年自八月廿八日丙戌至卅日戊子」と有り）

」

一、御湯殿具事、

一、奉行藏人・出納・小舍人等事、

已上条々、大概篇目等注之、巨細在文書、

予内外兩宮共奉行、此事神慮之令然歟、今夕神寳「着(行間補書)勢多(近江國)驛家、近江國司勤之、」

(20張)

廿八日、丙戌、晴、今日不出仕、

廿九日、丁亥、晴、參禪林寺殿、今日御幸下御所之間、於中門聞食奏事、住吉社申瑞籬・小鳥居等功人社家擧申、來月十三日相撲會以前可終功、忩可被行除目之由申請之間、所奏聞也、來月一日比相尋日次可申行之由、有勅定、諸方催煩停止事、可被下院宣之由、同有勅定、其外神宮雜訴等奏之、花山右府(藤原定雅)入道參入、有御對面、御所令歷覽、少時退

龜山上皇禪林寺殿下御所に御幸す

住吉社造營成功の事を奏す

藤原定雅參入す

師忠に神宮雑訴等につき申す

上皇に除目日次の事を奏す

師忠に除目目録并に人々所望申文等を内覧す

神宮條々につき昨日勅答の趣を内覧す

龜山上皇に除目目録を奏聞す

源惟康任右大将拜賀につき關東より使者あり

師忠御直衣始

供奉人

出、參殿下、内覽神宮条々事、一々可奏聞之由有仰、時經申次、書目六所進入也、參春宮勤御膳、謁女房退出、除目日次事所相尋也、入夜又參禪林寺殿、而御幸花園殿之間、以左兵衛督除目日次申入、可爲明日之由被仰下、及深更歸畢、

「御參關白殿、内覽除目申文等事」

卅日、戊子、晴、及晩雨降、早旦參關白殿、除目々六幷人々所望申文等所内覽也、又神宮条々昨日奏聞勅答之趣、同内覽、時經申次之、今日御直衣始、欲有御出立之程也、少時退出、參近衛殿、御出靡殿之間、不入見參空退出、參前殿下、内々御出之間不入見參、入太相國之見參、了歸」(21張)蓬蓽、補飢、參禪林寺殿、除目々六申刻許可持參之由、自仙洞被仰下之故也、以冷泉宰相除目目六幷人々所望事所奏聞也、目六被加御爪點被下下之、傍所加墨點也、

「關白殿御直衣始事」(源惟康)

右幕下御拜賀間事、自關東飛脚到來之間、帥卿幷大理參入申沙汰歟、關白殿爲御直衣始只今御參、被奉待之程也、少時御參、於下御所門内人々見物、

次居飼四人、二行、　　次御厩舎人四人、二行、

次前駈七人、歟、布袴、

　基政朝臣　　仲氏已下、

次御隨身上﨟四人、褐衣、

次御車、檳榔毛、

次近衞、歩行、

次殿上人、連軒、

左少將雅持朝臣　左少將業顯朝臣

左兵衞佐教定

師忠內裏兩院御所に參る

先次御參內、於臺盤所有御對面、次御參富小路殿、次御參此御所也、下御之後予退出、歸

師忠自邸に歸る

「御參殿下、令隨身除目〻六給事」

參殿下、隨身目六所奉待還御也、入夜還御、下御自中門廊、予蹲居庭上、主人御坐公卿

除目目錄を進入す

座被召予、所進入目六也、御定云、御窮屈之間於便宜所可書歟之由有仰、被返下目六、

兼仲折紙を清書す

以近習者伺申高檀帋之處、被召御前、公卿座內四間、被下硯・檀帋、折之、任目六書之、兵衞尉・

(22張)

馬允等可分左右之由申上、可然之由有仰、」書了、〇奥不書年号月日之例也、校合進入經御覽、被返下、〇御點目六被留御所、清書內覽

參內し折紙幷に上卿以下散狀を奏聞す

事如何樣可候乎之由伺申、甚雨也、往反有煩歟、可略之由被仰下、其後懷中折帋參內、

付內侍折帋幷上卿已下散狀進入、少時被返下、上卿土御門中納言雅房、令奉行杵築社日時

定事、在陣藏人大輔顯世奉行、事了上卿令歸參御所之間、淸書宰相雖遲參、且可下申、

除目

除目折紙僧事折紙を下す

「除目御奉行事」

可令着陣之由、觸上卿之處、卽着陣、奥座、予出陣、先下除目折帋、次下僧事折帋、權律師宗助宜令任權少

清書

僧都、書宿帋下之、上卿移端座、令敷軾、召弁下僧事折帋、上卿仰云、権律師宗助宜令任権少僧都、弁承上宣下知史康有、少時右大弁宰相参陣書之、無程事了、上卿奏聞清書、依雨儀中門下、予下自中門、取筥持参御所奏之、即被返下返奉上卿、々々帰着陣、下召名退出、

除目聞書

聞書云、

神祇権少副大中臣永俊

治部丞橘親實住吉社瑞籬功、　刑部丞橘義種同功、　藤原遠茂同功、

宮内丞藤原長親同功、　木工允中原良員同功、

左近将監大中臣尹世祭主定世朝臣子　右近菅〔将〕監菅野惟延同功、

左衛門尉中原康仲同功、　左兵衛尉菅野惟世同功、

源説同功、　平久綱同功、

右兵衛尉大江景村同功、　大中臣光貞同功、

伊岐家行同功、　左馬允中原仲親同功、

（23張）

藤原親村同功、　右馬允草部景清同功、

兵庫允大江經村同功、

弘安十年八月卅日

(〇十三行空白有り)

「(奥書)延慶三年十月廿九日取目六了、

(藤原光業)(花押)

正和二年四月廿九日抄出了、

(藤原光業)左衞門權佐(花押)」

」

（表紙題簽）「『◎〳』『濟』（朱筆、下同ジ）兼仲卿記　自弘安十年九月一日至十月卅日　自筆本　壹卷　完
『綴合改めたる通り』」

（1張）「（端裏書）弘安十年□　□月記
藏人□　□」

弘安十年

九月小

一日、己丑、晴、參院（亀山上皇）、自禪林寺殿今日可有還御云云、而遲〻之間、予早出、參內（後宇多天皇）、勤御膳役送之後退出、新院（亀山上皇）御燈、院司經守（藤原）奉行、御簾公卿大理（藤原公衡）、陪膳頭弁（藤原俊定）所參儲也、

亀山上皇禪林寺殿より還御す

上皇御燈

二日、庚寅、晴、今日不出仕、

龜山上皇に神宮雜訴條々を奏す
藤原師忠に條條を申す
內裏御燈
源惟康任右大將拜賀奉行のため藤原俊定下向を命ぜらる
潮湯浴のため梶嶋に下向す
住吉社神主宿所等を差配す
尼崎等を遊覽す
一日二度の沐浴を始む
重陽平座
上洛す
月蝕

三日、辛卯、晴、參院、有出御、按察(藤原頼親)・冷泉宰相(藤原經頼)・右大弁(藤原爲方)等祗候、次第奏事、予神宮雜訴條々所奏聞也、次參殿下(藤原師忠)、以基雅(高階)(政)朝臣內覽、同条々事、明日潮湯下向事所申暇也、有聞食之由○(有)仰、少時參內、今日御燈御拜所祗候也、頭大夫(平信輔)分配、而頭弁奉行、內藏寮御湯帷遲々之間、出御及晩陰、酉刻有出御、陪膳、頭弁、役送、予、毎事如例、頭弁相語云、關東(源惟康)右大將御慶申爲奉行可下向之由、被仰下之間、申領狀了、重被仰合關東、彼左右十日比可到來、其後可治定之由有御沙汰云々、

四日、壬辰、晴、寅刻下向河陽、梶嶋(攝津國)、爲浴潮湯也、宿所已下事等住吉神主國助(津守)所相儲也、申斜下着、毎事無爲無事也、入夜國助送垸飯、自所々雜事等所到來也、

五日、癸巳、晴、湯治以前棹扁舟、遊覽尼崎(攝津國)別所大學寺、件額前關白殿(藤原兼平)令染御筆給之由、寺僧所相語也、堂宇并海濱等所歴覽也、少時歸畢、自今日始沐浴、一日兩」(2張)度也、朝夕、醫師所隨相計也、

九日、丁酉、晴、重陽平座也、職事顯世(藤原)奉行、公卿已下可尋記、

十五日、癸卯、晴、今日所上洛也、一日棹美船、入夜之後着鳥羽、亥斜歸着蓬蓽、所休息也、月蝕、

祈年穀奉幣
諸國幣料難濟により遲引す

十六日、甲辰、晴、入夜雨降、今日被行祈年穀奉幣、顯世奉行、上卿左大將殿(藤原兼忠)、弁爲俊朝(藤原)臣、當日定、諸國幣料難濟之間、毎事遲引、發遣及深更、南殿御拜頭弁并顯世祗候、予依風氣不快不參、

奉幣使交名

石清水　堀川中納言(源)基俊卿、
賀茂　持明院三位(藤原)基光卿、
松尾　左兵衞督(藤原)宗親卿、
平野　持明院三位兼行、
春日　右京大夫(藤原)親業卿、

龜山上皇龜山殿に御幸す
關東より任右大將拜賀停止を申入る
祭主より豐受大神宮遷宮無事遂行の由飛脚あり

十七日、乙巳、晴、上皇(龜山上皇)幸龜山殿、令過蓬門御、傳聞、將軍(源惟康)幕下御拜賀被停止之由、自關東令申一昨日飛脚到來云々、不知其心、不審多端、自祭主(大中臣定世)飛脚到來、昨日狀也、外宮遷宮式日無爲無事遂行了、爲神爲朝欽(欣)仰至、忩可奏聞之由相觸、朝家重事也、無爲之条大慶、何事如之哉、忩可奏聞之由答了、

龜山上皇に伊勢遷宮の無爲遂行を奏す

十八日、丙午、晴、參院、有出御、遷宮無爲遂行之由、定世朝臣申狀并神宮雜訴等所奏聞也、次參殿下、条々事所內覽也、次參內、勤御膳役送、」

龜山上皇有馬湯を浴す

（3張）十九日、丁未、晴、參大殿（藤原兼平）入見參、世上事所申承也、次參近衛殿（藤原家基）入見參、參殿下、內覽条々事、次參內、勤御膳役送、朝夕兩度有出御、陪膳頭大夫信輔朝臣勤之、少時退出、
上皇自今日被召有馬御湯、

上皇湯治により患ふ

小除目

廿一日、己酉、雨降、參院、御湯治之間聊有御風氣、仍不達奏事、雖付傳奏仁、不叶之由令答、今夕被行小除目、頭弁奉行、持參目六、以大理被召之、有御出、被返下之、自余人々不及奏事、除目上卿土御門中納言（源雅房）、淸書右大弁宰相、弁頭弁、於御念誦堂謁申二長（靜嚴）
（行間補書）「者僧正御房、是日蝕御修法大阿闍梨被申子細之故也、」

除目聞書

大膳亮藤原雅任藏人、　掃部助三善時憲
遠江守平（北條）篤時武士、　對馬守大江行賴
左近中將藤原實教　右近中將同實連
（藤原忠教）九条右府御息、少將同基教　左衛門尉藤原親連
右衛門尉源行俊
弘安十年九月廿一日
從四位上藤原經繼　正五位上中原章澄犯人追捕賞、

正五位下賀茂繁榮　從五位下大江行頼

中原章澄謀反の僧を捕ふる賞

章澄追捕賞事、去月比歟、或僧号律師、中將顯成朝臣子、(藤原)推參花園殿、依謀反事可申請院宣之由、令披露歟、事之樣驚思食之間、被召章澄被搦取之、其後被渡」武家云〻、件僧去十五日於桂川令《合》〻誅▒《之》由有其說、

(4張)

龜山上皇に日蝕御修法大阿闍梨につき奏す

廿二日、庚戌、晴、參院、条〻雜訴猶不達、以修理大夫(高階邦經)申日蝕御修法大阿闍梨事、二長者僧正令申子細者、可相催醍醐座主實勝法印之由被仰下、即書御教書、以仕人所遣也、次

藤原師忠豐受大神宮の實檢を奏すべき由を命ず

參殿下、條〻事所內覽也、被仰下云、外宮遷宮無爲遂行之由、定世朝臣(大中臣)申之歟、但未作所〻定有之歟、被遣勅使可被實檢哉、勅使若不輙者、被仰下祭主、委加實檢可申之由、令奏聞、可申沙汰之由被仰下、急可奏聞之由申上了、其後退出、參內伺天氣、予申入云、

參內し日蝕御讀經僧名定につき奏す

日蝕御讀經僧名御前・陣先例兩樣也、今度可爲如何樣乎、勅定云、於陣可被定之由被仰下、廿六日御修法幷日曜供兩座・同御祭等可被行、御撫物可有御用意之由、申女房了、

天皇御讀書

勤御膳役送、陪膳親氏朝臣(藤原)、今日無出御、依御讀也、良枝眞人(清原)讀申礼記、少時退出、

師忠吉田亭に方違す

今夕爲御方違、殿下入御頭弁吉田第云〻、

上皇に豐受大神宮實檢につき奏す

廿三日、辛亥、晴、參院、以修理大夫、執柄被申外宮別殿等檢知事所奏聞也、早仰祭主加

内裏に於て陪膳役送を勤む
別殿行幸につき奏す
師忠に豊受大神宮實檢につき申す
上皇に日蝕御修法大阿闍梨につき奏す
靜嚴を責め仰すべき由を命ぜらる
靜嚴御修法勤仕を諾す
上皇に東寺灌頂小阿闍梨幷に神仙門院合爵につき奏す
宣旨を小舎人に下す
内裏幷に春宮に於て陪膳役送を勤む

檢知可注進之由、可仰之旨、被仰下、雜訴等事欲申出之處、御湯之間、暫可閣之由有御沙汰云々、參內、勤御膳役送、無出御、陪膳實香（藤原）朝臣、廿八日別殿行幸御釼將事伺申、可爲公尹（藤原）朝臣之由被仰下、今度可爲直廬之由被仰下、殿下御宿侍始以前也、仍不及鋪設」沙汰、如御座內々可被渡也、參春宮、勤御膳陪膳、次參殿下、以基政朝臣外宮造畢檢知事勅答之趣所內覽也、少時退出、

（5張）

廿四日、壬子、雨降、參院、日蝕御修法阿闍梨事・醍醐座主實勝法印故障事、以冷泉相公所奏聞也、勅答云、罷向隨心院僧正（靜嚴）東寺二長者、壇所可仰責、及闕如了可兼行之由可仰云々、仍參御念誦堂、申勅定之趣、僧正御房有御對面、被申云、於所存者先日申入畢、眞實及闕如者、可隨勅定、但此御修法代々於本房修之、於廻御修法可差進代官、可爲如何樣乎之由被申、重奏聞之處、闕如之處、如此被申神妙也、於此御所御祈者、可被差置可然之代官、早有退出可被勤仕之由、重可仰之由、有勅定、罷向申其趣、此上者可存知之由、被申領狀之由所奏聞也、仁和寺宮（性仁法親王）被申今年東寺灌頂小阿闍梨勝嚴所望事、令奏聞、可宣下之由有仰、又神仙門院（體子內親王）被申合爵事、同令奏聞、可勘給否之由被仰下、次參內、兩条書宣旨所賜小舎人高種（三善）也、勤御膳役送、陪膳頭大夫、無出御、次參春宮（熙仁親王）、勤陪膳、

後宇多天皇宣旨

後宇多天皇宣旨

藤原兼忠方連句

珍貳法印の日蝕勘文を進入る

下知土御門中納言畢、
弘安十年九月廿四日　宣旨、
大法師勝嚴
宜爲東寺灌頂小阿闍梨、
藏人治部少輔藤原兼仲奉

（6張）

獻上、
宣旨、
神仙門院被申請、殊因准先例、返上年々給未補内官一人・外國三分一人、以正六位上中臣朝臣延定被敍爵事、
仰、令勘給否并例、
右宣旨、早可令下知給之狀如件、
九月廿四日　治部少輔兼仲(藤原)奉
進上　土御門中納言殿

廿五日、癸丑、或晴、或陰、參鷹司殿、於大將殿(藤原兼忠)御方有御連句、依内裏有召、退出宿所改裝束、馳參、御膳役送無人于勤仕云々、然而敎定(藤原)令參之間被行云々、予空退出、日蝕御

上皇に日蝕御祈散狀幷に豐受大神宮次第解等につき奏す
豐受大神宮犬死穢により祈謝すべし
前夜關東使者上洛す
日蝕御祈散狀幷に豐受大神宮怪異につき宣下あり
宣旨

勘文弥貳法印進之、付女房進入了、

廿六日、甲寅、晴、參院、以冷泉宰相奏日蝕御祈等散狀、又神宮次第解等也、外宮犬死穢事也、去月廿九日引來、已違期事也、然而先例、勘例行御占令祈謝者例也、任例可申沙汰之由、有勅答、次參關白殿內覽兩条、散狀留御所了、次第解被返下、以基政朝臣所申入也、彼朝臣云、去夕東使能登前司宗綱(佐々木)上洛云々、定含重事歟、今日向春宮大夫(藤原實兼)第云々、少時參內、進入日蝕散狀、神宮怪異事所宣下也、上卿大理奉行、書賜小舍人「爲基畢、」(行間補書)

獻上、

宣旨、

(7張)

祭主正四位下行神祇權大副大中臣朝臣定世申請、太神宮司言上、豐受太神宮祢宜等注進、自今日廿九日申刻五箇日乙穢觸及于宮中間、且奉止御作事、且自今夕不可供進二宮朝夕御膳事、

仰、令勘例行御卜、

右宣旨、早可令下知給之狀如件、

九月廿六日　　治部少輔兼仲奉

進上　別當殿

日蝕御祈散状

今日被行日蝕御祈等、

御修法、

靜嚴僧正、東寺二長者、

被渡御撫物、御衣、　藏人遠衡(三善)勤勅使、

日曜御祭、

在秀朝臣(賀茂)勤之、

被渡御撫物、御鏡、　藏人賴定(藤原)勤勅使、

同供二座、

珎貳法印・榮算僧都等勤之、

被渡御撫物、御衣、　藏人遠衡兼行之、

已上各申定、遣御教書了、

日野御八講結願　兼仲幷に光資の布施を寺家に送る

今日氏御八講也(結)願也、予幷給料(藤原光資)分送布施於寺家、予分袈裟一・裹物一、給料分(繪)手箱八合、各納雜帋十帖、

日野田中明神祭に十列を進む

前夜關東使者龜山上皇に參る

惟康に親王宣下を請ひ造閑院を申入る

藤原家基若君の五十日百日儀の奉行を命ぜらる

(8張)廿七日、乙卯、晴、日野田中明神(祭、)十列任例騎進十列、予幷」給料分也、早旦參院、(為承世間事等)東使申(也、)事等、春宮大夫去夕參院申入云〻、被辭申幕下幷納言、可令蒙親王宣旨給云〻、又造閑院事申入云〻、殿下有御參、網代始以前、被召八葉御車、有御對面、立親王事被申合歟、御對面之後御參大宮院(藤原姞子)御方、次御參內、御步儀、貫首・職事等祗候御共、於臺盤所御對面及數刻云〻、其後還御、予退出、參內大臣(藤原家基)殿入見參、申承世上事、若君(藤原經平)御五十日百日儀、相尋日次可申沙汰之由、被仰下之間、條〻所申定也、次參大殿(藤原兼平)入見參、世(上)上事所申上也、少時退出、

藤原資宣亭に於て文會あり

御方違行幸

還御

師忠著陣

九月の著陣は藤原道長の例による

廿八日、丙辰、晴、向民部卿(藤原資宣)第、今月文會、資冬(藤原)頭人也、仍相具光藤(藤原)幷給料等所向也、式部大輔(藤原茂範)入來、連句五十韻、執筆右佐、(藤原俊光)蕭宵韻、題月光明自晝、各近字、終日有其興、入夜歸畢、參內、為御方違行幸別殿、殿下御直廬御宿侍始以前之間、不及申本所、密〻儀也、御座等自本殿渡之、予奉行也、丑刻許有出御、御引直衣、予獻御草鞋、兩貫首(平信輔・藤原俊定)依不祗候也、御釼將、中將公尹朝臣、不懸裾引之、脂燭殿上人業顯(源)朝臣・實遠(藤原)朝臣・賴成(藤原)・雅任(藤原)〻(俊・)敎定、六位遠衡・賴定等前行、予候御後、額間幷入御妻戶供掌燈如例、御路(9張)筵道敷朝餉簀子、(所)伺事由也、後夜鐘以後還御本殿、予宿侍、天曙之程退出、今夕殿下御着陣、九月例御堂(藤原道長)令遂給云〻、公卿宰相中將(藤原兼敎)殿御扈從云〻、前駈八人、殿上人」二人、信基(藤原)朝臣・宗成(高階)朝臣、弁官、俊定朝臣已下、少納言、親氏朝臣、官外記等候床子、夜陰之間無出立儀、有兩御前云〻、

将軍立親王につき先例勘申等の沙汰あり

今日(將軍)立親王事、先例已下事等有御沙汰云々、頭弁奉行、

廿九日、丁巳、晴、今日不出仕、

十月大 辛亥

日蝕御祈の奉行を勤む

清涼殿に於て行ふべき由勅答あり

御所裏

日蝕御讀經僧名定

御修法を始む

御導師著座す

兼仲等堂童子を勤む

一日、戊午、晴、參內、着白襲、日蝕御讀經所奉行也、今日御物忌也、而堅固之時於陣外被行御讀經、不然之時先例不詳之由、官外記申之之間、伺天氣之處、外宿人參入之上者、於御殿被行之条、不可有子細之由、有勅答、御所裏事、六位遠衡(三善)所申沙汰也、先供御膳如例、陪膳實遠(藤原)朝臣、役送、予、廢務日之間無音奏・警蹕、上卿吉田中納言(藤原經長)着陣、弁冬季(藤原)朝臣候床子、予出陣仰云、日蝕御讀經僧名令定申ョ、上卿微唯、予退、次召弁下知、史康有(中原)、持參例文・硯、令弁令書僧名、以弁內覽奏聞如例、依御物忌僧名宿帋書之、次弁返下上卿、々々下弁、々結申、件僧名綱所不催之、予觸申座主宮、座主被擧申十口也、(最助法親王)上卿着殿上、次以予奏事由、歸出、仰聞食由、次上卿召弁仰鐘、弁出無名門仰史、々仰圖書寮令打鐘、次出居昇、左中將實遠朝臣、次上卿着御前座、次僧昇、當參五口也、其內勤御導師、次威儀師着座、次定所作、次御導師着座、次打磬、公卿已下置笏、次予并藏人遠衡勤堂

發願
陰陽師安倍晴直日蝕正現せずと申す
兼仲蝕を見る
安倍有弘は蝕の由を申す
兩人一致せず
內裏更衣
龜山上皇に皇大神宮怪異等を奏す
平座
昨日の蝕による
日蝕により二日に平座を行ふ例

(10張)

童子、」發願如例、其後轉讀藥師經、此間上卿已下退出、及日沒轉讀之、蝕現否實檢料陰陽師晴直(安倍)朝臣祗候、被相尋之處、雖有其氣不現蝕貌「貌」「ゝ」、法驗之由申之、予奏此趣了、予伺見之處、北方已虧始帶蝕入西山歟、而司天不蝕之由申之上者、勿論歟、仙洞(龜山上皇)被召置有弘(安倍)朝臣之處、四分蝕之由申之、兩人之所爲已以不同、爲之如何、御更衣御帳壁代蝕以後任例令懸了、藏人遠衡致沙汰者也、及晚退出、

二日、己未、時々微雨、參院、以按察卿(藤原賴親)奏聞神宮申內宮正殿并西寶殿御鏁澁固不令開給事、又大宮司長藤(大中臣)三个月輕服出來、任例可用代官之由、可被下御教書之旨申之、同奏聞、其外雜訴等也、勅答遲引之間、且參內、平座爲催具也、昨日依蝕、任先例今日所被行也、公卿土御門中納言雅房(源)・吉田中納言經長、・右大弁宰相爲方(藤原)、弁俊定(藤原)朝臣・冬季朝臣・雅藤(藤原)、少納言親氏(藤原)朝臣在床子座、予出陣仰云、不出給、依例行へ、予退、諸卿起座、土御門中納言召俊定朝臣、可物居之由下知歟、頭弁(藤原俊定)早「出歟」出之、冬季朝臣已下三獻如例、見參少納言給之、目六冬季朝臣給之、事了退出、

依日蝕、二日被行平座例、

萬壽三年十月二日　天喜元年十月二日

內裏に於て陪膳役送を勤む叡感あり

龜山上皇湯治後初て出御あり

兼仲最勝講奉行を命ぜらる

春日社遷宮日時定

藤原忠教一上として著陣す

源惟康を二品親王となす

保安元年十月二日　建仁三年四月二日
建暦二年四月二日　建長元年四月二日」
文永五年十月二日　建治三年十月二日
此外承久四年四月朔日蝕不正現之間、及夕被行平座了、

(11張)
三日、庚申、晴、參內、勤御膳役送、陪膳公遠朝臣(藤原)、今日無人之處、返々神妙之由、有叡感、次參殿下(藤原師忠)、內覽條々事、及晩退出、」

(12張)
四日、辛酉、晴、參院、御湯治以後始有出御、直奏、神宮条々一結、最勝講条々一結所奏聞也、頼藤(藤原)日來奉行、遠行之間辭申、仍可奉行之由、昨日被仰下之間、申領狀了、次參

「春日遷宮日時定事」
內、勤御膳役送、今日(入夜)春宮(日)遷宮日時定、上卿藤中納言實冬(藤原)、着陣、予仰云、春日遷宮日時令定申ョ、上卿移端、召弁雅藤仰之、弁持參勘文、上卿召史筥入勘文、以弁內覽奏聞、秉燭之後右大臣殿(藤原忠教)參陣給、一上以後令着陣給、右大弁宰相着座、少時起座、於床子見文歸着、史康有插申文於裾(杖、)參進軾覽申之、一上披覽(御)之後被返下史、々結申退、次右大丞起座、次予隨身吉書内藏寮臨時公用、一通、兩手持之、於軾奉下之、被結、予仰々詞、申ノマヽ、其後退、次諸卿着座、土御門大納言定實(源)・藤中納言・別當公衡(藤原)、・吉田中納言・右大弁宰相、頭弁於軾宣下云、中納言源朝臣(惟康)爲親王、令敍二品ョ、

宣旨二通明朝關東使者に賜はんとす

孫王の親王宣下稀なり

石清水八幡宮に下向す

一切經會奉行

舞人樂人訴訟と稱し抑留す

最勝講御教書數十通を書賦る

内裏に於て陪膳役送を勤む

藤原師忠維摩會文書を辨に下す

勅使として藤原兼平に書を届く

賴助長屋荘所望の事を申入る

(13張)

上卿召大弁(乍座奉之、近進寄、)被仰之、大弁起座、於床子仰大夫史秀氏(小槻)、次召内記(少内記家弘(紀)、)被仰敍品事、次頭弁又宣下云、二品惟康親王宜令聽帶釼ヨ、上卿召」大外記師顯(中原)被下知之、次又宣下云、權大納言源朝臣(通基)右近衛大將如舊、次召外記被下知、次有親族拜、申次頭弁、公卿皆悉立之、無勅別當、次被行位記請印、上卿藤中納言、少納言親氏朝臣、中務輔代、(少將(源)業顯朝臣、)兩通宣旨幷位記今夕大理(藤原公衡)給之、明旦可給關東使云々、抑孫王親王宣下先例頗稀、近則菩提院宮澄覺法親王云々、右幕下被還任、尤珎重也、

五日、壬戌、晴、早旦參向八幡宮寺、今日一切經會奉行之故也、午刻下着、向守清法印儲宿所於山上、送小垸飯、社家事催具之後、着束帶參社頭、樂人・舞人稱有訴詔抑留之、種々下知了、大略領狀之後、予上洛、日既迫連石之故也、

六日、癸亥、晴、今日不出仕、最勝講緇素御教書數十通書賦之、條々所致沙汰也、

七日、甲子、晴、參院、奏聞条々事、參殿下、内覽、次參内、勤御膳役送、殿下出御賓筵、被下維摩會文書於弁云々、

八日、乙丑、晴、依召參内、可被進御書於前關白殿(藤原兼平)御使料也、被納御文函、參鷹司殿、爲犬死穢之間、不昇堂上、以周仲(大江)進入畢、自院被申賴助僧正申長屋庄(大和國)事、同所申入也、於

返事を受取る
藤原家基に若君五十日百日の儀につき申す
兼平より長屋荘につき仰せあり
家基若君五十日百日の儀
日時勘文
家基若君寝殿南面に御座す
御前物を供ず
市餅
家基若君に含ませる

御返事者、御對面之時就文書可被仰之由、被仰下、御書御返事拜領、退出之次參內大臣(藤原家基)殿、入見參、明後日御五十日百日〻時勘文、自里第可進之由、有弘朝臣申之、如何樣可候乎之由伺申、可參之条」可爲本儀之由被仰下、少時參內、進入御返事、勤御膳役送、

(14張)

十日、丁卯、晴、參鷹司殿、入見參、長屋庄御相傳之次第委所被仰下也、以此文書可問答帥卿(藤原經任)之由被仰下、次參內大臣殿、若君御五十日百日儀、家司予・奉行職事成朝(高階)・所司重賢(源)等奉行、予覽日時勘文、有懸帋、召政所筥蓋入之、有弘朝臣參入。勘申之、持參御所方、進入勘文、被召留之、空筥被返下、吉時爲午時、漸可催整之由被仰下之間、下知下家司忠直了、折櫃物百五十合右馬助行泰(惟宗)別內〻承仰調進之、舁竝侍所立蔀前、南北行、御前物二合舁竝中門內、刻限若君御坐寢殿南面、入御之刻限予所伺申也、陪膳左少將守通(藤原)朝臣取打敷、侍長成(藤原)傳之、於階間簾下進女房、陪膳人留候、次供御前物、諸大夫師淸(藤原)・宗俊・兼胤(源)・成朝・宗泰、各衣冠、下絬、侍勤手長、長成・行邦(惟宗)・伊經(藤原)・行雄・親行(惟宗)、已上布衣、下絬、先一御臺、次二御臺、不居物、三御臺、同、四御臺、居菓子、〻四〔五〕御臺、六御臺、次供市餠、居御盤、次供漿、同、各供了陪膳人退、此間女房陪膳人、切市餠端入漿器摺合之、主人御直衣、令奉含給、三着用銀器、吉方東方、予相尋申入了、畢、此間諸大夫運置折櫃物十五合於南簀子、事了御前物自內〻撤却之、折櫃物取退之、本役人勤之、折櫃物等被分進所〻、新女院御所(新陽明門院藤原位子)・靡殿大北政所(藤原仁子)・勘解由小路殿、侍勤使節、戌刻許退出、

師忠北政所始
土御門天皇御八講結願
龜山上皇龜山殿に御幸す
免者勘文に御點を請ふ
御身固
內裏に於て陪膳役送を勤む
免者を行ふ
仙洞評定
關東使者藤原實兼亭に參る
讓位の儀との風聞あり
實兼諸所に參る
春宮に於て陪膳役送を勤む

傳聞、今夕殿下北政所始云〻、家司着行、有勸盃云〻、
十一日、戊辰、晴、土御門院御八講結願、有御幸龜山殿、辰一點參院、申今日免者勘文御點、依無傳奏付左兵衞督(藤原宗親)進入、輕犯囚三人雖注進、八人被下御點了、少時御身固出御、卽寄御車、予於庭上蹲居入見參、參殿下、內覽御點勘文、其外条〻申之、次參內、勤御膳役送、免者上卿吉田中納言參陣、〻官人不參之間、」(15張)數刻相待、上卿在奧座之間、予出陣下囚勘文、加墨點幷合書如例、上卿披覽結申、仰〻詞、今日當土御門院聖忌、爲增進功德輕犯囚加合點令厚免ョ、上卿稱唯、次宣下威儀師二人、長乘・澄乘等也、綱所申狀二通也、予以二通一度下之、依僧文無懸帋・裏帋、上卿兩度結申、仰〻詞、申ノマヽ、予退出、囚勘文召裝束官人章材(中原)於軾下之、威儀師申狀召史下之畢、事〻及終上卿被參請印政、予同奉行也、少納言兼有(平)領狀、自龜山殿退出之時、可參之由令申了、
十二日、己巳、晴、早旦參院、今日評定之間、奉待出御所祗候也、關東使者宗綱(佐々木)隨身文函、只今罷向春宮大夫(藤原實兼)許之由、有其聞、卽下向云〻、是受禪春宮(煕仁親王)事計申之由、有其說、少時大夫參入、先參富小路殿、其後參此御所、數刻有御對面、關白(藤原師忠)殿御參、暫御祗候、御參新女院御方、少時上皇有出御、殿御參、帥已下人〻參、有評定、此間予參春宮、勤御膳陪膳、

讓位の申入れにより御所中上下騒動す
人々群參す

可有龍興之由關東計申云々、御所中上下騒動、人々群參霞霞（如雲）、御膳了予退出、參內、勤御膳役送、後聞、自新院（龜山上皇）以帥卿爲御使被申執柄云、重事可有御沙汰云々、

龜山上皇に祇候の人少なし
師忠に最勝講の停否を問ふ
師忠讓位奉行日次勘申を命ず

十三日、庚午、晴、參院、不及奏事、頗有冷然之氣、近臣人々少々祇候、次參富小路殿（後深草上皇）、人々稱廿一日・廿五日吉曜之由、密々有御沙汰云々、次參殿下、最勝講停否事如何樣可候乎之由伺申、可伺新院之由有仰、被召頭大夫、御讓位事可奉行之由被仰含、陰陽助（賀茂）在秀朝臣卽祇候、問答日次事、廿一日・廿五日之由計申、予參內、次參鷹司殿、入左大（藤原兼忠）將殿見參退出、申承世上事了、」

龜山上皇に最勝講につき奏せんとするも伺ひ難し

（16張）十四日、辛未、晴、參院、不及奏事、最勝講事雖付傳奏、難伺之由面々示之、其上難治歟、次參富小路殿、大礼日次未治定云々、次參內、

讓位定まらず
治世未定の故か

十五日、壬申、晴、參殿下、最勝講事欲伺定候之處、傳奏人々不及奏聞之上者、如何樣可進退乎之由申入、此上者難治歟、然者可閣歟之由有仰、次參內、勤御膳役送、御讓位事于今不落居之間、不及催促云々、若御治世未斷之故歟、不審多端者也、

讓位二十一日に治定す

十六日、癸酉、晴、今日依無指急事、所休息也、御讓位日次事、廿一日一定之由、頭大夫示送、

後深草上皇御所の所々修理を行ふ

內侍所に行幸す

十七日、甲戌、陰、參鷹司殿、入見參、次參近衞殿、入見參、參內、參院、無人寂寞也、時移事變、莫言〻〻、參富小路殿、軒騎成群、所〻修理已下無他事者也、申入女房退出、次參殿下、近日政道事無人于諮詢、仍不及內覽諸事者也、入夜參內、今夕行幸內侍所、頭弁俊定朝臣奉行、此事寛元・正元等有行幸云〻、御釼將、中將宗嗣(藤原)朝臣、頭大夫候御裾、頭弁獻御草鞋、予幷藏人大輔(藤原顯世)、六位仲高(平)取脂燭前行、藏人遠衡持御笏候御共、掌侍一人參會、御拜御座如御神樂時、供神物幷御幣內藏寮獻之、中門南腋構假板敷、御路供筵道如例、今夜結句行幸也、叡情之底所奉察也、可哀〻〻、殿下仰云、最勝講御簾領狀所〻有之歟、廿一日舊主御所料可入、可申沙汰之由有仰、諸國領狀等明旦可持參之由有仰、其後御退出、行幸無御祗候者也、今曉按察賴親卿爲新院御使下向關東、自吉田親秀(攝津)宿所進發云〻、

龜山上皇の使者關東に下向す

(17張)

後深草上皇の使者關東に下向す

十八日、乙亥、雨降、參殿下、最勝講御簾領狀(用途)國〻所注進也、忩可相催之由有仰、少時退出、今日康能(藤原)朝臣爲富小路殿御使下向關東云〻、

後深草上皇常盤井殿に御幸す

富小路殿皇居たるべきによる

十九日、丙午(子)、晴、今日不出仕、本院(後深草上皇)御幸常盤井第、自明後日富小路殿可爲皇居之故也、御幸時經(藤原)奉行、公卿四条前大納言(藤原房名)・大理、殿上人中將爲兼(藤原)朝臣已下云〻、

廿日、丁丑、晴、參新院、參殿下、御簾散狀所申入也、諸國嚴密御沙汰之時、猶以不事行、

後深草上皇に参る
兼仲新天皇の藏人相違なき由を仰せらる
治世未定により諸事合期せず
師忠に御簾調ふ由を申入る
讓位
別記に在り
後宇多上皇に参る
尊號以前により人々衣冠を著す
師忠に豐受大神宮等の怪異につき申す
師忠祭主大中臣定世と談ずべき由を命ず
参内
殿上臺盤に著く

況當時乎、仰云、行事官相構可沙汰入、慥可被付其足之由、別可仰含之由、被仰下之間、所召仰也、大略有領狀之氣、次參常盤井殿、予夕郎無相違可被渡新帝之由、有御沙汰、謁平相公(忠世)、所畏申入也、參春宮、申入女房退出、次參內、頭大夫參會、殿下內覽明日條々事、大內記(藤原親顯)・中務輔等無領狀云々、內々可被申常盤井殿云々、御治世于今不治定之間、諸事不合期歟、爲之如何、

廿一日、戊寅、晴、參富小路殿、參殿下、今日御簾調出之由所申入也、神妙之由有仰、次參內、今日御讓位事在別記、

廿二日、己卯、晴、今日休息之外無他、

廿三日、庚辰、或晴、或陰、時々微雨灑、參內、新帝(伏見天皇)、先之參二条殿、先帝(後宇多上皇)、土御門大納言(源定實)下局祇候、人々多所候也、主典代資遠(安倍)・廳官季重(中原)祇候、寢殿南面懸亘御簾、如院中儀、尊(18張)号宣下以前之間、人々猶着冠、如日來、參殿下、予申云、神宮怪異內宮正殿并西寶殿御鏁澁固不令開給事、內宮古宮心御柱切取事、其後無沙汰、可爲如何樣、神慮難測之由、所申入也、仰云、誠忩可有沙汰歟、但代始奏聞怪異之条不可然、一向令閣之条、神宮事有其恐、先例如此之時如何樣有沙汰哉、祭主(大中臣定世)適在京也、可仰合之由有仰、其後歸參內裏、着殿上臺

名對面

今日十五人昇殿を聽さる

後宇多上皇に參る
參内
政始の奉行を命ぜらる

内裏御湯始

太政官より豐受大神宮等の怪異につき次第解到來す

盤、兩貫首(平信輔・藤原俊定)并隆良(藤原)朝臣・兼行(藤原)朝臣・長相(藤原)朝臣・予・顯世(藤原)・頼藤・俊光(藤原)、六位說春(藤原)・仲賢(下部)・仲方(源)・憲直(藤原)等着座如例、入夜名對面、淸涼殿下格子、殿上人・兩貫首・職事三人列居簀子、懸尻於長押上、藏人說春置脂燭於欄上問之、次第自上首名謁、瀧口遲參之間不申問籍、半更歸宅、

宜陽殿昨今兩日饗儀略之、

廿四日、辛巳、晴、不出仕、祭主入來、問答殿下仰趣、後聞、今日殿上「人十五人(行間補書)被仰昇殿云〻、」

廿五日、壬午、陰、寒氣入骨、參二条殿、先帝、數刻所祗候也、次參內、頭大夫參會、來月四日政始可奉行之由示之、申領狀了、少時退出、參殿下、神宮怪異事祭主申之趣申入了、暫可相待世上落居云〻、入夜退出、

今日內裏御湯始、頭大夫兼日問日次、所申定也、與奪藏人說春、〻〻一向所申沙汰也、

古宮釜殿竈一昨日渡之、釜殿等存例致沙汰云〻、

廿六日、癸未、雨雪霏〻、今日不出仕、」

(19張)
廿七日、甲申、天晴、不出仕、自官次第解二通到來、

左大史小槻秀氏進上狀

進上、
　祭主定世朝臣奏狀一通、
　外宮心御柱事、副次第解、
右、進上如件、
　十月廿四日　　　　　左大史小槻秀氏上
進上　藏人少輔殿（藤原兼仲）

祭主大中臣定世解

祭主正四位下行神祇權大副大中臣朝臣定世解申請天裁事、
　言上、太神宮司言上、豐受太神宮祢宜等注進、可早任先例勤行御一宿御假殿、忩被奉直新宮御方心御柱所損間狀、
副進、
　宮司解狀一通
　祢宜等注文一通
右、得彼宮司今月十二日解狀偁、子細載于其狀也、仍相副言上如件、謹解、
　弘安十年十月十四日　　　祭主正四位下行神祇權大副大中臣朝臣定世」

豐受大神宮禰宜等解

（20張）

太神宮司解申進申文事、

言上、豐受太神宮祢宜等注進、可早經次第上奏、任先例勤仕（行）御一宿御假殿、忩被

奉直新宮御方心御柱所損間狀、

副進、

祢宜等注文一通、

右、得彼祢宜等今月十一日注文偁、子細載于其狀也、仍相副言上如件、以解、

弘安十年十月十二日　　權主典

主典

豐受大神宮神主等注進狀

（21張）

大司從五位上大中臣朝臣

權大司從五位下大中臣朝臣範國

少司從五位下大中臣朝臣

豐受太神宮神主

注進、可早經次第上奏、任先例勤行御一宿御假殿、忩被奉直新宮御方心御柱所損間

事、

右、件御柱者濫觴異他、崇重惟儼、仍廿年一度造替遷御之毎度、新奉採料木、任勘下日時祭地鎭色節役人等奉立之、以麻繩卷付絹布奉餝御榊之先規也、今度同守舊例令奉仕了、爰今日十一日、番文神事之間、物忌等任例拜見內院之處、彼御柱令損給之由、當日巳刻、告來之間、祢宜等一同令參拜之處、上之卷繩寸寸切落之上、卷布等一寸許ニ切破、悤付御柱之上奉餝之御榊大略所令損失也、見事之躰、是非人倫之所行、若爲如鳥之所爲歟、去月御遷宮之日、爲參宮雜人等破損之天平賀委爲實檢、同月廿一日物忌等參內院之時者、心御柱無所損之儀、今朝始而所奉見付也云云、爲希代之重事哉、殊令驚怖者也、仍爲勅裁注進如件、

弘安十年十月十一日　　大內人正六位上度會神主成用

（22張）

祢宜正四位上度會神主貞尙

祢宜丶丶丶丶丶丶丶丶

祢宜丶丶丶丶丶丶丶

祢宜丶丶丶丶丶丶丶丶丶丶益房

祢宜丶丶丶丶丶丶丶丶丶丶朝親

祢宜丶丶丶丶丶丶有行
祢宜丶丶丶丶丶丶丶氏經
祢宜從四位上度會神主常尙

左大史小槻秀氏進上狀

天平賀事、
進上、
祭主定世朝臣奏狀一通、
外宮天平賀事、副次第解、
右、進上如件、
十月廿四日　　左大史小槻秀氏上
進上　藏人少輔殿

祭主大中臣定世解

祭主正四位下行神祇權大副大中臣定世解申請天裁事、
言上、太神宮言上、豐受太神宮祢宜等注進、當宮御遷宮日爲遠近參宮人等奉破損
天平賀由狀、
副進、
宮司解狀一通

祢宜等注文一通

右、彼宮司去七日解狀今日到來偁、子細載于其狀也、仍相副言上如件、謹解、

弘安十年十月十日　　祭主正四位下行神祇權大副大中臣朝臣定世

皇大神宮司解

太神宮司解申進申文事、

言上、豐受太神宮祢宜注進、當宮御遷宮日爲遠近參宮人等奉破損天平賀間狀、

副進、

祢宜等注文一通、

右、彼祢宜等去月十八日注文今日到來偁、子細載于其狀也、仍相副言上如件、以解、

（23張）

弘安十年十月七日　　權主典

主典

大司從五位上大中臣

權大司從五位下大中臣朝臣範國

少司從五位下大中臣朝臣

豐受大神宮神主等注進狀

豐受太神宮神主

注進、當宮御遷宮日、爲遠近參宮人等奉破損天平賀間事、

右、彼天平賀者爲嚴重之神器、濫觴有由哉、爲有尓御器長等之勤役、今度同令造進八百五十口之間、任先例奉居置新宮正殿御下之處、爲參宮雜人等、不拘制法令破損之由、宮中沙汰人等告來之間、下手人之中隨見會、一兩人者召渡其身於祭主方、續兮令實檢、全破次第之處、八百五十口之內、不破損之分僅百九十一口也、於其外者大略不全所令打破也、希代之珎事、無雙之重科、何事過斯哉、凡遠近万邦之參宮人不知幾千万之間、所犯之輩悉不見分之、所詮任先例可令成敗之由、所相觸宮司也、此等之子細不可不言上、仍爲勅裁注進如件、

弘安十年九月十八日　大內人正六位上度會神主成用」

(24張)

祢宜正四位上度會神主貞尙

祢宜丶丶丶丶丶丶丶

祢宜丶丶丶丶丶丶丶丶」

(25張)

師忠豐受大神宮等怪異の解を內覽す

廿八日、乙酉、天晴、參鷹司殿、入大將御方見參、申承諸事、參近衛殿、有出御〻出居、入見參、少時參殿下、神宮申平〔天〕平賀破損幷外宮心〔柱〕御心卷布破損事、解狀等所內覽也、當

卽位明年三月たるべき由を聞く
卽位翌年の例
後深草上皇師忠に尊號幷に兵仗宣下を督促す
參內
初度七瀨御祓あり
初度は代厄祭なし
使者
小舍人大寄あり
丹波光基等藏人所祗候を命ぜらる
後深草上皇御身固

時於奏聞者無便宜、可問例之由被仰下、注仰詞進入、頭大夫參會、御卽位可爲明年三月之由被仰下之旨內覽、翌年例、陽成院貞觀十八年十一月廿九日受禪、同十九年正月三日卽位、後鳥羽院壽永二年八月廿日受禪、元暦元年七月廿八日卽位、如此之外無其例歟、又尊号幷兵仗宣下事、忩可有御沙汰之由、自常盤井殿被申〇執柄云々、少時參內、今日初度七瀨御祓、顯世奉行、先於藏人所勘日時、以勘文奏聞、使同時發遣、着衣內藏寮進之、初度不被行代厄御祭者例也、

備前々司顯相(藤原)　民部少輔光泰(藤原)　前大進顯家(藤原)
兵部少輔時經　冷泉侍從賴成(藤原)　和泉前司爲行(藤原)
平少納言兼有

今日被仰小舍人大寄、頭大夫下知極﨟說春、々々下知出納親村了、典藥頭光基(丹波)朝臣・陰陽助在秀朝臣、已上可候藏人所之由、同下知次第、与奪同前、每日御拜始不及五位藏人藏人之口入云々、參常盤井殿、有御身固出御、構見參了、少時歸參內裏、其後退出、于時日沒之程也、於殿下御所門前所乘車也、」

(26張)廿九日、丙戌、天晴、今日不出仕、

後深草上皇に條々を奏す

卅日、丁亥、晴、參常盤井殿、以高三位(高階邦仲)奏聞条々事、

政始上卿以下散狀の事

　政始上卿已下散狀事、

仰、御覽了、代始政始、先例大納言爲上卿者、可相催、若又○(中)納言已下令參衙者可爲此定、

大原野祭上卿の事

　大原野祭上卿事、

仰、春日祭上卿三条中納言(藤原實重)申領狀上者、大炊御門中納言(藤原良宗)本分配也、參行不可相違、

日吉臨時祭使の事

　日吉臨時祭使事、兼倫(藤原)朝臣請文、

仰、春日祭使者宮司役時也、於今度者可爲殿上役、猶可參行之由、可仰在兼(菅原)朝臣、相催可申散狀、

鎮魂祭分配の參議の事

　鎮魂祭分配參議事、

仰、相催當番參議可申散狀、

黑戸に於て見參す
後宇多上皇後深草上皇の公事差配につき不審を示す
公事は後深草上皇差配の由を申上ぐ

條〻承勅答之後參內、以女房被仰下云、黑戸可參之由有勅定、卽參、主上有出御、所構見參也、頃之祗候之後、參二条殿入見參、近日公事常盤井殿御計歟之由、有御不審、於公事者彼御所御計之由、申上了、尊号宣下事、明後日二日、先帝御衰日之由、在秀朝臣申

尊號宣下四日に治定す

之、可爲四日之由治定云々、少時退出、

（〇四行空白有り）

（奥書）「正和二年五月四日抄出了、
左衛門（藤原光業）權佐（花押）」

（表紙題簽）

「『◎〳』（朱筆、下同ジ）『濟』兼仲卿暦記　自正應元年（弘安十一改元）正月一日至十二月廿九日　首闕（年號闕）　自筆本　壹巻

『綴合改めたる通り』」

兼仲本年四十五歳、正五位下治部少輔、

（１張）

（〇首缺、缺損部分は正應二年正月一日至二月二十八日巻紙背の具注暦により注記す）

〔弘安十一年具注暦日〕　〔戊子歳 干土支水 納音是火〕　〔凡三百五十四日〕

〔名困敦之歳〕

〔大藏在戊子〕〔爲一年〕□□□君、不〔可將〕□□兵抂向、』　〔大將軍在酉〕　〔大陰在〕戌

歳徳在中宮戊〔合〕□在癸、戊癸上取土、及宜修造、　歳刑在卯　歳破在午

歳䙴在未　黄幡在辰　豹尾在戌

右件大歳已下、其地不可穿鑿動治、因有

頽壞事、須修營者、其日与歲德・月德・歲德合・月德合・天恩・天赦・母倉并者、修營無妨、

『歲次玄枵』

『右件歲次所在、其國有福、不可將兵捍向、』

正月小　二月大　三月小　四月大　五月小　六月大
七月大　八月小　九月大　十月小　十一月大　十二月小

甲　天道南行、宜向南行及宜修造、天德在丁、丁上取土及宜避病、月殺在丑、用時甲丙庚壬、

正月小建　『土府在丑』　『土公在竈』

寅　月德在丙、合在辛、丙辛上取土及宜修造、月空在壬、壬上取土及宜修造、三鏡乙辛乾乾巽艮、

『室宿水曜』『天間』一日、丁亥、土收、蟄蟲始振『伐』沐浴　大歲對小歲後、无翹、重　加冠・拜官吉
『從立春日伏龍在內庭去堂六尺六十日』

雪降、參殿下（藤原師忠）、拜礼、參內（伏見天皇）、次參院（後深草上皇）、拜礼、入夜參內、祗候節會、

小朝拜、俊光（藤原）奉行、御藥、同、元日節會、同、官方吉書內覽奏聞、

關白拜禮
院拜禮
小朝拜
御藥
元日節會

御齋會前奏、史付予、

『辟木』二日、戊子、火開、沐浴　大歲對、歲德、往亡　加冠吉　日遊在內
『大將軍遊內　天一子　忌夜行』

晴、參近衛殿(藤原家基)、參前殿(藤原基忠)、參室町院(暉子內親王)、參大政所(藤原仁子)北、參新陽明門院(藤原位子)、參万里小路殿、新院(後宇多上皇)御方有出御、參內

諸所拜禮

裏、參院、奏御幸条〻事、」

(2張)

『奎金』三日、己丑、火閉、除手甲　大歲對、歸忌、血忌、月敛　塞穴吉　日遊在內
『羅剎』

陰、參院、奏聞御幸條〻事幷御齋會前奏文、參內、次參殿下、內覽前奏文、參右大臣殿(藤原忠教)、覽前奏文、

殿上淵醉停止

參准后(藤原貞子)、次謁戶部(藤原資宣)、依神宮西寶殿事、殿上淵醉停止、

『婁土』四日、庚寅、木建、除足甲　大歲對、復　日出卯三刻四分　晝四十五刻　日入酉初三分　夜五十五刻　拜官吉
『三寶吉』

晴、參院、奏聞御幸条〻事、參室町院、申吉書、參前殿、入見參、

『胃日』『蜜』五日、辛卯、木除、卿益　三陰
『羅剎』

敘位

雨雪霏〻、向謁民部卿(藤原資宣)第、勸一獻、入夜敘位(儀)□參內、

『昴月』六日、壬辰、水滿、『伐』滅　魚上氷　『五墓』　大歲前、九坎、厭對
『不弔人』

晴、天曙之後自內裏退出、依召參院、爲御使、參右府、參內、參殿下、歸參內裏、参院、

秉燭之後退出、

『畢火』**七日**、癸巳、水平、『滅門』大歳前、重　加冠吉　日遊在内
『三寶吉　大將軍還西　天一天上』

白馬節會

晴、參院、奏聞條〻事、次參內、白馬節會、候床子幷祿所、

『觜水』**八日**、甲午、金定、上弦『神吉』大歳前、復　加冠吉　日遊在内
『三寶吉　土公遊南　不弔人』

法勝寺修正會

晴、申一點參院、法勝寺修正御幸、予奉行、被通用御幸始儀、

女敍位
成勝寺修正會
御齋會

女敍位議、(儀)(藤原)賴藤奉行、成勝寺修正、予不參、御齋會、官方予奉行、

『參木』**九日**、乙未、金執、『五墓』大歳前　漁吉　日遊在内
『不食時亥』

晴、參官司、御齋會第二日、及晚退出、

『井金』**十日**、丙申、火破、沐浴『神吉』大歳前　解除吉　日遊在内

朝雪滿庭、申刻參官廳、御齋會第三日、

『鬼土』**十一日**、丁酉、火危、雨水　正月中　沐浴『神吉』公漸　獺祭魚　大歳前　壞垣吉　日遊在内
『三寶吉　忌遠行』

政始
神宮怪異御卜

晴、參殿下、申四品同日位記事、次參內、次參新院、參官司、御齋會第四日、

女房(源親時女)・光資(藤原)參吉田幷祇園・北野、今日政始、神宮怪異御卜、一上(藤原忠教)御奉行、

『蜜』『柳日』『不視病』**十二日**、戊戌、木成、　大歳前、厭　日出卯三刻二分　日入酉初五分　旦四十六刻　夜五十四刻　入學吉　日遊在内」

（3張）

晴、及晩雪飛、參前殿下(藤原基忠)、若君入御、參官廳、御齋會第五日、

『星月』『不問疾』**十三日**、己亥、木收、沐浴『神吉』　『太禍』　大歳前、无翹、重　加冠吉　日遊在内

雪飛風烈、參院、奏事、次參官廳、御齋會第六日、東廳引物儀、

東二條院御幸始

向太元壇所、奉拝本尊、入夜參院、東二条院(藤原公子)御幸始、御入内、供奉、

『張火』『三寶吉　土公入　忌夜行』**十四日**、庚子、土開、沐浴『神吉』　『狼藉』　大歳前、復　加冠吉　日遊在内

御齋會竟

雪降、未斜參官司、御齋會竟、

『翼水』『三寶吉』**十五日**、辛丑、土閉、除手甲『神吉』　『五墓』　大歳前、歸忌、血忌、月殺　塞穴吉　日遊在内

晴、不出仕、

『軫木』『三寶吉』**十六日**、壬寅、金建、除手足甲　望　鴻鴈來　大歳前　移徙吉　日遊在内

踏歌節會

晴、及夜陰微雨、入參(夜)參內、踏哥節會、參陣、右大將(源通基)着陣、予候直、

『(角)軫金』『三寶吉』**十七日**、癸卯、金除、『神吉』　辟泰　大歳前　祠祀吉　日遊在内

息光資元服
射禮

陰、光資元服儀、射礼、賴藤奉行、

去夕陣申文目六史定(紀)直送之、

『亢土』十八日、甲辰、火滿、『金剛峯　不弔人』　大歳前、九坎、厭對、復　市買吉　日遊在内

蓮華王院修正會

晴、入夜參院、六条殿、蓮華王院修正御幸供奉、仲兼(平)朝臣奉行、

『蜜日』『弖』十九日、乙巳、火平、『神吉』『滅門』　大歳前、重　加冠吉　日遊在内

雨降、參六条殿、以勾當内侍奏粟田宮兩条、

關東使者入洛

關東使者伊勢入道行覺(二階堂盛綱)今日入華云々、

『房月』廿　日、丙午、水定、『神吉』『三寶吉　不弔人』　日出卯三刻　大歳後　日入酉一刻一分　昼四十七刻　夜五十三刻　拜官吉　日遊在内

陰、參院、奏事、自六条殿今日俄所有還御也、八幡御幸延引云々、

相具光資、參内大臣殿(藤原家基)、次參前殿下、各入見參了、

『心火』廿一日、丁未、水執、草木萌『神吉』『三寶吉　下食時亥』　大歳後　漁吉　日遊在内

晴、參常盤井殿、」

(4張)

『尾水』廿二日、戊申、土破、沐浴『神吉』『三寶吉　土公遊西　不視病』　大歳後　壊垣吉　日遊在内

晴、不出仕、

權中納言藤原兼基著陣

『箕木』**廿三日**、己酉、土危、下弦 沐浴『神吉』 侯需 大歳後 移徙吉 日遊在内
『三寶吉 天一丑寅 忌遠行 不問疾』

晴、餘寒太、入夜參內、中納言(藤原兼基)中將殿御着陣、候床子、

『斗金』**廿四日**、庚戌、金成、陰錯、復、厭

晴、參院、奏事、參內、參殿下、參新院、有出御、及晚退出、

『太禍』『女土』**廿五日**、辛亥、金收、沐浴『神吉』 大歳後、无翹、重 加冠吉
『三寶吉』

晴、不出仕、釋奠蒙催之間申領狀了、

『蜜』『虚日』**廿六日**、壬子、木收、驚蟄二月節 沐浴『神吉』 『滅門』 侯需外 大歳前 加冠吉
『大將軍遊北 忌夜行』 桃始華

後深草上皇八幡御幸

晴、霜威深、院御幸八幡宮寺、平宰相(忠世)奉行、

太政官廳修理日時定

官廳理修(修理)日時定、(藤原)顯世奉行、

『危月』**廿七日**、癸丑、木開、除手甲『伐』 大歳前、九坎 入學吉

晴、入夜參新院、依番宿侍、

『室火』**廿八日**、甲寅、水閉、除足甲 大歳前、歸忌 加冠吉
『三寶吉 土公入』 日出卯二刻四分 日入酉一刻三分 旦四十八刻 夜五十二刻

晴、

『辟水』『天一卯』廿九日、乙卯、水建、『狼藉』　大夫隨　陽錯、厭對、復

晴、自雨降、夜相具光資參室町院、次參宰相中將殿（藤原兼教）、次參大北政所、次參万里小路殿、入兩院見參、及晩退出、

二月 大建　『土府在巳』『土公在竈』

乙　天道西南行、宜向西南行及宜修造、天德在坤、坤上取土及宜避病、月敛在戌、用時艮巽坤乾、

卯　月德在甲、合在己、甲己上取土及宜修造、月空在庚、庚上取土及宜修造、三鏡甲丙庚壬乾巽、

『奎宿木曜』一　日、丙辰、土除、　大歲前　解除吉　」

（５張）

吉田社北野社參詣

晩雨降、參吉田社、奉幣、參北野、奉幣、光資（藤原）同所參也、

『婁金』『三寶吉　大將軍還西　忌遠行』二　日、丁巳、土滿、倉庚鳴　大歲後、重　加冠吉

釋奠

雨降、終日不休、入夜參官司、釋奠、依神宮事、宴穩座停止、

『胃土』『不視病　不弔人』三　日、戊午、火平、『神吉』『太禍』　大歲後　加冠吉　日遊在內

春日精進始
雨降、自今日始春日精進、青女(源親時女)參稲荷・今熊野・今〔新〕日吉社等、

神宮怪異軒廊御卜
神宮怪異軒廊御卜、予奉行、依故障不參陣、

『蜜』『昴日』四日、己未、火定、『神吉』『三寶吉　不問疾』　大歳後、血忌　裁衣吉　日遊在内

春日祭御禊
晴、參前殿(藤原基忠)、左大將殿(藤原兼忠)春日祭御禊陪膳勤仕、於一条猪隈御棧敷見物御幸還御、賀茂・北野

祈年祭
御幸云々、祈年祭、顯世(藤原)奉行、

『畢月』五日、庚申、木執、沐浴『神吉』『甘呂　三寶吉　天一辰巳』　大歳後　漁吉

春日祭
雨降、終夜不休、拂曉下向南都、光資相伴、春日祭參行、

『觜火』六日、辛酉、木破、卿晋　陰錯、厭、復

晴、早旦宮廻、次出京、於宇治儲小饌、及夜景歸畢、

『參水』七日、壬戌、水危、沒『伐』『羅刹　下食時子』　大歳後、无翹、月殺

僧官宣旨到來
晴、今日窮屈之間不及出仕、僧官宣旨到來、土御門中納言(源雅房)奉行、下知官了、

『井木』八日、癸亥、水成、鷹化爲鳩　沐浴『金剛峯』　大小歳位、重　祠祀吉
日出卯二刻二分　晝四十九刻
日入酉一刻五分　夜五十一刻

縣召除目始
晴、參院(後深草上皇)、奏事、次參內(伏見天皇)、次參殿下(藤原師忠)、次參內、入夜參內、縣召除目初、頭弁(藤原俊定)奉行、

僧官宣旨到來

僧官宣旨到來、上卿皇后宮權大夫（藤原公衡）、下知官了、皇后宮（姈子內親王）行啓院御所、

『鬼金』九日、甲子、金收、上弦沐浴『滅門』『八龍』　大小歲位　祠祀吉
『大將軍遊東　土公遊北　忌夜行　天間』

長講堂御八講

晴、不出仕、長講堂御八講可奉行之由、平宰相（忠世）奉書到來、申領狀了、

除目中夜

神宮心御柱天平賀等事、上卿藤中納言（實冬）下知、仰官了、除目中夜、

『柳土』十日、乙丑、金開、除手甲　大小歲位、九坎、復　入學吉
『羅刹』

除目入眼

晴、參院、奏事、參內、參殿下、除目入眼、入夜參內、

總州（源親時）禪門今日自越州上洛、」

（6張）

『蜜日』『星』十一日、丙寅、火閉、除足甲　大小歲位、歸忌、往亡　塞〔穴吉カ〕□□
『三寶吉　天一午』

陰、入夜雨降、今日不出仕、

『張月』十二日、丁卯、火建、『狼藉』　大小歲位、厭對　出行吉
『三寶吉』

大原野祭

晴、時々雨灑、風烈、大原野祭參行、

方違行幸

爲御方違行幸西園寺第、賴藤（藤原）奉行、

『翼火』十三日、戊辰、木除、春分　二月中　社　玄鳥至　公解『五墓』　大歲位　解除吉　日遊在內
『羅刹　不視病』

晴、自官検非違使宣旨三枚持來、加判了、
主上御逗留北山第、今夕還御云々、

『軫水』**十四日**、己巳、木滿、『神吉』『大將軍還西　忌遠行　不問疾』　大歳位、重　加冠吉　日遊在内

晴、不出仕、造香取社條々事、今日致沙汰了、

列見　法親王宣下

列見、(藤原)俊定朝臣奉行、(忠助)法親王宣下、(平)信輔朝臣奉行、

『角木』**十五日**、庚午、土平、『神吉』『伐』『太禍』『三寶吉　土公入　不弔人』　大歳位　日出卯時正　晝五十刻　日入酉時正　夜五十刻　加冠吉

亡父月忌

陰、雨降、彼岸初日、向河東草堂、修小善、(藤原經光)先考月忌也、向平(便路)向禪門亭、

『亢金』**十六日**、辛未、土定、望　除手足甲『三寶吉　天一未申』　大歳位、血忌、復　裁衣吉

晴、及晩參前殿、若君御前入御、明曉春日御參詣料也、

『弖土』**十七日**、壬申、金執、沐浴『神吉』　大歳位　漁吉

後宇多上皇嵯峨殿に御幸す

晴、(後宇多上皇)新院御幸嵯峨殿、於一条西洞院見物、參猪隈殿、

『蜜』『房日』『三寶吉』**十八日**、癸酉、金破、雷乃發聲　沐浴　大歳位、厭　壞垣吉

晴、參新院、兩御所出御、參殿下、

西寶殿破損仗議延引、

『心月』十九日、甲戌、火危、『下食時子』　辟大社　大小歳對、无翹、月致　壞垣吉

雨降、參院、奏事、參內、參殿下、香取社造營条々事所申入也、

御卽位条々定、顯世奉行、秀才長藤(藤原)・進士長宣(菅原)獻策、

御卽位條々定　文章得業生獻策

『尾火』廿日、乙亥、火成、沐浴　『廿呂　三寶吉』　『八龍』大小歳對、重、復　祠祀吉」

(7張)雨降、經朝(藤原)卿十三年遠忌修八講、予行向、參前殿下、

若君自春日還御、

藤原經朝十三回忌八講

藤原基忠の若君春日社より還御す

『箕水』廿一日、丙子、水收、沐浴『伐』『滅門』　『大將軍遊南　忌夜行』　大小歳對　加冠吉

晴、參院、礼服御覽、爲俊(藤原)朝臣・予參向、

禮服御覽

除目下名、參內、

除目下名

『斗木』廿二日、丁丑、水開、除手甲　『天一酉　歳下食』　日出卯二刻五分　旦五十一刻　大小歳對、九坎　日入酉二刻二分　夜四十九刻　結婚吉

晴、不出仕、

『女金』廿三日、戊寅、土閉、下弦　除足甲　始電『伐』　『三寶吉　土公遊東　不視病』　大小歳對、歸忌　加冠吉　日遊在內

藤原光資の秀才宣旨到來す

陰、光資秀才宣旨到來、

『虚土』『不問疾』**廿四日**、己卯、土建、『伐』『狼藉』　陰道衝陽、厭對　日遊在内

晴、向万里小路宿所、

『蜜』『危日』『三寶吉　不弔人』**廿五日**、庚辰、金除、　侯豫内　大歳位　解除吉

晴、

『室月』『三寶吉　大將軍還西　忌遠行』**廿六日**、辛巳、金滿、『伐』　大歳位、重、復　加冠吉

晴、參院、奏事、參新院、有出御、

『辟火』『金剛峯　三寶吉　天一戌亥　不弔人』**廿七日**、壬午、木平、『神吉』『太禍』　大歳位　加冠吉

御卽位由奉幣神祇官行幸建禮門大祓後宇多上皇嵯峨殿に御幸す

晴、入夜參內、御卽位由奉幣、行幸神祇官、(藤原)俊光奉行、奉幣、顯世奉行、建礼門大祓參行、新院御幸嵯峨殿、

『奎水』『三寶吉』**廿八日**、癸未、木平、清明　三月節　桐始華『伐』『滅門』侯豫外　大歳位、月殺『伏龍在門内百日』　裁衣吉

晴、

『婁木』『土公入』**廿九日**、甲申、水定、『伐』　行很、厭

晴、傳聞、被召官外記於院御所、官方用途幷諸司・諸衞事等有御沙汰云々、

（8張）

『胃金』**卅日**、乙酉、水執、沐浴『神吉』除手足甲『三寶吉』　大歳對、无翹　日出卯一刻三分　旦五十二刻　日入酉三刻四分　夜四十八刻　解除吉

晴、參院、奏事、月讀宮遷宮用途事等也、參內、

參殿下、香取造營条々事申入、

丙　天道北行、宜向北行及宜修造、天德在壬、壬上取土及宜避病、月㪅在未、用時乙丁辛癸、

三月小建

『土府在酉』『土公在竈』

辰　月德在壬、合在丁、壬丁上取土及宜修造、月空在丙、丙上取土及宜修造、三鏡乙丙丁辛壬癸、

『胃宿土曜』**一日**、丙戌、土破、大夫訟『五ー』　大歳對、九坎　壞垣吉

晴、參嵯峨殿、新院（後宇多上皇）御所、參中西法印御房、亥域西帥卿（藤原經任）第燒失、

藤原經任亭燒失

『蜜日』『昴』**二日**、丁亥、土危、沐浴『伐』　大歳對、重　結婚吉

晴、不出仕、

辨侍に節供を給ふ

『畢月』三日、戊子、火成、田鼠化爲鴽 沐浴 『甘呂 三寶吉 大將軍遊內 天一子 不視病』 大歲對、歸忌、復 拜官吉 日遊在內

晴、弁侍二人出來、給節供、各三十疋賜了、

下總國役として太政官廳の築垣二丈を造る

『觜火』四日、己丑、火收、除手甲 『忌遠行 不問疾』『太禍』 大歲對、復 嫁娶吉 日遊在內

晴、官廳築垣二丈、爲總州役致沙汰了、

『參水』五日、庚寅、木開、除足甲 『羅刹』 大歲對、厭對、血忌 出行吉

晴、青女(源親時女)・光資(藤原)參鞍馬寺、參前殿(藤原基忠)、參近衞殿(藤原家基)、

小除目

『井木』六日、辛卯、木閇、除手足甲 『金剛峯』『神吉』 大歲對 拜官吉

晴、入夜參內(伏見天皇)、小除目、勤右筆、

『鬼金』七日、壬辰、水建、『伐』 『下食時丑 不弔人』 卿蟲 『五ー』 大歲前 出行吉

晴、天曙後自內裏退出、

『柳土』八日、癸巳、水除、上弦 虹始見 『羅刹 大將軍還西 天一天上』 大歲前、重 日出卯一刻一分 旦五十三刻 日入酉三刻 夜四十七刻 拜官吉 日遊在內」

太政官廳巡檢
御即位敍位

(9張)晴陰不定、今日官廳巡檢、御即位敍位、參內、俊光(藤原)奉行、

『星日』『蜜』九日、甲午、金滿、『神吉』 『三寶吉 土公遊南 忌夜行 不弔人』 大歲前 拜官吉 日遊在內

石清水臨時祭
長講堂御八講

陰、石清水臨時祭、(藤原)頼藤奉行、長講堂御八講、(藤原冬季)右中弁奉行、

『張月』『天間』**十日**、乙未、金平、滅『滅門』土用事　『五墓』大歳前、月殺　日遊在内

自夜雨降、終日不休、早旦參嵯峨殿、

『翼火』『羅刹』**十一日**、丙申、火定、　了戻、厭　日遊在内

晴、參前殿、參猪隈殿、

『軫水』『三寶吉』**十二日**、丁酉、火執、沐浴『神吉』　大歳前、无翹　解除吉　日遊在内

小除目

晴、今日被行小除目、

『角木』『不視病』**十三日**、戊戌、木破、穀雨 萍始生　三月中　公革　大歳前、九坎、復　日遊在内

長講堂御八講結願

晴、長講堂御八講結願、

『亢金』『不問疾』**十四日**、己亥、木危、沐浴『神吉』　大歳前、重、復　裁衣吉　日遊在内

晴、爲(藤原家教)花山院中納言奉行宣旨到來、中田神戸司職事、下知官了、(源親時)禪門下向越州、造香取社大行事ゝ示付了、

『弖土』『三寶吉　土公入』**十五日**、庚子、土成、沐浴『神吉』　大歳前、歸忌　祠祀吉　日遊在内

伏見天皇御卽位儀

晴、今日御即位、先候ゝ參內、候床子、參官廳、候外弁、

『房日』『蜜』十六日、『三寶吉 忌遠行』辛丑、土收、望『神吉』『太禍』『五墓』除手足甲 大歳前 日出卯初五分 晝五十四刻 日入酉三刻一分 夜四十六刻 市買吉

僧官宣下

晴、爲土御門中納言(源雅房)奉行、僧官宣下、ゝ知官了、

『心月』十七日、『三寶吉』壬寅、金開、除足甲 大歳前、厭對、血忌 納徵吉 日遊在内

御嵯峨天皇御月忌

晴、入夜參前殿、炎上依咫尺也、上皇(後深草上皇)御幸龜山殿、依御月忌也、」

(10張)

『尾火』十八日、『甘呂 三寶吉』癸卯、金閉、鳴鳩拂其羽 大歳前、往亡 日遊在内

晴、參院、奏事、參內、參近衛殿、入見參、參前殿、

『箕水』十九日、『下食時丑 不弔人』甲辰、火建、辟央 陽錯 日遊在内

迎講

晴、今日結緣ゝ迎講、向堂

『斗木』廿 日、乙巳、火除、『神吉』 大歳前、重 拜官吉 日遊在内

祇園社北野社廣隆寺參詣

陰、相伴女房(源親時女)・光資、參祇園、百度詣、次參北野、次參廣隆寺、百度詣、
及晩還向、新院自嵯峨殿、還御冷泉殿御所、

『女金』廿一日、『三寶吉 忌夜行 不弔人』丙午、水滿、『神吉』 『狼藉』 大歳後 出行吉 日遊在内

自夜雨降、不出仕、

『虚土』『三寳吉』**廿二日**、丁未、水平、『神吉』『滅門』　大歳後、月敫　裁衣吉　日遊在内

雨下、服蒜、

『危日』『蜜』『土公遊西　不視病』**廿三日**、戊申、土定、下弦　戴勝降桑　孤辰、復、厭　日遊在内

雨下、

『室月』『三寳吉　天一丑寅　不問疾』**廿四日**、己酉、土執、沐浴『神吉』　日出卯初三分　晝五十五刻　日入酉三刻四分　夜四十五刻　大歳後、无翹、復　祠祀吉　日遊在内

雨下、

『辟火』『金剛峯』**廿五日**、庚戌、金破、侯豫内　大歳後、天恩、九坎

雨降、

『奎水』『三寳吉』**廿六日**、辛亥、金危、沐浴『神吉』　大歳後、重　裁衣吉

雨降、自今日止蒜、

『婁木』『大將軍遊北』**廿七日**、壬子、木成、沐浴『神吉』　大歳前、歸忌　祠祀吉　└

(11張)晴、仙洞御治世之後評定始、天台座主宣下、法性寺座主慈實僧正、

後深草上皇評定始
天台座主宣下

僧官宣下

被宣下僧事、已上俊光奉行、上卿藤中納言(實冬)、勅使少納言兼有(平)參陣云〻、

『胃金』『三寶吉』**廿八日**、癸丑、木成、立夏四月節 除手甲 螻蟈鳴『神吉』 侯豫外 大歳位、歸忌、厭對 入學吉

雨降、來月十六日祈年穀奉幣可奉行之由被仰下、內〻可存知、於了請文者臨期可進、神事有憚之由答了、

『昴土』『三寶吉 土公入 下食時寅』**廿九日**、甲寅、水收、除手足甲 大歳位 上梁吉

陰、

四月 大建 『土府在寅』『土公在門』

丁 天道西行、宜向西行及宜修造、天德在辛、辛上取土及宜避病、月㱟在辰、用時甲丙庚壬、

巳 月德在庚、合在乙、庚乙上取土及宜修造、月空在甲、甲上取土及宜修造、三鏡丁癸乾坤巽艮、

『蜜』『畢宿日曜』『三寶吉 天一卯』**一日**、乙卯、水開、『神吉』 大歳位 加冠吉

平座

晴、參內府(藤原家基)、參前殿下(藤原基忠)、參院(後深草上皇)、參內(伏見天皇)、平座、賴藤(藤原)奉行、

院春日御幸延引、

『觜月』二日、丙辰、土閇、『不弔人』　大夫師　大歳位、復、月致　塞穴吉

晴、不參出仕、

『參火』三日、丁巳、土建、『大將軍還西』　陽錯、重　日出卯初二分　晝五十六刻　日入酉三刻五分　夜四十四刻

陰、參院、奏事、參內、參殿下（藤原師忠）、參新院（後宇多上皇）、

『井水』四日、戊午、火除、蚯蚓出『忌夜行　不視病　不弔人』　歳博　日遊在内

松尾精進始

雨降、始松尾精進、沐浴、

『鬼木』五日、己未、火滿、『甘呂　不問疾』　陰錯、孤辰、九坎、厭　日遊在内

晴、不出仕、

『柳金』六日、庚申、木平、沐浴　除手足甲『天一辰巳』　大歳對、无翹、血忌、往亡　解除吉

松尾祭　平野祭

晴、松尾祭、依分配參行、平野祭、」

（12張）

『星土』七日、辛酉、木定、沐浴『神吉』『甘呂　三吉　忌遠行』　大歳對　移徙吉

晴、參內、參殿下、內覽条々事、參院、不達奏事、

祭除目

祭除目、參內、

『蜜』『張日』八　日、壬戌、水執、『伐』　卿比　大歲對、復　裁衣吉

灌佛

晴、不出仕、內裏已下被行灌佛、

『翼月』九　日、癸亥、水破、上弦王瓜生　陰陽交破、重

晴、參院、奏事、

『軫火』十　日、甲子、金危、沐浴『大將軍遊東　土公遊北』　大小歲後　祠祀吉

法金剛院上棟

雨降、依召參院、香取社瓦木事被仰下、法金剛院上棟、

仙洞文殿始

院文殿始、

『角水』十一日、乙丑、金成、除手甲　日出卯初一分　晝五十七刻　大小歲後、歸忌、厭對　日入酉四刻一分　夜四十三刻　加冠吉

陰、不出仕、終日寫經、

『亢木』十二日、丙寅、火收、除足甲『三吉　天一午　下食時寅　天間』　『滅門』　大小歲後、復　加冠吉

晴、入夜雨降、參院、參內、參殿下、參新院、有出御、歸參院、

藤原實兼女鐔子家家司補任

被下姬君(藤原鐔子)被補家司、

御即位女敍位
女官除目

『弖金』『三寶吉』十三日、丁卯、火開、『神吉』　大小歳後　加冠吉
晴、入夜參內、御即位女敍位、女官除目、淸書、

『房土』『不視病　不弔人』十四日、戊辰、木閇、小滿　四月中　公小畜　苦菜秀『五墓』　絶陰、月敛　日遊在内
晴、

亡父遠忌

『蜜』『心日』『大將軍還西　不問疾』十五日、己巳、木建、　陽錯(絶)純陽、重　日遊在内
晴、向河東草堂、先人(藤原經光)御遠忌日也、修小善、

『尾月』『三寶吉　土公入　忌夜行　不弔人』十六日、庚午、土除、望『神吉』『伐』除手足甲『狼藉』　大歳後　拝官吉　」

小除目
氏院參賀

(13張)晴、參院、奏事、參前關白殿(藤原基忠)、參近衞殿(藤原家基)、皇后宮(俰子内親王)御入內、
小除目、殿下氏院參賀、頭弁(藤原俊定)奉行、

『箕火』『天一未申』十七日、辛未、土滿、　孤辰、九坎、厭
晴、不出仕、

『斗水』十八日、壬申、金平、沒『太禍』　大歳後、血忌、无翹、復
晴及陰雨降、不出仕、寫經、

賀茂祭
法勝寺圓勝寺奉行に任ぜらる

『女木』十九日、癸酉、金定、沐浴『神吉』　大歲後　裁衣吉
『三寶吉　忌遠行』

雨降、賀茂祭、參前殿(藤原基忠)御棧敷、見物、法勝・円勝寺等可奉行之由被下院宣、

『虛金』廿　日、甲戌、火執、靡草死　日出寅四刻　晝五十八刻　大小歲前　日入戌初一分　夜四十二刻　納徵吉

御即位由山陵使發遣
後深草上皇春日社に御幸す

陰、參新院、入見參、參內、御即位由山陵使發遣、(藤原)雅藤朝臣奉行、
院御幸春日社、

『危土』廿一日、乙亥、火破、沐浴　辟乾　大小歲前、重　裁衣吉

春日社三十講始行

陰、自今日於社頭被始行三十講、五个日、雅藤奉行、入夜參院、庇番宿侍、
關白(藤原師忠)初度上表延引、

『蜜』『室日』廿二日、丙子、水危、沐浴『伐』　『七鳥』大小歲前、復　納徵吉
『大將軍遊南』

吉田祭

陰、參新院、晝番、夜番誂宗嗣(藤原)朝臣了、次參吉田社、祭參行、先參近衞殿、勤吉田祭御禊陪膳、

『辟月』廿三日、丁丑、水成、下弦　除手甲　大小歲前、歸忌、厭對　入學吉
『三寶吉　天一酉　歲下食』

雨降、入夜參新院、依番宿侍、國郡卜定延引、

相具光資(藤原)・女房等(源親時女)、參北野、

『奎火』廿四日、戊寅、土收、除足甲『伐』　『滅門』　大小歳前　加冠吉　日遊在内
『三寶吉　土公遊東　下食時寅　不視病』

晴、參新院、書番、入夜又參、宿侍、

『婁水』廿五日、己卯、土開、小暑至『神吉』『伐』　大歳前　加冠吉　日遊在内
『不問疾』

祈年穀奉幣

晴、參新院、書番、參內、祈年穀奉幣奉行、參神祇官、」

『胃木』廿六日、庚辰、金閇、　大歳後、月㲋　壅水吉
『三寶吉　不弔人』

(14張)

陰、自春日今日還幸、及晚向宗親(藤原)第、具信(源)入道對面、

一條西洞院炎上

寅刻一条西洞院炎上、馳參猪隈殿(藤原兼平)、堀川殿・行願寺・誓願寺已下多以燒失、

『昴金』廿七日、辛巳、金建、『伐』　侯大有内　大歳後、重　加冠吉
『三寶吉　大將軍返西』

藤原鏱子入內定

晴、入夜雨降、參院、奏事、女御入內定、同敍品、勅使參入、本所御直曹御裝束始、

關白藤原師忠初度御上表

參殿下、初度御上表、候官方吉書、

『畢土』廿八日、壬午、木除、『神吉』　大歳後、復　拜官吉
『三寶吉　天一戊亥　忌夜行　不弔人』

大嘗會國郡卜定
改元定

陰、今日不出仕、大嘗會國郡卜定、俊光(藤原)奉行、條事定、改元定、頭弁奉行、

左近騎射可奉行之由、自大將殿(藤原兼忠)被仰下、申領狀了、

『蜜』『觜日』廿九日、癸未、木滿、『伐』　孤辰、九坎、厭

陰晴不定、

『參月』『土公入』卅日、甲申、水滿、芒種　五月節　沐浴『神吉』『伐』　除手足甲　侯大有外　蟷蜋生　大歲後　日出寅三刻五分　旦五十九刻　日入戌初二分　夕四十一刻　祠祀吉

晴、參院、奏事、向毘沙門堂賴禪律師房、

五月小建　『土府在午』　『土公在門』

戊　天道西北行、宜向西北行及宜修造、天德在乾、乾上取土及宜避病、月𢊁在丑、用時艮巽坤乾、

午　月德在丙、合在辛、丙辛上取土及宜修造、月空在壬、壬上取土及宜修造、三鏡甲丙庚壬坤艮、

『參宿火曜』『三寶吉』一日、乙酉、水平、沐浴『神吉』『伐』　『滅門』　大歲前　嫁娶吉

晴陰不定、仙洞評定、

『井水』二　日、丙戌、土定、　『五墓』　大歲前　結婚吉

仙洞評定

和泉備中兩國藤原師忠の知行國となる

陰、不出仕、和泉・備中兩國、爲執柄（藤原師忠）御分事、

『鬼木』**三日**、丁亥、土執、沐浴『伐』大夫家入『七鳥』大歳前、重、復　裁衣吉
『甘呂　三寶吉』

雨降、參院、（後深草上皇）奏聞法勝寺條々事、左近荒手結、依雨儀延引、

左近荒手結

『柳金』**四日**、戊子、火破、沐浴『狼藉』大歳前、厭對　壞垣吉　日遊在内
『大將軍遊内　天一子　不視病』

（15張）晴、今夕被行左近荒手結、予奉行、次將業顯（源）朝臣參入、

小除目

『星土』**五日**、己丑、火危、鵙始鳴　除手甲　大歳前、月殺　壞垣吉　日遊在内
『甘呂　三寶吉　不視病』

晴、及晩參前殿（藤原基忠）、次參內（伏見天皇）、小除目、

左近騎射

『蜜日』『張』**六日**、庚寅、木成、除手足甲　大歳前、歸忌　入學吉
『三寶吉』

晴、參院、奏事、進覽結政、左近騎射着行、奉行、

六條殿供花會始行

『翼月』**七日**、辛卯、木收、『太禍』大歳位、九坎、血忌　祠祀吉

上皇御幸六条殿、自今日被始行供花、

『軫火』**八日**、壬辰、水開、上弦『伐』『五墓』大歳位　入學吉
『不弔人』

晴、

政習禮

新日吉小五月會

法勝寺三十講初日

晴、未斜雷鳴雨降、參結政、政習礼、戸部(藤原資宣)相伴、

『角水』九日、癸巳、水閇、『三寶吉 大將軍返西 天一天上 忌遠行 忌夜行』卿井 大歳位、重、復 拜官吉 日遊在内

晴、新日吉小五月會、有御幸、競馬左方爲(藤原)兼朝臣、右方資高(藤原)朝臣、奉行、

『亢木』十日、甲午、金建、反舌无聲『三寶吉 土公遊南 下食時卯 不弔人』 大歳位、厭 加冠吉 日遊在内

晴、參六条殿、奏条〻事、臨時座進供花二百前、

『弖金』十一日、乙未、金除、『五墓』大歳位、无翹 解除吉 日遊在内

晴、參六条殿、奏条〻事、次參法勝寺、卅講初日、深更退出、

『房土』十二日、丙申、火滿、沐浴『神吉』 日出寅三刻四分半 大歳位 日入戌初二分 旦六十刻 夜四十刻 祠祀吉 日遊在内

晴、參法勝寺、卅講第二日、

『心日』『蜜』十三日、丁酉、火平、沐浴『神吉』『三寶吉 天間』 大歳位、復 祠祀吉 日遊在内

雨降、參法勝寺、卅講第三日、上皇自六条殿還御、」

(16張)

『尾月』十四日、戊戌、木定、滅『不視病』 大歳位 日遊在内

陰、參院、奏事、參法勝寺、卅講第四日、參梶井宮(最助法親王)、入見參、申六月會登山事、

後高倉院御八講

參北白川殿、後高倉院御八講御布施取勤仕、

『箕火』十五日、己亥、木執、夏至五月中　望　沐浴　鹿角解　公咸　大歳位、重、往亡　裁衣吉　日遊在内
『不問疾』

晴、參院、奏事、次參法勝寺、卅講第五日、歸參院、奏卅講米事、

『斗水』十六日、庚子、土破、沐浴『狼藉』除手足甲　大歳位、厭對　壞垣吉　日遊在内
『三寶吉　土公入』

政始

晴、改元以後政始、遂初參、饗應官掌・弁侍、參法勝寺、卅講第六日、

『女木』十七日、辛丑、土危、除手甲『神吉』『五墓』大歳位、月敛　壞垣吉　日遊在内
『三寶吉』

晴、上皇御幸龜山殿、依所勞卅講不參、

『虚金』十八日、壬寅、金成、除足甲　大歳位、歸忌　拜官吉　日遊在内
『三寶吉』

雨降、參法勝寺、卅講第八日、

『危土』十九日、癸卯、金收、『太禍』大歳位、九坎、血忌、復　祠祀吉　日遊在内

雨降、依所勞不參寺門、卅講第九日、按察(藤原賴親)參仕、

『室日』『蜜』廿日、甲辰、火開、蟬始鳴　大歳位　出行吉　日遊在内
『三寶吉　不弔人』

法勝寺三十講結願

陰、參院、奏聞法勝寺事、參卅講、結願、謁教範法印、

陣定

神宮仗議、頭內藏頭(平信輔)奉行、

『辟月』**廿一日**、乙巳、火閇、『神吉』 辟姤 大歳位、重 裁衣吉 日遊在內
『忌遠行 忌夜行』

晴、

『奎火』**廿二日**、丙午、水建、下弦 陰陽俱錯、厭 日遊在內
『下食時卯 不弔人』

雨降、參院、奏事、參內、參殿下(藤原師忠)、

『婁水』**廿三日**、丁未、水除、『神吉』 大歳對、无翹、復 裁衣吉 日遊在內」
『三寶吉』

(17張)晴、不出仕、六月會沙汰忘他事者也、

『胃木』**廿四日**、戊申、土滿、沐浴『神吉』 大歳對 嫁娶吉 日遊在內
『三寶吉 土公遊西 不視病』

晴、不出仕、

『昴金』**廿五日**、己酉、土平、半夏生『神吉』 『滅門』 大歳對 祠祀吉 日遊在內
『三寶吉 天一丑寅 不問疾』沐浴

僧事

晴、參院、奏事、參前殿下(藤原基忠)、今夕被行僧事、頭內藏頭奉行、

『畢土』**廿六日**、庚戌、金定、 大歳對 移徙吉

晴、未刻許登山、自明日六月會、勅使爲勸仕也、及晩着勅使房、東塔南谷禪定房、

今日移卜食行事所、

『蜜』『觜日』『三寶吉』**廿七日**、辛亥、金執、沐浴『神吉』　侯鼎内　大歳對、重　移徙吉

比叡山六月會

晴、及晩雨灑、霧晴、六月會初日、出仕、酉斜始行、山僧等數輩入來、對面、

『參月』『大將軍遊北』**廿八日**、壬子、木破、『狼藉』　陰陽衝撃、厭對

自夜風雨太、第二日、參堂、山僧等入來、對面、

『井火』『三寶吉』**廿九日**、癸丑、木危、除手足甲『神吉』『伐』　大歳位、復、月敛　裁衣吉

陰、霧晴、第三日、參堂、山僧等入來、對面、

六月　大建『土府在戌』『土公在門』

己　天道東行、宜向東行及宜修造、天德在甲、甲上取土及宜避病、月敛在戌、用時乙丁辛癸、

未　月德在甲、合在己、甲己上取土及宜修造、月空在庚、庚上取土及宜修造、三鏡甲乙丁庚辛癸、

『鬼宿水曜』『三寶吉』**一日**、甲寅、水危、土公入　小暑六月節　除足甲　溫風至　侯鼎外　大歳位　結婚吉　日出寅三刻五分　旦五十九刻　日入戌初二分　夕四十一刻

六月會五卷日

朝間陰、未斜屬晴、五卷日、參堂、又食堂番論義出仕、

小除目

後聞、被行小除目、

『柳木』二日、乙卯、水成、『神吉』『狼藉』『三寶吉　天一卯』　大歳位　納徴吉

藤原鏱子入内

雨降、第五日、參堂、三位殿(藤原鏱子)入内儀、藏人方俊光(藤原)奉行、本所事頭弁(藤原俊定)奉行、巡礼所〻、」

『星金』三日、丙辰、土收、『滅門』『天間　不弔人』　大歳位　種蒔吉

日吉社參詣

(18張)

雨降、參日吉社、宮廻、奉幣、立入祢宜國長(祝部)宿所、馱餉、

第六日、參堂、

『張土』四日、丁巳、土開、『大將軍還西　忌夜行』　大夫豐　陰錯、重、厭

比叡山より下洛

晴、辰刻參堂、歸勅使房、改裝束、下洛、

『蜜』『翼日』五日、戊午、火閉、『不視病　不弔人』　逐陣、无翹、復　日遊在内

晴、不出仕、

『軫月』六日、己未、火建、『不問疾』　蟋蟀居壁　陽錯、復　日遊在内

晴、不出仕、

『角火』七日、庚申、木除、『天一辰巳』　初伏『神吉』沐浴　大歳對　掃舍吉

晴陰不定、參院（後深草上皇）、奏事、參內（伏見天皇）、奏聞六月會後奏、參殿下（藤原師忠）、

（鏡子露顯　女御宣下）

『亢水』八日、辛酉、木滿、沐浴『神吉』『三寶吉』　大歳對、血忌　祠祀吉

雨降、參內、女三位殿露顯儀、女御宣下、

『弖木』九日、壬戌、水平、上弦『伐』『太禍』『羅刹』　大歳對、月殺　市買吉

晴、青女（源親時女）・光資（藤原）參祇園旅所、

『房金』十日、癸亥、水定、沐浴　卿渙『甘呂　三吉』　大小歳後、厭對、重　裁衣吉

晴、參院、奏事、次參前殿下（藤原基忠）、

『心土』十一日、甲子、金執、鷹乃學習　沐浴『大將軍遊東　土公遊北　下食時辰』　大小歳後、歸忌、九坎　祠祀吉『伏龍在東垣六十日』

（月次祭　神今食）

晴、參殿下、內覽月讀宮遷宮用途事、次參神祇官、月次・神今食、奉行、

『蜜』『尾日』十二日、乙丑、金破、除手甲『神吉』『金剛峯　忌遠行』　大小歳後　壞垣吉

（殺生禁斷宣下）

（19張）自夜雨降、

『箕月』十三日、丙寅、火危、土用事　除足甲『三寶吉　天一午』　日出寅四刻　旦五十八刻　大小歳後　日入戌初一分　夜四十二刻　拜官吉

雨降、依召參一上（藤原忠教）、被宣下心御柱修復并殺生禁斷事、

豊受大神宮修造日時定

參內、外宮修造日時定、參陣、參新院、(後宇多上皇)

晴、不出仕、

『斗火』『三寶吉』**十四日**、丁卯、火成、『神吉』『狼藉』　大小歳後　拜官吉

雨
晴降、參院、奏聞法勝寺条〻事、御八講僧名被下御點、

馬長御覽

馬長御覽、俊光奉行、

『女水』『不視病　不弔人』**十五日**、戊辰、木收、『滅門』　『五墓』大歳後、復　市買吉　日遊在内

祇園十列

雨降、不出仕、祇園十列、俊光奉行、

『虚木』『大將軍還西　忌夜行　不問疾』**十六日**、己巳、木開、望　大暑　六月中　腐草爲螢　公履　陰錯、重、復、厭　日遊在内

晴、參院、及晩退出、上皇(後深草上皇)御幸禪林寺殿、

『危金』『三寶吉　土公入　不弔人』**十七日**、庚午、土閇、仲伏『神吉』『伐』　大歳後、无翹

關白藤原師忠第二度上表

晴、及晩參院、以女房奏聞幣料事、參內、次參殿下、第二度御上表草進、上皇御幸龜山殿、

『室土』『三寶吉　天一未申』**十八日**、辛未、土建、　大歳後　出行吉

晴、及晩參院、參內參殿下第二度御上表▨作者

召具官掌、幣料事、終日申沙汰、及晩退出、

『蜜』『辟日』**十九日**、壬申、金除、沐浴『神吉』　大歳後　嫁娶吉

晴、不出仕、

『奎月』**廿日**、癸酉、金滿、沐浴『神吉』　大歳後、血忌　嫁娶吉
『三寶吉』

伊勢一社奉幣

晴、參院、奏聞幣料散狀、參內、伊勢一社奉幣奉行、參神祇官、

廢朝

三个日廢朝、

『婁火』**廿一日**、甲戌、火平、土潤溽暑『太禍』　大歳前、月致　嫁娶吉

晴、不出仕、仙洞評定延引、法勝寺御八講御教書書遣寺家了、

（20張）

『胃水』**廿二日**、乙亥、火定、沐浴　辟逼　大小歳前、厭對、重　出行吉

晴、參院、奏聞御八講僧名散狀、參內、謁邦行、（藤原）謁式部大輔、（大江重房）御表事談話、及晩歸畢、

『昴木』**廿三日**、丙子、水執、下弦『伐』沐浴　『七鳥』　大小歳前、歸忌、九坎　日出卯初一分　旦五十七刻　日入酉四刻一分　夜四十三刻
『大將軍遊南　下食時辰』

落雷

晴、未斜雷雨、雷落兩所云々、

『畢金』**廿四日**、丁丑、水破、除手甲　大小歳前、往亡
『三寶吉　天一酉　歳下食　忌遠行』

大地震

晴、參院、奏事、參內、參殿下、亥刻大地震、

『觜土』『三寶吉 土公遊東 不視病』**廿五日**、戊寅、土危、除足甲『伐』　大小歲前、復　裁衣吉　日遊在內

小地震

晴、不出仕、戌時小地震、

『蜜』『參日』『不問疾』**廿六日**、己卯、土成、大暑『神吉』『伐』『狼藉』　大歲前、復　拜官吉　日遊在內

師忠第三度上表

晴、入夜參院、申御八講證義事、參內、次參殿下、第三度御上表草進、候官方吉書、草進、勅答、鷄鳴以後退出、

『井月』『三寶吉 不弔人』**廿七日**、庚辰、金收、『滅門』　大歲後　祠祀吉

廢朝以後政始
源通基任大臣
召仰

晴、廢朝以後政始、參衙、參內、候陣申文、參院、召具綱所、證義事有沙汰、立親王延引、任大臣召仰、右大將(源通基)承之、職事頭內藏頭(平信輔)奉行、

『鬼火』『三寶吉 大將軍還西 忌夜行』**廿八日**、辛巳、金開、『伐』　候常內　大歲後、重

晴陰不定、

『柳水』『甘呂 天一戌亥 不弔人』**廿九日**、壬午、木閇、沒　大歲後、无翹

晴、及晚雨降、青女參北野、

『星木』『三寶吉』**卅　日**、癸未、木建、除手足甲『伐』　大歲後　祀竈吉

朝間雨降、及晩屬晴、青女參鞍馬寺、

七月 大建　『土府在卯』　『土公在井』

庚　天道北行、宜向北行及宜修造、天德在癸、癸上取土及宜避病、月煞在未、用時甲丙庚壬、

申　月德在壬、合在丁、壬丁上取土及宜修造、月空在丙、丙上取土及宜修造、三鏡乙辛乾艮巽坤、

（21張）

『張宿金曜』『金剛峯　土公入』**一日**、甲申、水除、沐浴『神吉』『伐』　大歳後　嫁娶吉

晴、參院、(後深草上皇)奏事、參殿下、(藤原師忠)參新院、(後宇多上皇)御身固、有出御、參內、(伏見天皇)入夜爲御方違行幸北山第、頭內藏頭(平信輔)奉行、

北山第に方違行幸

『翼土』『忌遠行』**二日**、乙酉、水除、立秋七月節涼風至『伐』『狼藉』　侯常外　三陰、九坎　日出卯初二分日入酉三刻五分　旦五十六刻夜四十四刻

雨降、不出仕、

『蜜日』『軫』『甘呂　三寶吉　忌夜行』**三日**、丙戌、土滿、　『五墓』　大歳位、厭對　移徙吉

雨降、參法勝寺、御八講▒（奉）行、

法勝寺御八講初日

入夜自北山殿行幸還御、

『角月』『天間』**四日**、丁亥、土平、沐浴『伐』『滅門』　大歲位、重　加冠吉

晴、參法勝寺、御八講第二日、

『亢火』『大將軍遊內　天一子　不視病』**五日**、戊子、火定、沐浴　大夫節　大歲位　裁衣吉　日遊在內

晴、早旦參法勝寺、御八講第三日、有御幸、

『弖水』『不問疾』**六日**、己丑、火執、除手足甲　大歲位、歸忌　日遊在內

晴、參院、奏事、次參法勝寺、御八講第四日、

『房木』『三寶吉』**七日**、庚寅、木破、後伏　除足甲　白露降　大歲位、復　結婚吉

法勝寺御八講結願

晴、參殿下、次參內、參院、奏聞公卿無人之由、參法勝寺、御八講結願、

『心金』**八日**、辛卯、木危、上弦『神吉』　大歲後　加冠吉

北野社參詣

晴、晝間不出仕、入夜參北野、宮廻、

『尾土』『不弔人』**九日**、壬辰、水成、『伐』　『五墓』　大歲後、血忌、厭　祠祀吉

晴、參院、參內、參殿下、申外宮御裝束用途事、」

（22張）

『蜜』『箕日』**十日**、癸巳、水收、『太禍』　大歳後、无翹、重、往亡　加冠吉　日遊在内
『三寶吉　大將軍還西　天一天上』　日出卯初三分　旦五十五刻　日入酉三刻四分　夕四十五刻

晴、參院、奏事、

『斗月』**十一日**、甲午、金開、『神吉』　卿同人　大歳後、復　加冠吉　日遊在内
『三寶吉　土公遊南　不弔人』

晴、任大臣節會、入夜參院、候名謁、次參内、節會祗候、天曙事了、向饗所、（源通基）三条坊門万里小路、

源通基任內大臣節會

『女火』**十二日**、乙未、金閇、寒蟬鳴　『五墓』　大歳後、月致　起土吉　日遊在内

晴、午刻自饗所退出、入夜參猪隈殿、參堀川殿、申中納言殿（藤原兼教）御慶事、謁帥卿（藤原經任）、申津守庄（豊後國）事、

『虚水』**十三日**、丙申、火建、沐浴『神吉』　大歳後　拜官吉　日遊在内
『下食時巳』

晴、曉更勘解由小路烏丸炎上、」

勘解由小路烏丸炎上す

（23張）

『危木』**十四日**、丁酉、火除、沐浴『狼藉』　大歳後、九坎　入學吉　日遊在内
『忌遠行』

晴、參院、奏事、入夜謁帥卿、津守事不可有相違之由被仰下間、所畏申也、

『室金』**十五日**、戊戌、木滿、望　大歳後、厭對　裁衣吉　日遊在内
『忌夜行　不視病』

陰、及晩雨降、參法勝寺盂蘭盆、

法勝寺盂蘭盆會

『辟土』**十六日**、己亥、木平、沐浴『神吉』『滅門』除手足甲　大歳後、重　加冠吉　日遊在内
『不問疾』

小除目

晴、入夜參院、參內、被行小除目、賴藤（藤原）奉行、

『奎』『室』十七日、庚子、土定、處暑七月中 沐浴『神吉』鷹乃祭鳥 公損『九虎』 大歲後、復 加冠吉 日遊在內
『三寶吉 土公入』

自夜雨降、大風、

『婁』十八日、辛丑、土執、滅 『五墓』 大歲後、歸忌 日出卯初五分 旦五十四刻 日入酉三刻二分 夜四十六刻 日遊在內

晴、參猪隈殿、（藤原兼平）相具光資（藤原）、

『胃』十九日、壬寅、金破、除足甲 大歲後 結婚吉 日遊在內
『三寶吉』

贈后源通子御八講結願

陰晴不定、參嵯峨殿、贈后（源通子）御八講結願、」

『昴』廿日、癸卯、金危、『神吉』 大歲後 結婚吉 日遊在內
『金剛峯 三寶吉』

（24張）

豐受大神宮修理次第日時定

晴、參院、奏事、參內、參殿下、歸參院、又參內、外宮修理次第日時定、賴藤奉行、御壇三所并御讀經、（藤原）顯世奉行、兩貫首（藤原宗實・藤原爲兼）申拜賀從事、

『畢』廿一日、甲辰、火成、 陰錯、血忌、復、厭 日遊在內
『不弔人』

晴、參院、奏聞一宿假殿御裝束用途事、入夜參新院、宿侍、依番也、

『觜』廿二日、乙巳、火收、下弦 『神吉』『太禍』天地始肅 大歲後、无翘、重 加冠吉 日遊在內

雨降、雷鳴、自今日始神事、構齋屋致潔齋、

『參土』**廿三日**、丙午、水開、『神吉』 『三寶吉　不弔人』 辟否　大歳前　加冠吉　日遊在內

內大臣通基拜賀

晴、不出仕、內大臣(源通基)拜賀、寅刻出門云々、

新院番進代官了、

『蜜』『井日』**廿四日**、丁未、水閇、『神吉』 『三寶吉』 大歳前、月殺　塞穴吉　日遊在內

晴、參院、奏外宮裝束事《用途》事、及晚退出、祭物今日奉獻神宮了、

小除目

今夕被行小除目、顯世奉行、新院番進代官了、

『鬼月』**廿五日**、戊申、土建、沐浴『神吉』 『羅刹　土公遊西　下食時巳　不視病』 大歳前　加冠吉　日遊在內

晴、不出仕、新院番進代官了、

『柳火』**廿六日**、己酉、土除、沐浴『狼藉』 『天一壬寅　忌遠行　不問疾』 日出卯二刻一分 日入酉二刻 大歳前、九坎 旦五十三刻 夜四十七刻　祠祀吉　日遊在內

晴、參万里小路殿、新院幸西殿御所、參院、及晚退出、

『星水』**廿七日**、庚戌、金滿、禾乃登 『忌夜行』 大歳前、厭對、復　起土吉

小除目

晴、不出仕、今夕被行小除目、頭中將宗實(藤原)朝臣奉行、

暴風雨により興福寺講堂顛倒す

『張木』**廿八日**、『三寶吉』辛亥、金平、沐浴『神吉』『滅門』『九虎』大歳前、重　加冠吉

大風大雨終日不休、後聞、興福寺講堂顛倒、御本尊散々打碎云々、

右衛門督殿(藤原兼教)御慶申延引云々、

（25張）

金剛童子法結願

『翼金』**廿九日**、『大將軍遊北』壬子、木定、沐浴『神吉』侯巽内　大歳後　加冠吉

晴、參院、奏聞外宮用途事、今日金剛童子法結願、時經(藤原)奉行、

『軫土』**卅日**、『三寶吉』癸丑、木執、除手足甲『神吉』『伐』大歳後、歸忌　修宅吉

晴、謁前平中納言(時繼)、談宿訴事、參近衛殿(藤原家基)、次參前殿(藤原基忠)、入御方、令見參、

八月　小建　『土府在未』『土公在井』

辛　天道東北行、宜向東北行及宜修造、天德在艮、艮上取土及宜避病、月殺在辰、用時艮巽坤乾、

酉　月德在庚、合在乙、庚乙上取土及宜修造、月空在甲、甲上取土及宜修造、三鏡甲丙庚壬乾巽、

『角宿』『蜜日曜』**一日**、『三寶吉　土公入』甲寅、水破、除足甲　大歳後、復　結婚吉

晴、及晩雷雨、不出仕、

『亢月』『天一卯』**二日**、乙卯、水破、白露八月節　鴻鴈來　侯巽外　陰錯、復、厭

晴、參院、(後深草上皇)奏聞用途事、次參內、(伏見天皇)次參殿下、(藤原師忠)歸參仙洞、

興福寺講堂顚倒實檢のため執事家司下向す

依講堂顚倒、實檢、執事家司顯世(藤原)下向南都、

『弖火』『不弔人』**三日**、丙辰、土危、　大歲後、无翹、月敎　壞垣吉

權中納言藤原兼教慶申

小除目

僧事

晴、及晩小雨灑、參近衞殿、(藤原家基)參前殿、(藤原基忠)右衞門督殿(藤原兼教)御慶申、勤申次、次參內、候床子、參新院、(後宇多上皇)勤右衞門督殿申次、小除目、僧事、(藤原)俊光奉行、

『房水』『三寶吉　大將軍還西　忌遠行』**四日**、丁巳、土成、　大歲前、重　日出卯一刻三分　旦五十二刻　日入酉二刻四分　夜四十八刻　加冠吉

藤原鏱子立后兼宣旨

晴、及晩雨降、無程止了、入夜參內、立后兼宣旨、祗候女御(藤原鏱子)直曹曹、

釋奠

參官司、釋奠、

『心木』『不視病　不弔人』**五日**、戊午、土收、(火)『滅門』　大夫卒　大歲前、九坎　祀門吉　日遊在內

自夜雨降、終日不休、

『尾金』『三寶吉　不問疾』**六日**、己未、火開、除手足甲『神吉』　大歲前　出行吉　日遊在內

止雨奉幣
後堀河天皇御八講
小右記の目録を取る
京極院のため御八講を始む
胤仁親王宣下

大風大雨、入夜參內、止雨奉幣奉行、
後堀川院御八講、光(藤原)藤奉行、
『箕土』七日、庚申、木閇、玄鳥歸『神吉』沐浴　大歲前　拜官吉
『天一辰巳』
(26張)
雨降、
『蜜』『斗日』八日、辛酉、木建、上弦『狼藉』　陽錯、厭對、復
『下食時午』
晴、參院、奏聞外宮御裝束用途事、於泉殿御所取小野宮右府(藤原實資)記目六、
及晚退出、
『女月』九日、壬戌、水除、『伐』　大歲前、血忌　移徙吉
『金剛峯　忌夜行』
晴、參院、奏事、兼(平)有朝臣入來、
新院奉爲京極院(藤原佶子)被始行御八講、院司雅(藤原)藤朝臣奉行、今年初度也、
『虛火』十日、癸亥、水滿、沐浴　大小歲對、重　加冠吉
晴、內裏宮立親王(胤仁)宣下、藏人方賴(藤原)藤奉行、本所事俊光(藤原)奉行、予被補職事、
入夜參院、次參內、歸參院、申(勸)宮御方申次、

『危水』十一日、甲子、金平、沐浴『太禍』　大小歳對　卿大畜　加冠吉
『大將軍遊東　土公遊北　天間』
晴、參院、奏事、神宮御裝束奉行辭申、放生會參行、無便宜之故也、

大嘗會荒見川祓
大嘗會荒見川秡、

『室木』十二日、乙丑、金定、群鳥養羞『神吉』除手甲　大小歳對、復　移徙吉
日出卯一刻五分　旦五十一刻
日入酉二刻二分　夜四十九刻
『伏龍在四隅百日』
陰、時〻微雨、早旦謁前平中納言(時繼)、次謁前源大納言(通頼)、又謁平黃門、參院、申宿訴事、向平中納言、拜領院宣了、自今日解神事、御裝束事右中弁冬季朝臣(藤原)奉行也、

『辟金』十三日、丙寅、火執、除足甲　大小歳對、歸忌　起土吉
『三寶吉　天一午』

八幡精進始
陰、今日不出仕、始八幡精進、

『奎土』十四日、丁卯、火破、　大小歳對、厭　結婚吉
『三寶吉』
陰晴不定、午斜參向八幡、明日放生會爲出仕也、於鳥羽南門外乘舟、秉燭下着、女御〻退出、信經(藤原)奉行、

『蜜日』『婁』十五日、戊辰、木危、望社　『五墓』　大歳對、无翹、月致　壞垣吉　日遊在內
『不視病　不弔人』

石淸水放生會
自夜雨降、休、〻石淸水放生會、辰一點出仕、

御番、勅使參入女御殿、

『胃月』十六日、己巳、木成、除手足甲『神吉』『大將軍還西 忌遠行 不問疾』 大歳對、重 加冠吉 日遊在内

晴、午刻自八幡歸洛、所休息也、

〔七瀨御祓〕

外宮假殿御裝束、今日奉獻、若宮(胤仁親王)七瀨御祓發遣、俊光奉行、

(27張)

『昴火』十七日、庚午、土收、秋分八月中『伐』『滅門』公貪『土公入 不弔人』雷乃收聲 大歳對、九坎 移徙吉

晴、參院、奏神宮次第解、祢宜等申肩充絹也、參近衞殿、參前殿、

『畢水』十八日、辛未、土開、『三寶吉 天一未申』 大歳對、復 移徙吉

晴、

『觜木』十九日、壬申、金閇、沐浴 日出卯時正 日入酉時正 大歳對、往亡 旦五十刻 夜五十刻 解除吉

晴、參院、奏事、謁前平中納言、及晩歸家、

『參金』廿日、癸酉、金建、沐浴『三寶吉 下食時午』 大歳對、厭對 出行吉

〔立后節會 左大臣藤原忠教拜賀〕

晴、未斜參內、立后(藤原鐘子)節會、參本所、今出川殿、勤左府(藤原忠教)御拜賀申次、

鷄鳴退出、上皇御幸今出川殿、青女(源親時女)參北野、

『井土』廿一日、甲戌、火除、『忌夜行』　大小歳位、血忌　解除吉

立后第二日儀

晴、不出仕、立后第二日儀、青女參鞍馬寺、」

(28張)

『蜜日』『鬼』廿二日、乙亥、火滿、下弦　沐浴　蟄蟲坏戶　大小歳位、重、復　加冠吉

晴、向平中納言許、稱他行、空歸畢、

立后第三日儀
氏院參賀

立后第三日儀、氏院參賀、宮司信經奉行、

『柳月』廿三日、丙子、水平、沐浴　『伐』『太禍』　辟觀　『大將軍遊南』　大小歳位　加冠吉

自夜雨降、及晚休、參院、奏大奉幣幣料散狀、小除目延引、仍退出、

『星火』廿四日、丁丑、水定、除手甲　『神吉』　『三寶吉　天一酉　歳下食』　大小歳位　裁衣吉

御卽位由奉幣定
祈年穀奉幣使發遣

晴、未刻參內、御卽位由大奉幣定、祈年穀奉幣使發遣、當日定、官方奉行、除目、依廢務日俄停止、

『張水』廿五日、戊寅、土執、除足甲　『伐』　『三寶吉　土公遊東　不視病』　大小歳位、歸忌　結婚吉　日遊在內

小除目

晴、參新院、嵯峨殿、入夜退出、今夕被行小除目、顯世奉行、

中宮八社奉幣
彼岸會結願

(藤原鏱子)中宮八社奉幣、信經奉行、彼岸結願修小善、阿弥陀經六卷供養之、

『翼木』廿六日、己卯、土破、『伐』　『不問疾』　大歳位、厭　結婚吉　日遊在內

日出卯二刻二分　旦四十九刻
日入酉一刻五分　夜五十一刻」

長講堂彼岸結願
御即位由奉幣使發遣
豐受大神宮遷宮日時定
中宮行啓次第使定
小除目
右大臣藤原家基拜賀
胤仁親王家侍始

(29張)晴、參院、奏聞大奉幣〻料散狀、
長講堂彼岸結願、有御幸、

『軫金』『三寶吉 不弔人』**廿七日**、庚辰、金危、水始涸 大歳前、无翹、月殺 移徙吉

晴、參院、奏事、入夜〇參內、參大殿(藤原兼平)、大奉幣發遣、外宮遷宮日時定、中宮行啓次第使定、召仰、
小除目、賴藤奉行、

『角土』『三寶吉 大將軍還西 忌遠行』**廿八日**、辛巳、金成、『伐』 大歳對、重、復 加冠吉

晴、入夜參院、右府(藤原家基)御拜賀申次勤仕、被引御馬、若宮侍始出仕、

『蜜』『亢日』『天一戌亥 不弔人』**廿九日**、壬午、木收、除手足甲『滅門』 侯歸妹內 大歳對、九坎

晴、及晩雨降、被伴公遠(藤原)朝臣向安居院、

壬 天道南行、宜向南行及宜修造、天德在丙、丙上取土及宜避病、月殺在丑、用時乙丁辛癸、

九月 大建 『土府在亥』 『土公在井』

戌 月德在丙、合在辛、丙辛上取土及宜修造、月空在壬、壬上取土及宜修造、三鏡乙丙丁辛壬癸、

『弓宿月曜』『三寶吉』一日、癸未、木開、『伐』　大歳對　祠祀吉

自夜雨降、不出仕、新院(後宇多上皇)御燈依穢被止了、予奉行、

『房火』二日、甲申、水閇、沐浴『伐』『神吉』　大歳對　嫁娶吉

晴、不出仕、

『心水』『三寶吉』三日、乙酉、水閇、沐浴『神吉』『伐』　寒露九月節　鴻鴈來賓　侯歸妹外　大歳位　祀門吉

晴、不出仕、

『尾木』四日、丙戌、土建、『五墓』　大歳位　出行吉

晴陰不定、參院(後深草上皇)、奏事、法勝寺如元可奉行之由被仰下、

法勝寺奉行を引續き命ぜらる

『箕金』五日、丁亥、土除、沐浴『伐』　日出卯二刻四分　晝四十八刻　大歳位、重　日入酉一刻二分　夜五十二刻　解除吉

晴、上皇(後深草上皇)御幸六条殿、自明日可被始行供花料也、」

後深草上皇供花會のため六條殿に御幸す

(30張)

『斗土』『大將軍遊内　天一子　不視病』六日、戊子、火滿、沐浴　大夫无妄　大歳位、歸忌、復　祠祀吉　日遊在内

晴、

『蜜』『女日』『忌遠行　不問疾』七日、己丑、火平、除手甲『滅門』　大歳位、復、月敚　裁衣吉　日遊在内

晴、新院自西郊還御二条殿、

『虚月』**八日**、庚寅、木定、上弦 雀入大水爲蛤　行很、九坎、厭

晴、參六条殿、奏法勝寺條々事、勤供花、

『危火』**九日**、辛卯、木執、沒『狼藉』　絕陽、无翹

重陽平座
藤原兼忠方詩會

晴、參内、(伏見天皇)重陽平座、參前殿、(藤原基忠)(藤原兼忠)左大將殿内々御會、入夜退出、

『室水』**十日**、壬辰、水破、『伐』『五墓』『不弔人』　絕陽

晴、

『辟木』**十一日**、癸巳、水危、『大將軍還西　天一天上　下食時未』　絕陽、血忌、重　日遊在内

陰、參新院、二条殿、次參殿下、(藤原師忠)

『奎金』**十二日**、甲午、金成、『羅刹　土公遊南　不弔人』　絕陽　日遊在内

小除目

雨降、參六条殿、被行小除目、(藤原)賴藤奉行、參陣、參殿下、

『婁土』**十三日**、乙未、金收、『太禍』卿明夷『五墓』『忌夜行　天間』　絕陽　日遊在内

兼忠方詩會

晴、入夜參前殿、於左大將殿有御會、御連句五十韻、予執筆、

『蜜』『胃日』『羅刹』**十四日**、丙申、火開、菊有黃花　日出卯三刻　旦四十七刻　日入酉一刻一分　夕五十三刻　日遊在内
絶陽、厭對

晴、上皇御幸伏見殿、向吉田、文書蟲拂、及晩歸畢、

吉田に向ひ文書蟲拂す

『昴月』**十五日**、丁卯(酉)、火閉、望　「絶陽　『日蝕大分十五分之一半強　虧初午八刻半廿五分』『加時未四刻八十三分　復末申五刻半五十三分』」　日遊在内

(31張)晴、參猪隈殿、御逆修御八講、

『畢火』『不視病』**十六日**、戊戌、木建、土用事　單陽、復　日遊在内

陰、參院、奏事、次參內、參殿下、參新院、

土御門院御八講分配之由自廳相觸、

『觜水』『不問疾』**十七日**、己亥、木除、沐浴『神吉』　大歲後、重、復　市買吉　日遊在内

晴、御禊次第使除目幷日時定、上卿一上、吉田中納言(藤原經長)、右大弁(藤原俊定)、

御禊次第使除目日時定

御八講上卿已下御教書數十通書遣廳了、

『參木』『三寶吉　土公入』**十八日**、庚子、土滿、沐浴『神吉』　『九虎』　大歲後、歸忌　拜官吉　日遊在内

雨降、參院、持參建曆家記進入、奏聞条〻事、

後深草上皇に祖父賴資の日記を進入す

『井金』『三寶吉　忌遠行』**十九日**、辛丑、土平、霜降　九月中『滅門』　除手甲『神吉』公困　豹祭獸『五墓』　大歲後、月㱝　裁衣吉　日遊在内

晴、參近衞殿、（藤原家基）參前殿、及晩歸宅、

『鬼土』廿　日、壬寅、金定、　了戻、九坎、厭　日遊在内

晴、

『蜜』『柳日』『三寶吉』廿一日、癸卯、金執、『神吉』『狼藉』　大歳後、无翹　拜官吉　日遊在内

晴、參院、奏土御門院御八講条々事、評定、御禊行幸、官藏人方儉約評定、及晩退出、

『星月』『不弔人』廿二日、甲辰、火破、滅　大歳後　日出卯三刻二分　旦四十六刻　日入酉初五分　夜五十四刻　日遊在内

法勝寺常行堂御經供養

裝束司雜事始日時定

晴、參院、奏事、次參法勝寺、常行堂御所御經供養參仕、歸參院、承勅答、

今夕新院番、爲代官進光藤、（藤原）裝束司雜事始日時定、上卿吉田中納言、弁仲兼朝臣、（平）

『張火』『下食時未』廿三日、乙巳、火危、下弦『神吉』　大歳後、血忌、重　拜官吉　日遊在内

晴、自今日青女（源親時女）參籠北野、

『翼水』『三寶吉　不弔人』廿四日、丙午、水成、草木黃落『神吉』　大歳前　祠祀吉　日遊在内

法勝寺北斗堂御修法

常行堂御念佛結願

晴、法勝寺北斗堂御修法、常行堂御念佛結願、

（32張）

『軫木』『三寶吉　忌夜行』廿五日、丁未、水收、『神吉』『太禍』辟剝　大歳前　獵吉　日遊在内

『角金』廿六日、戊申、土開、　沐浴　大歳前、厭對、復　出行吉　日遊在内
『三寶吉　土公遊西　不視病』

晴、參院、奏聞御八講散状、

日野八講結願

『亢土』廿七日、己酉、土閉、　沐浴『神吉』　大歳前、復　解除吉　日遊在内
『金剛峯　三寶吉　天一丑寅　不問疾』

朝、氏八講結願、送布施、向安居院、

小除目

晴、入夜參院、次參内、小除目、勤右筆、

日野田中明神祭

日野田中明神祭、騎進十列、

『蜜』『弖日』廿八日、庚戌、金建、　陽錯

晴、

『房月』廿九日、辛亥、金除、　蟄蟲咸俯『神吉』沐浴　『九虎』大歳前、重　祠祀吉
『三寶吉』

晴、相伴光資(藤原)、參北野、宮廻、三个度、

『心火』卅日、壬子、木滿、　沐浴除手足甲　大歳後、歸忌、往亡　上梁吉
『大將軍遊北』　日出卯三刻四分　旦四十五刻
日入酉初三分　夜五十五刻

晴、女房(源親時女)・光資自聖廟早出、

」

（33張）

癸　天道東行、宜向東行及宜修造、天德在乙、乙上取土及宜避病、月敛在戌、用時甲丙庚壬、

亥　月德在甲、合在己、甲己上取土及宜修造、月空在庚、庚上取土及宜修造、三鏡丁癸乾〔坤〕乾艮巽、

十月小建　『土府在辰』『土公在庭』

『心宿水曜』『三寶吉　忌遠行』**一日**、癸丑、木平、除手甲『神吉』『伐』侯艮內『滅門』大歳後、月敛　裁衣吉

晴、和暖似春、參近衞殿（藤原家基）、參鷹司殿（藤原基忠）、參院（後深草上皇）、奏事、參內（伏見天皇）、平座出仕、參殿下（藤原師忠）、參新院（後宇多上皇）、平座

『尾木』『土公入』**二日**、甲寅、水定、孤辰陰錯、九坎、厭

晴、參近衞殿、參鷹司殿、

『箕金』『三寶吉　天一卯』**三日**、乙卯、水執、『神吉』『狼藉』大歳後、无翹　結婚吉

（34張）晴、參院、奏事、關東使者二人參仙洞、入夜退出、關東使者參院

『斗土』『不弔人』**四日**、丙辰、土執、立冬十月節水始氷　侯艮外　大歳對、復　獵吉

晴、參院、奏事、

『蜜日』『女』『大將軍還西』**五日**、丁巳、土破、陰陽交破、重

晴、不出仕、

『虚月』六日、戊午、火危、除手足甲『神吉』　大歳位　壊垣吉　日遊在内
『不視病　不弔人』

晴、參院、奏事、及晩退出、參近衞殿、

『危火』七日、己未、火成、上弦　大夫既濟　大歳位、厭對　入學吉　日遊在内
『三寶吉　忌夜行　不問疾』
入夜雨降、

土御門天皇御八講初日

晴、參龜山殿、土御門院御八講初日、予奉行、

『室水』八日、庚申、木收、沐浴『神吉』『滅門』　日出卯三刻五分　旦四十四刻　大歳位　日入酉初二分　夜五十六刻　祠祀吉
『天一辰巳』

晴、御八講第二日、參法輪寺、歴覽所々、

『辟木』九日、辛酉、木開、地始凍『神吉』沐浴　大歳位　祠祀吉
『三寶吉　忌遠行』

晴、御八講第三日、

『奎金』十日、壬戌、水閇、『伐』　大歳位、復、月致　塞穴吉
『羅刹』

晴、御八講第四日、事了出京、入夜參院、申公卿無人事、領狀出來之後、深更退出、

『婁土』十一日、癸亥、水建、『六虵』　陽錯、九坎、血忌、重
『下食時申』

土御門天皇御八講結願

晴、早旦參龜山殿、御八講結願、有御幸、入夜退出、

後深草上皇今林准后亭に方違御幸す

上皇（後深草上皇）爲御方違幸今林准后（藤原貞子）第、

『蛮』『胃日』十二日、甲子、金除、沐浴　大小歳前　加冠吉
『羅刹　大將軍遊東　土公遊北』

御禊點地

晴、不出仕、御禊點地、

（35張）

『昴月』十三日、乙丑、金滿、　卿噬嗑　孤辰、歸忌、厭、往亡

晴、和暖、參院、奏事、

『畢火』十四日、丙寅、火平、望『太禍』除足甲　野鷄入大水爲蜃　大小歳前、无翹、復　加冠吉
『三寶吉　天一午　天間』

晴、不出仕、

『觜水』十五日、丁卯、火定、『神吉』『狼藉』　大小歳前　加冠吉
『三寶吉』

御禊御祈奉幣

陰、不出仕、御禊御祈々請奉幣二社、兼（平）有朝臣入來、

『參木』十六日、戊辰、木執、除手足甲　『五墓』　日出卯四刻一分　旦四十三刻　大歳前　伐樹吉　日遊在内
『不視病　不弔人』　日入酉初一分　夜五十七刻

仙洞評定

陰、參前殿（藤原基忠）、參近衞殿、及晩退出、仙洞評定、

『井金』十七日、己巳、木破、　陰陽衝破、重　日遊在内
『大將軍還西　不問疾』

晴、明日小除目、蒙仰申領狀了、

小除目
女騎馬御覽

『鬼土』『三寶吉　土公入　不弔人』**十八日**、庚午、土危、『神吉』『伐』　大歲前　祠祀吉

晴、入夜參陣、小除目、女騎馬御覽、

太政官廳行幸

『蜜』『柳日』『三寶吉　天一未申　忌夜行』**十九日**、辛未、土成、小雪十月中　虹藏不見　公大過　大歲前、厭對　入學吉

雨降、今夕行幸官廳、頭左中將奉行、(藤原爲兼)賢所渡御、予供奉、

御禊行幸召仰

止雨奉幣俄延引、御禊行幸召仰、於官司被行之、

『星月』**廿　日**、壬申、金收、沐浴『神吉』『滅門』　大歲前、復　拜官吉

晴、風烈、

大嘗會御禊

『張火』『三寶吉　忌遠行』**廿一日**、癸酉、金開、沐浴『神吉』　大歲前　拜官吉

晴、爲大嘗會御禊、行幸鴨川、藏人方賴藤(藤原)奉行、官方仲兼(平)朝臣奉行、予參前殿御棧敷見物、院於閑院跡御棧敷御見物、御幸雅藤(藤原)朝臣奉行、

『翼水』**廿二日**、甲戌、火閉、下弦　大小歲後、月敛　塞穴吉　―

(36張)晴、參前殿、參院、奏事、

今夕行幸還御、

『軫木』『下食時申』廿三日、乙亥、火建、沐浴　大小歳後、九坎、血忌、重　市買吉

雨降、未斜迎晴、不出仕、

『角金』『大將軍遊南』廿四日、丙子、水除、『伐』沐浴　天氣上騰地氣下降　日出辰初一分　晝四十二刻　日入申四刻　夜五十八刻　大小歳後、復　拜官吉

晴、參前殿、入夜着束帶、相具光藤《(藤原)》、又參左大將殿《(藤原兼忠)》、任大臣兼宣旨、大饗雜事定、

藤原兼忠任大臣兼宣旨大饗雜事定

『亢土』『金剛峯　天一酉　歳下食』廿五日、丁丑、水滿、辟坤　孤辰、歸忌、厭

晴、霜威厚、參殿下、參內、參院、

入夜雨降、

『蜜』『氐日』『三寶吉　土公遊東　不視病』廿六日、戊寅、土平、除足甲『伐』『太禍』　大小歳後、无翹　加冠吉　日遊在内

自天曙後雨休、參近衞殿、大饗御裝束、參前殿、

入夜退出、

『房月』『不問疾』廿七日、己卯、土定、『神吉』『伐』『狼藉』　大歳後　加冠吉　日遊在内

晴、入夜參近衞殿、左大將殿任大臣節會并大饗儀、予轉任左少弁、大饗奉行左衞門權佐經《(平)》

兼忠任大臣節會竝に大饗兼仲左少辨に轉任す

親朝臣、

『心火』**廿八日**、庚辰、金執、　大歳前　嫁娶吉
『三寶吉　不弔人』

所々に慶申す

晴、天曙之後事畢退出、參院、參內、參殿、畏申轉任事、次參新院、女房(源親時女)參北野、

『尾水』**廿九日**、辛巳、金破、閇塞而成冬『伐』除手足甲　大歳前、重　市買吉
『三寶吉　大將軍還西』

晴、不出仕、女房參鞍馬寺、

十一月大建　『土府在申』　『土公在庭』

甲　天道東南行、宜向東南行及宜修造、天德在巽、巽上取土及宜避病、月𢿢在未、用時艮巽坤乾、

子　月德在壬、合在丁、壬丁上取土及宜修造、月空在丙、丙上取土及宜修造、三鏡甲丙庚壬坤乾、

『斗宿木曜』**一日**、壬午、木危、『神吉』　大歳前、復　移徙吉
『三寶吉　天一戌亥』

晴、參近衞殿(藤原家基)、參前殿(藤原基忠)、參新院(後宇多上皇)、參殿下(藤原師忠)、內覽轉任後吉書、次參院(後深草上皇)、參內裏(伏見天皇)、已上奏聞吉書、入夜又參

權大納言藤原家教拜賀

院、花山院大納言(藤原家教)拜賀、勤申次、」

(37張)

『女金』**二日**、癸未、木成、『伐』侯未濟內　大歳前、厭對　入學吉
『三寶吉　忌夜行』

晴、來八日可被上大將(藤原兼忠)辭狀、可草進、又可奉行之由被仰下、申領狀了、

『虛土』**三日**、甲申、水收、沐浴『神吉』『伐』『滅門』　大歳前　祠祀吉
『土公入』

晴、

『蜜日』『危』**四日**、乙酉、水開、沐浴『神吉』『伐』　大歳後　祠祀吉
『三寶吉　忌遠行』

藤原爲方著陣

陰、參前殿、伺定大將御辭退條々事、入夜參內、皇后宮權大夫(藤原爲方)着陣侯直、

『室月』**五日**、丙戌、土開、(雪)大暑　十一月節　侯未濟外　大歳後　入學吉
鶡鳥不鳴　『五墓』
日出辰初二分　旦四十一刻
日入申三刻五分　夜五十九刻

晴、不出仕、

『辟火』**六日**、丁亥、土閇、沐浴『伐』除手足甲　大歳後、重、復　裁衣吉
『金剛峯』

內大臣藤原兼忠慶申

晴、內府(藤原兼忠)御慶申、供奉、

『奎水』**七日**、戊子、火建、陰陽俱錯、厭　日遊在內
『大將軍遊內　天一子　不視病』

晴、參院、殿(參)殿下、參內、標山御見物御幸可供(奉)行之由被仰下、

『婁木』**八日**、己丑、火除、上弦除手甲　大夫寒　大歳後、无翹　解除吉　日遊在內
『下食時酉　不問疾』

兼仲從四位下に敍す

晴、參內大臣殿、參院、歸參內府、被上大將御辭狀、奉行、參內、除目出仕、參內府、予敍四品、

『胃金』『三寶吉』九日、庚寅、木滿、除足甲　大歲後、歸忌　加冠吉

晴、門內外散白妙、

『昴土』十日、辛卯、木平、武始交『神吉』『滅門』　大歲對　拜官吉

大嘗會國司除目

晴、大嘗會國司除目、(藤原)俊光奉行、

『蜜』『畢日』十一日、壬辰、水定、『伐』『忌夜行　不弔人』『五墓』　大歲對　嫁娶吉」

內裏還昇を許さる

(38張)

晴、參院、奏聞御幸条〻事、入夜退出、還昇事、小舍人有孝告來、清暑堂御神樂院拍子合可奉行之由被仰下、

『觜月』『三寶吉　大將軍還西　天一天上　忌遠行』十二日、癸巳、水執、　大歲對、重、復　拜官吉　日遊在內

晴、不出仕、

『參火』『三寶吉　土公遊南　不弔人』十三日、甲午、金破、『狼藉』　大歲對、厭對、血忌　壞垣吉　日遊在內

兼仲敍四位拜賀

晴、給小舍人祿、申四品拜賀、付簡、勤陪膳、」

(39張)

『井水』十四日、乙未、金危、卿頤『五墓』　大歲對、月敛　壞垣吉　日遊在內

兼忠兵仗慶申

晴、風烈時〻雪飛、參院、奏御幸条〻事、參內、內大臣殿兵仗御慶申、御着陣、(藤原公衡)中宮大夫着陣、拜賀　勤

直、頭中將實永(藤原)朝臣申拜賀、

『鬼木』『甘呂』十五日、丙申、火成、望 沐浴 茘挺出　大歳對、九坎　祠祀吉　日遊在内

吉田祭 日吉祭

晴、寒氣入骨、不出仕、吉田祭、日吉祭、

『柳金』『三寶吉 天間』十六日、丁酉、火收、沐浴『神吉』『太禍』除手足甲　大歳對、復　移徙吉　日遊在内

兩大將拜賀 清暑堂御神樂 院拍子合

晴、參院、左右大將(藤原信嗣・藤原實兼)拜賀、清暑堂御神樂院拍子合、奉行、

『星土』『甘呂 三寶吉 不視病』十七日、戊戌、木開、　日出辰初二分 大歳對 日入申三刻四分半　旦四十刻 夕六十刻　出行吉　日遊在内

晴、參院、奏御幸条〻事、入夜退出、殿下拍子合、

『張日』『蜜』『不問疾』十八日、己亥、木閉、沐浴『神吉』　大歳對、重　裁衣吉　日遊在内

太政官廳行幸

陰、參院、御幸条〻事、所申沙汰也、今夕行幸官司廳、顯(藤原)家奉行、

『翼月』『三寶吉 土公入』十九日、庚子、土建、沐浴　大歳對、厭　加冠吉　日遊在内

大原野祭

晴、早旦參行大原野祭、半更歸畢、

『軫火』『下食時酉』廿日、辛丑、土除、沒　『五墓』大歳對、无翹　日遊在内

五節舞姫參入 園韓神祭

雨降、參院、奏聞御幸条〻事、齋場所御覽御幸、殿下同御參、五節參入、帳臺御出、園韓神祭、」

殿上淵醉
敍位
鎭魂祭

標山御見物御幸
殿上淵醉
五節童御覽

辰日節會

巳日節會
清暑堂御神樂

豐明節會
藤原實兼從一位に敍す

(40張)

『角水』『三寶吉』**廿一日**、壬寅、金滿、冬至　十一月中　除足甲　蚯蚓結　公中孚　大歳對、歸忌　加冠吉　日遊在内
雨降、殿上淵醉、敍位儀、鎭魂祭參行、
皇后宮(姈子内親王)・中宮(藤原鏱子)淵醉、院・大宮院(藤原姞子)・東二条院(藤原公子)新院等推參、

『亢木』『三寶吉』**廿二日**、癸卯、金平、『神吉』『滅門』　大歳對、復　加冠吉　日遊在内
晴、巳一點參院、標山御見物御幸、奉行、
殿上淵醉、童御覽、廻立殿行幸、內府御直衣始、

『氐金』『三寶吉　忌夜行　不弔人』**廿三日**、甲辰、火定、下弦　大歳對　裁衣吉　日遊在内
晴、辰日節會、

『房土』『忌遠行』**廿四日**、乙巳、火執、『神吉』　大歳對、重　拜官吉　日遊在内
晴、巳日節會、清暑堂御神樂、

『心日』『蜜』『不弔人』**廿五日**、丙午、水破、『狼藉』　陰陽衝擊、厭對、血忌、往亡　日遊在内
入夜雨降、
晴、豐明節會、被宣下加敍、右大將(藤原實兼)敍從一位云〻、新院・中宮・皇后宮・若宮(胤仁親王)等推參云〻、

『尾月』**廿六日**、丁未、水危、滅　麋角解　大歳位、復、月敛『伏龍在竈內卅日』　日遊在内

雨降、及晩休、

『箕火』『土公遊西　不視病』**廿七日**、戊申、土成、沐浴　辟復　大歲位、九坎　祠祀吉　日遊在内

春日社參詣

晴、未明參春日社、相具青女(源親時女)・光資(藤原)已下小生等、初夜鐘以後下着春光院、

『斗水』『三寶吉　天一丑寅　不問疾』**廿八日**、己酉、土收、沐浴『神吉』『太禍』　大歲位　拜官吉　日遊在内

春日社御神樂

晴、早(旦)宮宮廻、百度、入夜奉幣、御神樂參行、

自官司還幸內裏、

『女木』**廿九日**、庚戌、金開、　大歲位　出行吉

晴、自春日社還向、於宇治駄餉、秉燭以後歸華、

『虛金』『三寶吉』**卅　日**、辛亥、金閇、沐浴『神吉』除手足甲　大歲位、重　裁衣吉　」

法成寺御八講

(41張)晴、不出仕、法成寺御八講、家司仲兼(藤原)時經奉行、

十二月小建　『土府在子』　『土公在庭』

乙　天道西行、宜向西行及宜修造、天德在庚、庚上取土及宜避病、月敛在辰、用時乙丁辛癸、

丑　月德在庚、合在乙、庚乙上取土及宜修造、月空在甲、甲上取土及宜修造、三鏡甲乙丁庚辛癸、

『虚宿土曜』『大將軍遊北』**一日**、壬子、木建、水泉動　『六虵』陰陽俱錯、厭

晴、不出仕、

『蜜』『危日』『三寶吉　下食時酉』**二日**、癸丑、木除、除手甲『神吉』『伐』　大歲對、无翹、復　解除吉

晴、參近衞殿(藤原家基)、持參御神樂見參、參前殿(藤原基忠)、及晩歸畢、

『室月』『三寶吉　土公入』**三日**、甲寅、水滿、除足甲　侯屯內　大歲對、歸忌　加冠吉

晴、參院(後深草上皇)、奏事、次參內(伏見天皇)、勤御膳陪膳、參殿下(藤原師忠)、內覽、

『辟火』『金剛峯　三寶吉　天一卯』**四日**、乙卯、水平、『神吉』『滅門』　大歲對　加冠吉

大嘗會女敍位

晴、入夜參內、大嘗會女敍位、俊光(藤原)奉行、

『奎水』『忌夜行　不弔人』**五日**、丙辰、土定、　大歲對　裁衣吉

晴、

『婁木』『大將軍還西』六日、丁巳、土定、小寒 十二月節 除手足甲 侯屯外 鴈北嚮 大歳位、九坎、厭對、重 日出辰初二分 日入申三刻五分 旦四十一刻 夕五十九刻 裁衣吉

晴、不出仕、

『胃金』『不視病 不弔人』七日、戊午、火執、上弦『神吉』 大歳位、復 漁吉 日遊在内

晴、寒氣入骨、參六条殿、奏事、

『昴土』『三寶吉 不問疾』八日、己未、火破、『神吉』 大歳位、復 壞垣吉 日遊在内

太政官廳歴覽

晴、今日歴覽官廳、及晩歸畢、」

(42張)

『畢日』『天一辰巳』九日、庚申、木危、沐浴『神吉』 大夫謙 大歳位 祠祀吉

息光資昇殿を許さる

晴、不出仕、光資(藤原)昇殿事、小舍人遠弘(紀)自内裏告來、幸甚々々、主殿司少々賀來、

『觜月』『三寶吉』十日、辛酉、木成、沐浴『神吉』『狼藉』 大歳位 謝土吉

賀茂臨時祭

晴、不出仕、茂々(賀)臨時祭、藏人大輔顯家(藤原)奉行、

『參火』十一日、壬戌、水收、鵲始巣『伐』『滅門』 大歳位 漁吉

月次祭

晴、光資禁色宣旨持來、給小祿畢、月次祭參行、先謁民部卿(藤原資宣)、談定考事、主殿司三人來賀

光資方、

『井水』十二日、癸亥、水開、　『六虵』陰錯、重、厭

雪降、

『鬼木』十三日、甲子、金閇、沐浴　大小歳前、歸忌、血忌、无翹　上梁吉
『甘呂　三寶吉　大將軍遊東　土公遊北』

晴、依吉曜、給小舍人・仕人等祿、送遣代物了、

『柳金』十四日、乙丑、金建、除手甲『神吉』　大小歳前　出行吉
『忌遠行』

内侍所御神樂

晴、内侍所御神樂、頭中將爲兼(藤原)朝臣奉行、

『星土』十五日、丙寅、火除、望 除足甲　卿睽　大小歳前　拜官吉
『甘呂　三寶吉　天一午』

右大臣藤原家基著陣

晴、參院、奏事、入夜參内、右大臣(藤原家基)殿御着陣、候床子、下賜吉書、院若宮(性覺法親王)前平中納(時繼)言養君、入御円満院(行覺法親王)
宮法印御房、經親(平)朝臣奉行、

『蜜』『張日』十六日、丁卯、火滿、野鶏始雊『神吉』除手足甲　大歳前　拜官吉
『三寶吉　下食時戌』

院號定
息光資藏人として初參す

晴、院号定、俊光(藤原)奉行、光資初參從事、勤陪膳、

『翼月』十七日、戊辰、木平、臘『太禍』　『五墓』大歳前、復、月敚　裁衣吉　日遊在内
『忌夜行　不視病　不弔人』

晴、相具光資參新院(後宇多上皇)、次參內、隨御膳、予勤陪膳、及晩退出、

『軫火』**十八日**、己巳、木定、土用事　大歲前、厭對、九坎、重、復　裁衣吉　日遊在內
『大將軍還西　不問疾』　日出辰初一分　旦四十二刻　日入申四刻　夕五十八刻

(43張)
雨降、相具光資參院、次參內、從御膳、參右大臣殿、次參前殿、入夜退出、」

『角水』**十九日**、庚午、土執、『神吉』『伐』　大歲前　漁吉
『三寶吉　土公入　不弔人』

内佛名會

雨降、不出仕、被行內佛名、俊光奉行、

『亢木』**廿日**、辛未、土破、　大歲前
『三寶吉　天一未申』

京官除目

晴、參內大臣殿(藤原兼忠)、參近衛殿、參院、入夜參內、被行京官除目、頭中將奉行、勤陪膳、光資役送、

『氐金』**廿一日**、壬申、金危、大寒十二月中　沐浴『神吉』　鷄始乳　公升　大歲前　祠祀吉

晴、今日〻下﨟(光資)誂極﨟了、予不出仕、」

(44張)
『房土』**廿二日**、癸酉、金成、沐浴『神吉』『狼藉』　大歲前　出行吉
『三寶吉』

萬機旬
御髮上

晴、時〻雪飛、万機旬、參陣、先參院、奏事、相具光資、勤夕御膳陪膳、深更退出、御髮上、光資奉行、

『蜜』『心日』**廿三日**、甲戌、火收、下弦『滅門』　大小歲後　漁吉

雪飛寒氣入骨、今日〻下﨟相語説藤（藤原）了、

『尾月』**廿四日**、乙亥、火開、沐浴　大小歳後、厭、重　裁衣吉

定考習禮

晴、相伴民部卿、歴覽官廳、定考習礼也、相伴光資參内、勤陪膳、

院佛名會

院佛名、（藤原）顯相奉行、

『箕火』**廿五日**、丙子、水閇、沐浴『伐』　大小歳後、歸忌、血忌、无翹　結婚吉
『大將軍遊南』

晴、及晩參内、光資相從、勤陪膳、參新院、佛名奉行、

除目下名

政延引、依無參議也、除目下名、

『斗水』**廿六日**、丁丑、水建、鸞鳥癘疾『神吉』除手甲　大小歳後　嫁娶吉
『三寶吉　天一酉　歳下食　忌遠行』

荷前使發遣

晴、參官司、定考、俄延引之間退出、入夜參内、荷前使發遣、奉行、

玄輝門院殿上始

玄輝門院（藤原愔子）殿上始、賴藤（藤原）奉行、新藏人以材（橘）初參從事、勤陪膳、

七瀨祓

七瀨御祓、光資奉行、

『女木』**廿七日**、戊寅、土除、除足甲『伐』　辟臨　大小歳後、復　拜官吉　日遊在内
『三寶吉　土公遊東　不視病』

晴、

定考

追儺

除目
僧事

（45張）

『虚金』**廿八日**、己卯、土滿、『神吉』『伐』 大歳後、復 日出卯四刻二分 昼四十三刻 日入酉初一分 夜五十七刻 拜官吉 日遊在内

『下食時戌 不問疾』

晴、參官司、定考、上卿坊門中納言（平忠世）、參議經賴（藤原）卿、弁冬季（藤原）・雅藤（藤原）・兼仲（藤原）等朝臣、少納言兼（平）有朝臣、

『危土』**廿九日**、庚辰、金平、除手足甲 大歳前、月煞 解除吉

『三寶吉 忌夜行 不弔人』『太禍』

晴、入夜參内、追儺、上卿皇后宮權大夫（藤原實泰）、侍從宰相（源雅憲）、弁予、少納言兼有朝臣、

被行除目・僧事、半更歸壽域、

「（具注暦署名）弘安十年十一月二日

散位從五位上賀茂朝臣在千

從五位上行權陰陽博士兼因幡介賀茂朝臣在彦

從五位上行主稅助賀茂朝臣在有

從五位上行陰陽大允賀茂朝臣在廉

散位從四位下賀茂朝臣在重

從四位下行權暦博士賀茂朝臣定員
從四位上行陰陽助兼暦博士賀茂朝臣在秀」

勘仲記 第5　　史料纂集 古記録編〔第189回配本〕

2017年4月30日　初版第一刷発行　　定価（本体13,000円＋税）

校訂　高橋秀樹
　　　櫻井彦
　　　遠藤珠紀

発行所　株式会社 八木書店 古書出版部
代表 八木乾二
〒101-0052 東京都千代田区神田小川町3-8
電話 03-3291-2969（編集）-6300（FAX）

発売元　株式会社 八木書店
〒101-0052 東京都千代田区神田小川町3-8
電話 03-3291-2961（営業）-6300（FAX）
http://www.books-yagi.co.jp/pub/
E-mail pub@books-yagi.co.jp

組版　笠間デジタル組版
印刷　平文社
製本　牧製本印刷
用紙　中性紙使用

ISBN978-4-8406-5189-9

©2017 HIDEKI TAKAHASHI/YOSHIO SAKURAI/TAMAKI ENDOU